Jutta Ditfurth

Haltung und Widerstand

Inhalt

1 Bis ihre Zeit gekommen ist
Wie die deutsche Gesellschaft nach rechts gleitet

Sie haben sich immer wieder gefragt, wie es zum Faschismus kommen konnte. Da schlafwandelt man doch nicht einfach hinein! Sie haben Recht. Sehen Sie sich um und schauen Sie auch hinter die Fassaden. Überall ist die Enthemmung dieser Gesellschaft gefährlich weit fortgeschritten. Das, was geschieht, »Rechtsruck« zu nennen, wäre eine glatte Untertreibung. Die deutsche Gesellschaft rutscht in einem sich selbst beschleunigenden Tempo möglicherweise in eine neue Form des Faschismus. Der würde nicht aussehen wie der, den wir als »Nationalsozialismus« aus Büchern und Filmen zu kennen glauben. Die Zeiten haben sich schließlich geändert.

Was wollen die Kräfte, welche die bürgerliche Demokratie abschaffen und auch vormals sicher erscheinende soziale Errungenschaften wegfegen wollen? Die, denen nichts widerwärtiger zu sein scheint, als die demokratischen Freiheiten und sozialen Rechte aller Menschen? Die wie im Delirium die Bundesrepublik als »links-rot-grün verseuchtes 68er-Deutschland« (Jörg Meuthen, AfD) schmähen?

Marc Jongen, Hausphilosoph der AfD, dessen Lehrer Peter Sloterdijk ihm den Weg in die Öffentlichkeit ebnete, behauptet, dass die Kulturrevolte von 1968 den völkischen Nationalstolz der Deutschen zerstört habe: »Es ist kein Zufall, dass dem 68er-Syndrom ein verheerender Krieg vorausgegangen ist. Ohne die historische Diskreditierung der älteren Generation hätte sich keine derartige Abwertung des

Eigenen und keine derart gebrochene Selbstwahrnehmung des Volkes etablieren können.«[1]

Im Mittelpunkt der rechtsradikalen und faschistischen Gedankenwelt dieser Kräfte stehen Mythen vom »deutschen Volk« dessen Wurzeln und »Volksgeist« bis weit zurück in die mystischen Nebel grauer Vorzeit reichen. Legenden, die rechtfertigen sollen, dass das »deutsche Volk« anderen »Völkern« überlegen ist und seine Führungsansprüche in Europa legitim. Und morgen die ganze Welt.

Sie konstruieren Bilder von einem »deutschen Volk« und von seiner »Volksgemeinschaft« und betreiben damit vor allem die Ausgrenzung derjenigen, die nicht dazugehören sollen. Ihr niederträchtiges Menschenbild will große Menschengruppen entwerten und perspektivisch vernichten. Das Ertrinkenlassen tausender Menschen im Mittelmeer ist die Eingewöhnung in die organisierte Verrohung der deutschen Gesellschaft, vergleichbar dem deutschen Genozid von 1904 an den Herero und Nama in der Kolonie Deutsch-Südwestafrika oder der Mitverantwortung Deutschlands für den osmanischen Genozid an den Armeniern 1915.

Ideologie und Phantasie der Neuen Rechten tragen Stahlhelm und laufen Amok. Alexander Gauland, Fraktionsvorsitzender der AfD im Bundestag, relativierte die Shoah: »Auschwitz geht natürlich genauso in unsere Geschichte ein wie der Magdeburger Dom«. Er will ungestört »stolz« sein »auf die Leistungen deutscher Soldaten in zwei Weltkriegen«. Und: »Man muss uns diese zwölf Jahre [1933–1945] nicht mehr vorhalten. Sie betreffen unsere Identität heute nicht mehr. Deshalb haben wir auch das Recht, uns nicht nur unser Land, sondern auch unsere Vergangenheit zurückzuholen.«[2] Welches Land meint er? Ostpreußen? Elsaß-Lothringen? Deutsch-Südwestafrika? Welche Vergangenheit will er »zurückholen«?

Marc Jongen, nicht nur Chefideologe der AfD, sondern auch Mitglied des Kuratoriums der AfD-nahen Desiderius-Erasmus-Stiftung, rühmt die identitätsstiftende Funktion des Krieges durch die maximale »Stresskooperation« gegen einen »Aggressor«. Die »natürlichen

Grundlagen der Kultur« entstünden im Krieg, denn »Kulturen sind wilde Tiere, keine schöngeistigen Veranstaltungen«. Am Anfang jeder Kultur stehe darum ein Akt der Gewalt.[3] Hier predigt ein Sozialdarwinist im Geist des Malthusianismus und von »Rasse«-Hygienikern wie Hans F. K. Günther oder Konrad Lorenz.

Am Anfang des Deutschen Reichs hat offensichtlich sehr viel von dieser Jongen'schen völkischen »Kultur« gestanden. Gegründet wurde das Deutsche Reich 1871, nach preußischem Plan, auf Leichenbergen in Frankreich. Der Nationbildung ging keine soziale oder demokratische Revolution voraus, sondern ein Krieg, ein Massaker an der französischen Zivilbevölkerung, die tatsächlich 1789 eine Revolution geschafft hatte, jenen Albtraum der deutschen Oberschicht.

Großbritannien war im 19. Jahrhundert längst ein weltumspannendes Imperium. Russland ein Riesenreich. Auf dem nordamerikanischen Kontinent hatte sich mit den Vereinigten Staaten eine neue große dynamische Nation gebildet. Frankreich besaß große Kolonien. Das preußisch geführte Deutsche Reich mit großagrarischer Schlagseite wollte rasch zu den Großmächten aufholen und forderte seinen »Platz an der Sonne«. Was nichts anderes bedeutete als die Eroberung anderer Menschen Land und Ressourcen, die Unterwerfung ihrer Kultur und ihrer Freiheit und allzu oft ihren Tod. Mit den Kolonien in Afrika, im Pazifik und in China im Gepäck zettelte diese rückschrittliche deutsche Nation den Großen Krieg an.[4] Dieser Erste Weltkrieg hinterließ blutdurchtränkte Schlachtfelder von nie gekannter Größe, die tief im Gedächtnis anderer europäischer Nationen verankert sind, seltsamerweise nicht im kollektiven Gedächtnis der Deutschen.

Über den Ersten Weltkrieg reden bürgerliche und rechte Kreise heute am liebsten nur, wenn es um die Versailler Verträge geht und um die vermeintliche Verantwortung der alliierten Sieger für die Entstehung des NS-Faschismus. Oder wenn Politologen wie Herfried Münkler (Berlin) oder Historiker wie Christopher Clark (Cambridge) versuchen, die Schuld am Ersten Weltkrieg von deutschen Schultern zu heben. Clark tut dies, indem er behauptet, Deutschland sei wie die anderen kriegsbeteiligten Nationen in den Ersten Weltkrieg »geschlafwandelt«.[5] Seitdem ist Clark bei deutschen Medien und konservativen Stiftungen sehr beliebt. Aber zu welchem Zweck hatte dieser deutsche Unschuldsengel dann in den Jahren vorher in solch enormem Maß aufgerüstet und Kriegsziele und Eroberungsstrategien entwickelt? Wenn sich die gegenwärtige Revision deutscher Geschichte gegen aufgeklärteste Erkenntnisse der Geschichtsforschung so weiterentwickelt, trägt eines Tages doch noch Polen die Schuld am Zweiten Weltkrieg und die Juden haben sich Auschwitz selbst zuzuschreiben.

In Österreich sehen sich die politischen Nachfahren derjenigen, die 1938 Hitler und der Wehrmacht zujubelten, seit Jahrzehnten als »erste Opfer« der Nazis. Bei so viel Schuldumkehr ist die neuerliche scharfe Rechtsentwicklung Österreichs keine Überraschung. Äußerungen der deutschen Rechten gehen in eine ähnliche Richtung, etwa wenn Jens Maier, AfD-Bundestagsabgeordneter, »diesen Schuldkult« in Sachen Auschwitz »für beendet, für endgültig beendet« erklären will.

Aber es lief nicht immer alles schlecht in Deutschland. Es gab fortschrittliche, wenn auch immer zugleich widersprüchliche und repressive Phasen: um 1900, in den 1920er Jahren, in den 1960ern und 1970ern. Wenn es die Kapitalverwertung nicht allzu sehr störte und die Arbeiter*innenbewegung und andere linksoppositionelle Bewegungen gut organisiert waren und ihre Chancen zu ergreifen wussten, wurden Sozialreformen und mehr Freiheiten zugestanden. In Phasen des relativen gesellschaftlichen Wohlstands im Kaiserreich bliesen frische Winde in die Ateliers der künstlerischen Moderne und feuerten auch andere gesellschaftliche Reformen an.

Aber der Erste Weltkrieg, diese Blutmühle, in die auch die SPD ihre Anhänger*innen geführt hatte, walzte alle Hoffnungen und Millionen Leben in Schlachtfeldern unter. Die Novemberrevolution 1918, erster deutscher Hoffnungsschimmer des 20. Jahrhunderts, wurde im Pakt von Militär und SPD-Regierung zerschlagen. Die erste Republik auf deutschem Boden, die von Weimar, blühte nur kurz. Ein paar

Sozialreformen, Frauenwahlrecht, etwas Hoffnung auf eine menschlichere Gesellschaft unter düster aufziehenden Wolken. Die Kräfte, welche die junge Republik zerschlugen, hatten sich im Ersten Weltkrieg gefunden, sie militarisierten die nächsten Generationen und erzogen sie völkisch. Mit hunderten von Fememorden[6] auf dem Boden der Weimarer Republik trainierten sie für die Massaker des »Dritten Reichs«. Ihre Morde blieben so ungesühnt wie heute die des NSU.[7]

Es ist das Wesen des Kapitalismus, menschliche Arbeitskraft und Naturressourcen – die »beiden einzigen Springquellen des Reichtums« (Karl Marx) – rücksichtslos zu verwerten. Wie ungezügelt dies geschehen kann, liegt am Grad und an der Qualität des organisierten Widerstands von Arbeiter*innenbewegung und sozialen Bewegungen und an der Stellung einer kapitalistischen Gesellschaft in der internationalen Arbeitsteilung. Soziale Rechte, demokratische Freiheiten und der Schutz der natürlichen Umwelt stehen der kapitalistischen Produktionsweise immer im Weg. In manchen historischen Phasen wie etwa der nach dem Zweiten Weltkrieg war in der alten Bundesrepublik eine bürgerliche Demokratie mit funktionierendem Sozial- und Rechtsstaat und braven, weil sozialpartnerschaftlich eingebundenen Gewerkschaften für das Kapitalinteresse die nützlichste gesellschaftliche Ordnung. Noch hing der Schatten der massenmörderischen Vergangenheit über dem westlichen Nachkriegsdeutschland und behinderte zwar nicht die Rückkehr der Nazis in Ämter und Würden, aber doch ein neues 1933.

Marshallplan und Einbindung in die »westliche Gemeinschaft« als Frontstaat im Kalten Krieg ließen Wachstum und Wohlstand steigen, und eine »realsozialistische« Systemkonkurrenz in Gestalt der DDR erzwang den Nachweis, dass es sich bei der kapitalistischen um die beste aller Welten handelte. Unter solchen Bedingungen konnten die Kämpfe der Arbeiter*innenbewegung für einen bundesdeutschen Sozialstaat erfolgreich sein, der nicht nur Hunger und Massenelend verhinderte, sondern den Menschen ein Auskommen sicherte und ein Alter in einfacher Würde. Das ging so lange gut, bis eine dem

Kapitalismus immanente Überproduktion zur Weltwirtschaftskrise wurde und eine exportorientierte Wirtschaft wie die deutsche weltweit große Absatzmärkte verlor.

Drei große Entwicklungen veränderten die Grundlagen der bundesdeutschen Gesellschaft seit 1989 maßgeblich. Erstens: Der 1990 wiedervereinigte Nationalismus und der Rassismus fanden Nahrung in der Plünderung Ostdeutschlands, in der gesamtdeutschen Verarmung ab 2004 durch die Hartz-IV-Gesetze und die Agenda 2010. Alles wurde durch die Weltwirtschaftskrise seit 2007 noch heftiger. Zweitens und wohl noch wichtiger: die Auflösung der Sowjetunion und des RGW-Blocks in Osteuropa. Die »realsozialistischen« Staaten waren zwar keine sozialistischen Staaten gewesen, sondern bürokratische Kommandowirtschaften – aber eben auch keine kapitalistischen, sondern objektiv eine »Systemkonkurrenz«, bei aller Kritik, die undogmatische und antistalinistische Linke an ihr hatten.

Drittens wirkte und wirkt die Weltwirtschaftskrise seit 2007 als Katalysator von Irrationalismus, Menschenfeindlichkeit, Konterrevolution und Faschismus. Sie hatte in Deutschland einen Vorlauf. Die SPD-Grünen-Bundesregierung (1998–2005) setzte, gestützt von gern vergessenen überwältigenden Mehrheiten auf ihren jeweiligen Parteitagen, eine seit 1945 nicht gekannte Zerstörung der sozialen Lage vieler Menschen in Gang. Sie bestand aus Strukturveränderungen und Steuergeschenken für Wohlhabende und Reiche und Konzerne in bis dahin unbekannter Größenordnung. Andererseits enthielt das Paket Verelendungsmaßnahmen, bestehend aus systematischer individueller und struktureller Verarmung, mit den Namen Agenda 2010 und Hartz-IV-Gesetze, begleitet von Bestrafungssystemen (Sanktionen) bei mangelndem Wohlverhalten und der Unterwerfung unter demütigende Armenspeisungen (Tafeln). Die bis dahin strafbare Leiharbeit wurde enthemmt, ein Niedriglohnsektor geschaffen und menschliche Arbeit insgesamt verbilligt. Das spaltete die Lohnarbeitenden und verbilligte die Arbeit, so dass deutsche Exportgüter die Märkte anderer Staaten schädigen konnten.

Die Maßnahmen der rot-grünen Regierung halfen dem deutschen Kapital, auf Kosten der Lohnarbeitenden in der Bundesrepublik und in anderen Teilen Europas und der Welt, einer der Profiteure der Weltwirtschaftskrise zu werden, während Millionen von Menschen, auch in Deutschland, der soziale Boden unter den Füßen weggezogen wurde. Die Senkung der Lohnkosten und die Erhöhung der Produktivität dank moderner Technologie stärkte die Exportoffensive des deutschen Kapitals, zerstörte die nicht mehr konkurrenzfähigen Industriebranchen im Osten und Süden Europas, lähmte aber auch zarte Ansätze einer eigenständigen Industrialisierung in Teilen Afrikas. Als Angela Merkel 2005 Bundeskanzlerin wurde, bedankte sie sich zu Recht bei Gerhard Schröder, denn was die CDU niemals *gegen* Gewerkschaften und soziale Opposition hätte durchsetzen können, war der SPD *mit* den Grünen und *mit* den Gewerkschaftsführungen gelungen.

Und heute? Die bürgerliche Demokratie ist ein ziemlich leer geräumter Steinbruch. Es blühen Ausreden für eine weitere »Neuordnung« der Arbeitswelt, für anhaltend niedrige Löhne, für den Bruch mit den gewohnten sozialen Regeln, für Überwachung und Bespitzelung, für die Entfesselung des Massenelends in einem der reichsten Länder der Erde. Alles, was vermehrtem Profit im Weg steht, wird abgeräumt, umso schneller, je weniger Widerstand es gibt. Auf den Müll kommen Arbeitszeitverkürzung, informationelle Selbstbestimmung, Demonstrationsfreiheit, Schutz vor Armut, Durchlässigkeit von Klassen und Schichten, Zugang zu höherer Bildung für alle, optimale Gesundheitsversorgung, Emanzipation, Freiheit und jeder Rest von Utopie der sozialen Gleichheit.

Für den Erfolg dieser Demontage müssen ein paar Faktoren zusammenkommen: Die fortschrittliche Seite der Gesellschaft muss schwächeln, was gegenwärtig weder Freund noch Feind bestreiten dürften. Eine Krise muss Angst machen. Die Weltwirtschaftskrise, die fälschlicherweise immer noch nur »Finanzkrise« genannt wird, um nicht Erinnerungen an 1929 zu wecken, währt nun rund 12 Jahre. Und immer noch nährt sie Abstiegsängste in der Mittelschicht, ob begründet oder nicht. Sie fördert fremdenfeindliche Einstellungen. Es gedeihen soziale Verächtlichkeit, Antisemitismus, Rassismus, Frauen-, Queer- und Homosexuellenfeindlichkeit.

Die Neue Rechte, Faschist*innen, Antisemit*innen, Rassist*innen, Völkische, Frauenfeinde wollen stets dasselbe: die Abwertung großer Menschengruppen, die Dehumanisierung und Ausgrenzung der »Fremden« und der »Anderen«, von der Deportation bis zur Vernichtung. Und sie wollen für sich selbst, im Alltag, im Kampf und im Krieg, einen höheren Anteil an Beute und Herrschaft. Sie versuchen wieder die Zerschlagung aller Organisationen der Arbeiter*innenbewegung oder ihre Übernahme, was am Ende das Gleiche sein könnte. Sie kämpfen für die Niederwerfung jedweden Widerstandes gegen ihre Pläne. Für die politische und biologische Stärkung des »eigenen deutschen Volkes« verlangen sie die Zuchtbereitschaft der deutschen weißen Frau zur Mehrung der »deutschen Volksgemeinschaft«. Deshalb wollen sie jeder Frau am liebsten mindestens drei Kinder aufzwingen und das vollkommene Verbot der ohnehin weitgehend illegalisierten Abtreibung durchsetzen. Sie zielen auf die Eroberung fremder Ressourcen, Märkte, Arbeitskräfte bis hin zu Zwangsarbeit und Sklaverei – und dies, sofern ökonomische Gewalt nicht ausreicht, mit den Mitteln des Krieges.

Faschismus ist die Zuspitzung kapitalistischer Herrschaft. Kapitalismus enthält ihn keineswegs als Automatismus, aber als *Potential*. Faschismus will die Beseitigung aller Hemmnisse, welche die restlose Vernutzung der Arbeitskraft des Menschen und der Naturressourcen stören. Der Kapitalismus, wenn er sein fürchterlichstes Potential loslässt und Richtung Diktatur und Faschismus marschiert, beseitigt unterwegs auch die ihm oft nützlichste Herrschaftsform: die bürgerliche Demokratie. Das macht er heute, anders als in den späten 1920er und frühen 1930er Jahren, nicht in großen Schritten, sondern in kleinen und mittleren. Sie kennen ja vielleicht die Parabel vom allmählich aufkochenden Wasser und dem Frosch?

Der Kapitalismus geht heute auch deshalb langsamer vor, weil der Prozess umso erfolgreicher zu sein verspricht, je größer das

Einverständnis oder Desinteresse möglichst vieler Staatsbürger*innen ist. Weil er Zeit braucht, um die Bourgeoisie ganz auf seine Seite zu ziehen, um die kritischen liberalen Köpfe zu zermürben und die widerständigen Linken aufzuspalten und restlos zu marginalisieren. Für das Einverständnis erweist es sich als nützlich, dass der Irrationalismus esoterischer Bewegungen seit den 1970ern viele alternative Köpfe ins Nirwana desorientiert hat, ein wahrhaft »bewusstseinsverändernder« Prozess, eine massenhafte Regression, welche die gegenwärtige Situation vorbereiten half.[8]

Es ist nicht einfach herauszufinden, wie der kommende mögliche Weg in einen neuen Faschismus genau aussieht, denn wir stecken mittendrin und haben nicht den Abstand späterer Beobachter*innen und Historiker*innen. Einige Menschen halten die Hände vor die Augen. Andere glauben, sie können der Wucht der Ereignisse neue Anstandsregeln entgegenhalten so wie ein Buch einem Gewitter. Wieder andere hoffen, in Nischen den Sturm überstehen zu können.

Ich versuche hier, den Abstieg in menschenverachtende Zeiten allgemeinverständlich zu beschreiben, und erzähle Ihnen auch von gesellschaftlichen Bereichen, die Ihnen vielleicht nicht so vertraut sind. Wichtig ist zu erkennen, woraus dieser Faschisierungsprozess besteht. Welche ökonomischen Interessen und politischen Formationen ihn antreiben. Welche Komplizen er hat. Welche ideologischen und materiellen Mittel ihm nutzen und wessen Köpfe aus welchen Gründen erreicht werden. Denn wenn viele erkennen, was geschieht, gibt es hoffentlich noch die Chance, den Prozess aufzuhalten.

Wer an den alten Bildern des NS-Faschismus hängt, dessen Erkenntnis bleibt allzu oft im Klischee stecken. Der schlagbereite Nazitypus subproletarischer Herkunft sieht heute nicht unbedingt aus wie ein glatzköpfiger Skinhead mit Tattoos und in Knobelbechern. Der neue Nazi kann auch als gestylter Identitärer im Autonomen-Look zuschlagen oder als Geschäftsmann im Dreiteiler die Sache steuern. Der Flüchtlingshasser muss keine eingenässte Hose tragen, weder Hitlergruß zeigen noch die Deutschlandfahne hochhalten. Er oder sie kann auch im maßgeschneiderten Anzug oder Kostüm für die AfD im Parlament sitzen und sich mehr oder weniger an die Spielregeln halten – bis ihre Zeit gekommen ist.

Dinge können im Wesen faschistisch sein, ohne dass ihre äußere Erscheinung uns an die Zeit zwischen 1933 und 1945 erinnert. Technik, Wissenschaft, Kommunikation, Propaganda, Kultur und Konsumverhalten haben sich verändert. Ein kommender Faschismus könnte ganz ohne Konzentrationslager auskommen, weil Unterdrückung, Entrechtung und Deportationen in entfesselte Kriegsgebiete vielleicht besser für das deutsche Geschäft sind. Der Weg nach rechts ist sicher von fürchterlichem Antisemitismus begleitet, das Leben der meisten jüdischen Menschen aber *könnte* verschont bleiben, weil sich rassistische Herrschaft andere Opfer sucht, die sie in größerer Zahl verbraucht. Oder auch nicht. Wir kennen den Verlauf nicht. Es gibt Unwägbarkeiten, Ungleichzeitigkeiten, Zufälle. Aber eine entsolidarisierte, zutiefst unsoziale, fraktionierte Gesellschaft wie die deutsche bietet Rechten, ob alten oder neuen, ein Meer von Ansatzpunkten.

Eine Folge der sogenannten Wiedervereinigung waren die Pogrome von Hoyerswerda (September 1991), Rostock-Lichtenhagen (August 1992), Mölln (November 1992) und Solingen (März 1993). Die rassistischen Anschläge wurden 1993 mit der faktischen Abschaffung des Asylrechts durch den Deutschen Bundestag belohnt. Es bedurfte einer Zweidrittelmehrheit, zu der die SPD der CDU/CSU/FDP-Regierung verhalf. Eine Maßnahme, auf die der mitverantwortliche Oskar Lafontaine (heute Linkspartei) noch heute stolz ist. Dieser Akt der Inhumanität befeuerte eine neue rassistische Generation, die es als geheimen »Volksauftrag« deutete, gegen »Fremde« mit Knüppeln und Molotowcocktails vorzugehen.

Eine andere, inzwischen oft vergessene Folge der neuen Großmachtbesoffenheit ab 1990 war, dass ein ehemaliger Linksradikaler als grüner Außenminister 1999 dem kriegssehnsüchtigen Teil der deutschen Eliten und ihren geostrategischen Interessen die perfekte Rechtfertigung für die erste deutsche Beteiligung am Nato-Krieg gegen Jugoslawien lieferte. Er pervertierte, was er gelernt hatte, indem er die Lage im Kosovo allen Ernstes mit Auschwitz verglich. Die Krise dort war unter anderem durch die deutsche Außenpolitik seit Anfang der 1990er Jahre unter Außenminister Genscher (FDP) mitgeschaffen worden. Für einen kurzen Moment war der grüne 68er-Renegat Fischer unersetzlich. Ab da war es so, als habe einer ein sehr großes Ventil geöffnet für Schlussstrich- und Wir-sind-wieder-wer-Parolen. Seitdem läuft die Militarisierung dieses Landes noch unverfrorener, im Inneren wie im Äußeren. Man lese nur einmal die Verteidigungspolitischen Richtlinien der Bundeswehr, die offen erklären, dass die Bundeswehr keine »Verteidigungsarmee« mehr ist – so die Legende seit dem Kalten Krieg –, sondern eine Armee zum Schutz deutscher Kapitalinteressen in aller Welt.

Mit der Auflösung der Sowjetunion und der Staaten des Warschauer Pakts verschwand die Systemkonkurrenz und das, was wir bis dahin unter Kaltem Krieg verstanden. Der Mythos vom »Ende der Geschichte« kam auf, der nichts anderes meinte als den vermeintlich endgültigen Sieg des Kapitalismus. Aber es gibt kein Ende der Geschichte, solange Menschen leben. Denn wer sonst macht die Geschichte?

Als die Ost-West-Systemkonkurrenz verschwand, löste dies eine neue Welle von Ausbeutung und Zerstörung aus. Der Kapitalismus durchdringt die ganze Welt und macht alles zur Ware. In dieses veränderte »Spielfeld« drängen faschistische Bewegungen, die es immer gab, die aber jetzt aufblühen. Sie beziehen sich auf reale Unzufriedenheit und verformen sie zu ihren Gunsten. Es verschmelzen rassistische, antisemitische, völkische und offen faschistische Strömungen, auch solche, von denen viele meinten, sie seien kulturell nicht miteinander kompatibel: Nationalkonservative und Evangelikale, Preußenfans und Identitäre, altdeutsche Spießer*innen und akademische Antifeministen.

Für Menschen mit dunklerer Hautfarbe und für solche, die mit den Insignien jüdischen Glaubens herumlaufen, ist die Gefahr am größten.

Hassobjekte der Rechten sind aufrechte Antifaschist*innen jeder Couleur, sind Frauen, die über ihr Leben und ihre Sexualität selbst entscheiden wollen, Bunthaarige, die das Leben genießen, Linke, die laut widersprechen, lohnarbeitende Menschen, die sich der Drangsal des Ausgebeutetwerdens entledigen wollen. Sie alle symbolisieren für Faschist*innen die Ungeheuerlichkeit der Forderung nach wirklicher Freiheit aller Menschen, die doch erst auf Basis seiner Selbstbestimmung und sozialer Gleichheit zu haben ist.

Man kann zusehen, wie in schneller werdenden Schritten das, was an der öffentlichen Meinung einmal human oder fortschrittlich war, weggeprügelt wird. Neben den Bildern der Pogrome der frühen 1990er Jahre und der Flut an Deutschlandfahnen seit dem Mauerfall sowie der Fußballweltmeisterschaft 2006 symbolisiert kein Bild für mich den Niedergang des Bildungsbürgertums mehr als die Szenerie am Ende von Martin Walsers fürchterlicher Rede über die »Moralkeule Auschwitz« 1998 in der Paulskirche. Da standen die Honoratioren von Stadt, Land und Bund auf, Politiker*innen aller Parteien, Geschäftsleute und Intellektuelle und jubelten ihm zu. Endlich sagte es einer laut, dass Schluss sein muss mit dem schlechten Gewissen wegen des Massenmordes an den deutschen und europäischen Juden. Nur zwei klatschten nicht und saßen zusammengesunken auf ihren Stühlen: Ignatz und Ida Bubis.

Ab da ging es Schlag auf Schlag. Der Sozialdemokrat Thilo Sarrazin, der auch vorher als Finanzsenator in Berlin schon genug Schaden angerichtet hatte, schrieb 2010 den rassistischen Bestseller *Deutschland schafft sich ab. Spiegel* und *Bild* katapultierten ihn ins Scheinwerferlicht. »In der Münchner Reithalle herrschte ein Hauch von Sportpalast« (*Süddeutsche Zeitung*)[9], als Sarrazin auftrat. Woher kam dieses Publikum? Auch darüber wird zu reden sein.

Wie weit wird das bürgerliche Lager noch verfallen? Was bleibt von der bürgerlichen Demokratie? Wer läuft warum ins faschistische Lager über? Hat, wer kokett verlangt, »mit Rechten zu reden«, überhaupt eine Haltung, von der aus er streiten könnte?

Und worüber sollte man mit Neuen Rechten und Faschist*innen reden? Die Volksgemeinschaftsidee ein bisschen zivilisieren? Den Antisemitismus philosemitisch maskieren? Jedes zweite Pogrom ausfallen lassen?

2. Feindesland
Eine Konterrevolte namens Wiedervereinigung

Hätte jemand 1980 die baldige Wiederkehr des Völkischen angekündigt, wäre er ausgelacht worden. Mit der »deutschen Wiedervereinigung« von 1989/1990 aber brachen die Dämme des Sag- und Machbaren. »Wahnsinn!«, war der Schrei der nationalistischen Stampede in die kollektive Regression. »*Wir* sind das Volk«, die Demo-Parole aus Leipzig vom Spätherbst 1989, hatte vielleicht anfangs noch als eine Art Kritik an der Staats- und Parteiführung der DDR durchgehen können. Aber spätestens mit »Wir sind *ein* Volk« begann der abschüssige Weg von einer demokratischen Revolte zu einer nationalen.

Während kritische Menschen in Ost und West darüber nachdachten, ob es eine Chance für die DDR gab, einen eigenständigen sozialistisch-reformerischen Weg zu gehen, während viele noch riefen »*Wir* sind das Volk«, einige aber schon »Wir sind *ein* Volk«, hielten zwei unbekannte Personen am 30. Oktober in Leipzig das vermutlich erste Transparent hoch mit »Deutschland, einig Vaterland«.[10] Wenige Tage später gab der baden-württembergische Millionär Rudolf Metzger-Ruoff einem Leipziger Aktivisten 1000 D-Mark und wünschte sich, dass dessen Gruppe diese Parole auf ihre Transparente malte. Am Abend des 6. November 1990 berichtete »Heute« (ZDF): »Wenngleich auch heute auf vielen Plakaten unterschiedliche Ansichten zum Ausdruck kommen, den eingeschlagenen Weg *unumkehrbar* [sic!] zu machen, gehört zum Anliegen vieler, die sich auf dem Karl-Marx-Platz versammelt haben.« Die Schlusseinblendung zeigte das Transparent: »Deutschland, einig Vaterland«.[11]

Mitte Januar 1990 hielten Nazis in Leipzig eine Deutschlandfahne mit der Parole »Deutschland einig Vaterland« hoch. Hans Modrow (Ministerpräsident, DDR) traf Michail Gorbatschow (Generalsekretär, Sowjetunion) in Moskau. Bei seiner Rückkehr Anfang Februar 1990 sagte Modrow: »Deutschland, einig Vaterland« und »dass es notwendig ist, zu einem neuen Konzept zu finden«. Er bereute es leider nie.[12]

Mein Kollege Fotograf und ich, die Reporterin, waren in Sibirien und Kasachstan unterwegs gewesen, um zu sozialen und ökologischen Problemen in der Sowjetunion zu recherchieren. Auf dem Rückflug von unserer Reise für den *stern* landeten wir im Dezember 1989 in Ostberlin und waren uns der Offenheit der Grenze nach Westberlin unsicher. Wir trampten in einem Trabi zu einer abgelegenen Grenzstation und ich überquerte die deutsch-deutsche Grenze verkehrt herum. Ich hatte aus politischen Gründen jahrzehntelang nicht in die DDR einreisen dürfen und war von der Stasi bespitzelt worden. Ab Januar 1990 durchstreifte ich die DDR intensiv. 13 Tage vor der Volkskammerwahl am 18. März 1990 war der kleine Staat längst zur Plünderung freigegeben. In den Hotelfoyers von Dresden und Leipzig saßen Geschäftsleute und Immobilienhändler aus der Bundesrepublik. Unabhängige Linke der DDR sagten: »Für die Linken hat die Revolution nichts gebracht.« Vor dem Leipziger Hauptbahnhof standen Menschen Schlange für die *Bild*-Zeitung.

Ein paar hundert Meter weiter, am Karl-Marx-Platz (heute Augustusplatz), versammelte sich am 5. März 1990 wie jeden Montag die legendäre »Montagsdemo«, die längst ein Ort geworden war, wo Nazis und Rechtsradikale aus West und Ost Propaganda betrieben und sich vernetzten. Auf der ersten Montagsdemo am 4. September 1989 war noch ein Transparent mit der Aufschrift »Für ein offenes Land mit freien Menschen« getragen worden. Inzwischen dominierten Nazis das Geschehen. Die Transparente und Fahnen der NPD und der Jungen Nationaldemokraten (JN) trugen Sprüche wie »Deutschland erwache!

Für eine ökologische Wende!«. Andere Nazis brüllten: »Stettin, Stettin – deutsche Stadt wie Berlin!« Auf dem Platz rekrutierten Nazis. Ich erkannte einzelne aus Nordrhein-Westfalen und Niedersachsen, deren Aufmärsche die westdeutsche Linke dort zu verhindern gewusst hatte.

Politiker*innen der Grünen, der SPD, des Demokratischen Aufbruchs und der LPD hielten auf der Bühne Wahlkampfreden. Sie sagten kein kritisches Wort zu dem, was unter ihren Augen geschah. Nazis schrien: »Wir haben nur ein Vaterland, nicht zwei wie Willy Brandt!« und »Rote raus!«. Als mitgeteilt wurde, dass die PDS auf ihren Redebeitrag verzichtete, johlte die Menge hasserfüllt. Die Angriffe gegen linke Menschen hatten sich herumgesprochen, die Zahl der linken Demonstrant*innen war geschmolzen. Ein paar junge Leute wickelten sich am Rand der Montagsdemo trotzig in die Fahne der untergehenden DDR. Später am Abend rannten sie um ihr Leben.[13]

Einige Montage zuvor war eine junge Antifaschistin blutig geschlagen auf dem Platz liegen geblieben. Vermutlich um den Wiedervereinigungsrausch nicht zu stören, berichteten die Medien nicht darüber, denn auch ihre Eigentumsverhältnisse änderten sich. Die Angst ging um, wie ich von Betriebsversammlungen wusste, an denen ich als dju-Vorsitzende im Auftrag der Industriegewerkschaft Medien teilnahm.

Nein, es war keine »friedliche Revolution«, sagte ich 23 Jahre später zum sichtbaren Verdruss einiger Honoratioren in der Leipziger Thomaskirche bei einer »Disputation« mit der ehemaligen Bischöfin Margot Käßmann über Martin Luther.[14] Eine wirkliche soziale Revolution räume Herrschaftsverhältnisse beiseite und ersetze sie nicht durch moderne, besser funktionierende Unterdrückungsverhältnisse.

86 Prozent der Befragten hofften, dass ein eigenständiger Weg der DDR in einen »besseren, reformierten Sozialismus« möglich sei, so die Ergebnisse einer Umfrage des Leipziger Instituts für Jugendforschung im November 1989. Aber während die Menschen versuchten, die unübersehbaren Folgen des Mauerfalls für ihr gesamtes Leben zu verstehen, wurden ökonomische Fakten geschaffen. Westdeutsche

Konzerne taxierten künftige Beute. Der Adel mit ostdeutschen Wurzeln organisierte sich, um früheren Großgrundbesitz zurückzuerobern. Vertreter von Immobilienfirmen streiften durch die Straßen der Großstädte und der Villenviertel mit Seezugang.

Den Einwohner*innen der DDR brach die vertraute und vergleichsweise sozial sichere Welt weg. Nur noch kleine dissidente Gruppen schmiedeten Pläne für eine bessere DDR. Anfang Februar 1990 spiegelte sich ihre Niederlage in einer neuen Umfrage wider: 79 Prozent der Menschen in der DDR befürworteten die Wiedervereinigung.[15] Bei den Wahlen zur Volkskammer in der DDR im März 1990 traten die meisten Parteien der DDR mit nationalen Parolen an.

Es begann die Zeit der Pogrome. Bald tobte ein rassistischer Mob in Hoyerswerda, Rostock-Lichtenhagen, Mölln und Solingen und an vielen anderen Orten. Man belohnte die Mörder und Attentäter mit der faktischen Abschaffung des Asylrechts 1993. Unausgesprochen spornte man sie damit zu weiteren Taten an. Die meisten Taten blieben ungestraft. Staat und Parteien versagten vollständig.

Rechtsradikale und Nazis haben seit 1990 fast 200 Menschen ermordet und bald 1000 Gewalttaten gegen Menschen begangen. Das sind nur die Mord- und Totschlagsversuche. Die hohe Zahl an Bedrohungen, körperlichen Angriffen, Beleidigungen und Ausgrenzungen wurden und werden nicht erfasst. Die erfassten Straftaten liegen bei rund 12 500. Es gab in den letzten Jahren außerdem tausende von Anschlägen auf Flüchtlingsunterkünfte und tausende von Angriffen auf Asylbewerber*innen und Geflüchtete außerhalb ihrer Unterkünfte.

Stehen diese Zahlen und die Porträts der Opfer und ihre Lebensgeschichten regelmäßig auf den Titelseiten? Nein. Konnte sich die neue alte Rechte beinahe ungehindert ausbreiten? Ja. Auch Richter und Staatsanwälte fühlen keine Scham mehr, sich öffentlich zur AfD zu bekennen. Dass auch staatliche Strukturen mit inhumanen, rassistischen und antisemitischen Denkweisen durchsetzt sind, ja, dass Teile des Staatsapparates rechtsradikale Strukturen fördern, sehen wir auch am vielschichtigen Scheitern der restlosen Aufklärung des NSU-Komplexes (1998–2011) oder an der Verschleppung und Vertuschung im Fall Oury Yalloh, der 2005 in einer Polizeizelle in Dessau von Polizisten gefesselt wurde und dann unter ungeklärten Umständen in seiner Zelle verbrannt ist.

Wenn zu viel Verarmung und Entrechtung auf die Menschen niederprasselt, besteht – aus Sicht des Staates – die Gefahr, dass sie sich wehren. Der immer autoritärer werdende Staat will vor allem in der jungen kritischen Generation Widerstand und soziale Revolten im Keim ersticken. Dafür setzt er Überwachung und Repressionen ein und füllt seine Waffenschränke mit demokratiezerstörenden Mitteln (Waffen, Gewalttechniken, Gesetzen, Verordnungen, Dienstanweisungen), die auf Abruf bereitliegen. Die Entwicklung schreitet rasant voran. Repressionen sind auf konkrete soziale Milieus so passgenau zugeschnitten, dass die meisten anderen Menschen den Übergang in einen demokratisch maskierten Polizeistaat nicht merken, weil sie ihn nicht selbst spüren, weil Solidarität unterentwickelt ist und weil sie manipulativen Bildern und Nachrichten ausgesetzt sind. Den Druck spüren vor allem die vielen Unterschiedlichen, die Ausbeutung, Naturvernichtung und Faschisierung durchschauen und aktiv aufhalten wollen.

Die Rechtsentwicklung in der Gesellschaft macht selbstverständlich auch vor der Justiz keinen Halt, schließlich war sie eine der stabilsten Stützen des NS-Staates. Zu den wenigen Lichtgestalten der westdeutschen Nachkriegsjustiz gehörte der hessische Generalstaatsanwalt Fritz Bauer, dem wir die Auschwitz-Prozesse (1963–68) zu verdanken haben. Aus dem Exil zurückgekommen begann er, NS-Verbrecher*innen zur Verantwortung zu ziehen. Ihn umgaben frühere NS-Jurist*innen, die mit ihren Kommentaren und Lehrveranstaltungen die nächsten Generationen ausbildeten, ohne die eigene Schuld aufzuarbeiten. Bauer hatte eine sehr klare Vorstellung von der deutschen Nachkriegsjustiz: »Wenn ich mein Dienstzimmer verlasse, betrete ich Feindesland«.[16]

Rechte Richter*innen und Staatsanwält*innen finden sich heute in allen Instanzen. Wie sehr sie linke und unangepasste Menschen verachten, die nicht der Oberschicht angehören, spiegelt sich zum Beispiel in den Urteilen gegen Demonstrant*innen beim G20-Gipfel in Hamburg im Juni 2017 wider. An einen demokratischen Rechtsstaat erinnerte das Verhalten der Justiz weniger als an Rachejustiz. Viele verhängte Strafen waren unverhältnismäßig hoch und sollten abschrecken. Grundprinzipien rechtsstaatlicher Strafverfahren wie die Unschuldsvermutung oder die Notwendigkeit, einem Beschuldigten eine Straftat auch nachzuweisen, schienen aufgehoben.

Fabio V., ein 18-jähriger italienischer Arbeiter, befand sich in der Nähe einer kleinen Demonstration in der Straße Rondenbarg, nicht einmal seine Teilnahme an der Demonstration ist bewiesen. Wie sich vor Gericht herausstellte, hatte kein einziger Polizeizeuge ihn gesehen und auch kein Demonstrant. Die Demonstration wurde aus geringfügigem Anlass von Polizisten angegriffen, Filme und Berichte belegen den Ablauf. Die Demonstrant*innen wurden gejagt, einige stürzten über ein Baugerüst in die Tiefe, 14 erlitten schwere Verletzungen. 72 Menschen wurden festgenommen, unter ihnen auch Fabio V.[17]

Der Erste Strafsenat des Oberlandesgerichts Hamburg unter Vorsitz von Richter Marc Tully rechtfertigte die monatelange Untersuchungshaft – ohne ein einziges Gespräch mit Fabio V. geführt zu haben – mit »erheblichen Anlage- und Erziehungsmängeln« und unterstellten ihm eine »tiefsitzende Gewaltbereitschaft«. Fabio V. wurde vom Haftrichter vorverurteilt, weil eine Verurteilung wegen schweren Landfriedensbruchs samt »empfindlicher« Freiheitsstrafe »hochwahrscheinlich« sei. Aber nur wegen der »Schwere der Schuld« oder »schädlicher Neigungen« – dieser Begriff stammt aus dem NS-Faschismus – kann im Jugendstrafrecht überhaupt eine Haftstrafe verhängt werden.

Mich erinnert diese Sprache auch an Konrad Lorenz' Äußerungen über die APO der 1960er Jahre. Lorenz, Verhaltensforscher, Rassenhygieniker, NSDAP-Mitglied und Nobelpreisträger, sagte: »Der genetische Verfall« mache »einen Selektionsdruck« nötig. »Es ist nicht auszuschließen, dass viele Infantilismen, die große Anteile der heutigen ›rebellierenden‹ Jugend zu sozialen Parasiten machen, möglicherweise genetisch bedingt sind.«[18] Der Gedanke von der sozialen und biologischen »Minderwertigkeit« liegt nicht weit.

Da Fabio V. keine Straftaten begangen hatte und deshalb auch keine Beweise vorlagen, war die Untersuchungshaft unzulässig.[19] Der Fall erregte glücklicherweise national wie international so viel Aufsehen, dass die Hamburger Justiz sich nach rund fünf langen Monaten gezwungen sah, Fabio V., wenn auch unter diskriminierenden Auflagen, freizulassen.[20] Justitia ist, wie so oft in der deutschen Geschichte, auf dem rechten Auge ziemlich blind. 2015 hatte ein Pegida-Demonstrant einem Journalisten den Schädelknochen gebrochen. Drei Jahre später wurde er zu einer Geldstrafe in Höhe von 4900 Euro verurteilt, er musste keinen einzigen Tag ins Gefängnis.[21]

Der G20-Gipfel zeigte, dass der autoritäre Staat ein Polizeistaat auf Abruf geworden ist. Er steht in der Tradition der fürchterlichen Ereignisse um den G8-Gipfel in Genua im Juli 2001.[22] Entgegen einer Flut von Belegen dokumentiert von NDR, *Spiegel* und anderen Medien sagte Hamburgs Bürgermeister Olaf Scholz (SPD) wahrheitswidrig: »Polizeigewalt hat es nicht gegeben.«[23] Er wurde mit den Posten des Finanzministers und Vizekanzlers in der Großen Koalition belohnt. Der Staat signalisiert damit: Es gibt keine kritische Reflektion der Ereignisse von Hamburg. Für eine Aufstandsbekämpfung steht auch in Deutschland der militarisierte Apparat eines autoritären Staates zur Verfügung.

Bertolt Brecht lässt nach dem Ersten Weltkrieg ein sterbendes Kutschpferd fragen: »[…] was für eine Kälte / Muß über die Leute gekommen sein! / Wer schlägt da so auf sie ein / Daß sie jetzt so durch und durch erkaltet? / So helft *ihnen* doch! Und tut es in Bälde! / Sonst passiert euch etwas, was ihr nicht für möglich haltet!«[24] Wissenschaftliche Untersuchungen wie die Langzeitstudie »Gruppenbezogene Menschenfeindlichkeit« der Universität Bielefeld (2002–2016)[25], die »Mitte«-Studie der Universität Leipzig (2016)[26] sowie die Studie »Verlorene Mitte – Feindselige Zustände« (2019)[27] der Friedrich-Ebert-Stiftung liefern einige Empirie für den Abstieg der deutschen Gesellschaft in die »Kälte«. Im Januar 2014, zwei Monate vor den Montagsmahnwachen und zehn Monate vor Pegida, kommentierte ich: »Große Teile der bürgerlichen Mittelschicht sind dabei, sozial zu verrohen.« Die Bielefelder Studie belege, »wie aggressiv, rassistisch und sozialverächtlich immer größere Teile des Bürgertums geworden sind«.

Ein Teil dieser verrohten und verrohenden Mittelschicht wählt auch SPD oder Grüne. Die SPD-Grünen-Regierung (1998–2005) hat sich 1999 als erste deutsche Bundesregierung seit 1945 an einem Krieg beteiligt, dem Nato-Krieg gegen Jugoslawien. Eine CDU-Regierung hätte das nicht geschafft, weil sie – neben sozialen Bewegungen – SPD, Grüne und Gewerkschaften gegen sich gehabt hätte. Ein Krieg unter deutscher Beteiligung war jahrzehntelang unvorstellbar gewesen. SPD und Grüne beschlossen auch, wie im 1. Kapitel erwähnt, irrwitzige steuerliche Vorteile für Konzerne, Wohlhabende und Reiche, an welche nachfolgende Regierungen anknüpfen konnten. Das Besitzbürgertum gönnt den Armen kaum noch lächerlichste staatliche Transferleistungen, denn das Geld geht von seinen Einkünften und seinem Profit ab. So wurden Arbeits- und Lebensverhältnisse durchgesetzt, welche die durchschnittliche Lebensdauer der Geringverdienenden und Armen – ganz abgesehen von ihrem Glück, ihrer Freiheit und Gesundheit – außerordentlich mindern.[28]

Autoritärer werdende Verhältnisse bringen neue autoritäre Akteur*innen hervor. Die AfD, 2013 gegründet, hat 2019 etwa 35 000 Mitglieder. Die Partei wirkt auf die rechtsradikale und die Naziszene wie ein Magnet auf Eisenspäne. Rechtsradikale aller Art, Nazis, Identitäre, Burschenschaftler, Sexist*innen und Antisemit*innen gehören zu den rund 300 Mitarbeiter*innen der AfD-Bundestagfraktion und der Abgeordneten. *Die Zeit* spricht von einem »Nazi-Netzwerk im Bundestag«. Die *tageszeitung* belegt: »Aus 23 der 92 Abgeordnetenbüros gibt es Verbindungen zu extrem rechten Parteien, Think-Tanks, Medien, Burschenschaften oder anderen Organisationen.«[29]

Dazu kommen ähnliche Strukturen im Europaparlament und in den Landtagen sowie die Desiderius-Erasmus-Stiftung, für die, wie ihr Vorstandsmitglied Konrad Adam zugibt, wie für alle anderen parteinahen Stiftungen gilt, dass diese »keine echten Stiftungen sind, sondern Geldsammeltöpfe, die in der Erwartung aufgestellt werden, vom Staat gefüllt zu werden«.[30] So verfestigen sich rechtsradikale Strukturen.

Im Jahr 2017 wurden außerhalb der AfD 23 100 *organisierte* Rechtsradikale gezählt.[31] Mehr als die Hälfte (12 100 Personen) gilt als »gewaltbereit« oder »gewaltorientiert«. Etwa ein Viertel, rund 5800, sind Neonazis, die sich in »Kameradschaften« organisieren und sich auch als »Freie Kräfte« oder »Autonome Nationalisten« bezeichnen. Sie organisieren Aufmärsche, gewalttätige Überfälle, Anschläge. Sie bauen eine eigene Infrastruktur auf mit Medien, Versandhandel, Clubs, Festivals, Handwerksbetrieben und Siedlungsprojekten. Sie bedrohen politische Gegner*innen, spionieren sie aus und greifen sie an.

Etwa 6550 Rechtsradikale sind Mitglieder von anderen Parteien als der AfD. Dazu gehören die *NPD* (4500 Mitglieder) mit ihrem *Ring Nationaler Frauen* (RNF, vermutlich unter 100 Mitglieder) und den *Jungen Nationalisten* (JN, 280 Mitglieder). 360 NPD-Abgeordnete sitzen in Kommunalparlamenten (2019), allein 74 in Sachsen. *Die Republikaner* (REP) hatten im Jahr 2017 4033 Mitglieder. *Die Rechte* hat 650 Mitglieder (2017), viele von ihnen kommen aus dem Spektrum der »Kameraden«. Ihre Spitzenkandidatin zur Europawahl war die Naziaktivistin und chronische Holocaustleugnerin Ursula Haverbeck. Die *Pro-Bewegung* (*Pro Köln, Pro NRW, Pro Deutschland*) hatte zusammen etwa 750 Mitglieder. *Pro Deutschland* löste sich Ende 2017 auf und empfahl ihren Mitgliedern den Weg in die AfD. Die Organisation *III. Weg* zählte 2017 500 Mitglieder, sie wurzelt im Kameradschaftsspektrum des »Freien Netzes Süd«. Am 1. Mai 2019 folgten rund 500 Personen einem Aufruf des III. Wegs und marschierten mit Trommeln, Fahnen, Pyrotechnik und einem Galgen zur Bedrohung

Andersdenkender durch die sächsische Stadt Plauen. Das zuständige Landratsamt hatte diese Sache so genehmigt, die Polizei schützte den Aufmarsch.

3500 Rechtsextreme gehören zu rechtsextremen Organisationen, die keine Parteien sind. Dazu gehören z. B. die *Identitären*[32], deren durchaus gewalttätige Wurzeln in der französischen Neuen Rechten um Alain de Benoist liegen. Sie beziehen sich u. a. auf das Konzept Ethnopluralismus, das nicht verbergen kann, nur die Worthülse für völkischen Rassismus zu sein. Die Identitären behaupten erfolglos, sich vom NS-Faschismus zu distanzieren. Sie sind zahlenmäßig klein (2017 in Deutschland etwa 300 Mitglieder) und leben in Deutschland hauptsächlich vom Medienspektakel und davon, sich älteren rechtsradikalen und neurechten Gruppen als Jugendbewegung anzudienen. Stärker sind die Identitären in Österreich, wo sie enge Verbindungen in die FPÖ haben.

Zu den rechtsradikalen Kontakten der Identitären gehört das »Ein Prozent«-Bündnis. Hier haben sich Götz Kubitschek (Antaios-Verlag, *Sezession* und Institut für Staatspolitik), Jürgen Elsässer (*Compact*), Hans-Thomas Tillschneider (Vorsitzender der völkischen »Patriotischen Plattform« der AfD) sowie Martin Sellner (Identitäre Bewegung Österreich) zusammengetan. Leiter ist der Burschenschaftler Philip Stein. Ein Prozent sammelt Geld gegen die »Umvolkung«, konkret für Aktionen gegen Geflüchtete, und wäre gern eine Art »Greenpeace« für echte Deutsche. Das Bündnis macht antifeministische Kampagnen und rief mit der Kampagne »Werde Betriebsrat« 2018 vor allem in süddeutschen Metallbetrieben zum »Generalangriff auf die Vormachtstellung des DGB« auf.[33]

Zu diesen eindeutigen Strukturen der rechtsextremen und der Naziszene kommt ein verhältnismäßig unübersichtliches Feld von Anti-Heim-Bürgerinitiativen und Bürgerwehren gegen Geflüchtete, völkischen Haus- und Siedlungsprojekten vor allem in ländlichen Gebieten, strategisch gesetzten ökologischen Initiativen (z. B. gegen Gentechnik und für Ökolandwirtschaft). Dazu kommen des Weiteren

Kulturzentren, Kneipen, Bands, Liedermacher, Festivals, Musikvertriebe, zehntausende an rechtsradikalen Seiten im Netz. Hunderte von Demonstrationen. Und nicht zuletzt faschistische Organisationen, die, wenn sie ausnahmsweise verboten wurden, im Geheimen arbeiten.

Noch nicht mitgerechnet sind hier rechtsextreme Organisationen, die sich nur für konservativ halten und die in vielen gesellschaftlichen Feldern seit Jahrzehnten in neurechtem und rechtsradikalem Sinn auf die Gesellschaft einwirken: organisierte evangelikale Abtreibungsgegner*innen beispielsweise, die Frauen vor Schwangerschaftsberatungsstellen terrorisieren und den Staat mit der Illegalisierung der Abtreibung und der Strafbarkeit der Information über legale Abtreibungen auf ihrer Seite wissen. Hier gibt es Überschneidungen ins CDU-Lager und in rechte Kirchenkreise. In Berlin, aber nicht nur dort, marschieren regelmäßig organisierte Abtreibungsgegner*innen »für das Leben« und halten pathetisch weiße Kreuze hoch. Mit ihnen solidarisierte sich Julia Klöckner (CDU-Landwirtschaftsministerin) und sagte 2016, sie kämpften »gegen die Unterkühlung unserer Zeit an«. In Wirklichkeit ist ein Staat zum Frösteln gewalttätig, wenn er Frauen mit dem Strafrecht zwingt, ihr Menschenrecht auf sexuelle und reproduktive Selbstbestimmung aufzugeben und jede Schwangerschaft auszutragen.

Damit ist das radikale rechte Lager noch lange nicht vollständig skizziert. Es fehlen die Kreationist*innen, die Gott für den Schöpfer der Welt halten und die Evolutionslehre zugunsten religiöser Deutungen aus dem Schulunterricht verbannen wollen; Tier»recht«ler*innen, das Gegenteil von radikalen Tierschützer*innen, weil sie den Menschen entwerten, indem sie ihn mit Tieren oder Steinen gleichsetzen; Euthanasiebefürworter*innen, die »unnütze«, unproduktive, behinderte oder schwerkranke Menschen lieber tot sähen und sich über jeden Kranken und Alten freuen, der sich als »Last« für andere empfindet.

Es fehlen noch so viele, all die Nichtorganisierten. Nazis und »neue« Rechte können im Laden um die Ecke arbeiten oder als Erzieher*innen Ihrer (Enkel-)Kinder. Sie können einen Betrieb leiten oder an einer

Universität lehren. Es gibt auch alle Variationen der neuen und alten Rechten in den rechten Flügeln der großen und kleinen Volksparteien CDU/CSU, SPD und der FDP – aber auch im schwarzgrünen Flügel der Grünen.

Ihnen ist ein wenig mulmig geworden? Das ist den deutschen Zuständen angemessen. Diese Gesellschaft befindet sich in einer konterrevolutionären Phase. Zu viele Menschen sind sich dessen noch nicht bewusst.

3. Stahlhelm reloaded

Wie aus der Alten Rechten die Neue Rechte werden konnte

Die Neue Rechte ist im Wesentlichen die Alte Rechte. Ihre Wurzeln liegen im deutschen, französischen und italienischen Faschismus. Millionen von Nazis hatten den Zweiten Weltkrieg überlebt und konnten, Frauen wie Männer, als Verwandte, Nachbarn, Lehrer, Beamte, Journalisten, Wissenschaftler, Juristen, Mediziner, Polizisten und Militärs ihre rassistische Weltanschauung, ihren Nationalismus und Antisemitismus und einige auch ihre Großmachtphantasien an die nächsten Generationen weitergeben. Ihre Widersacher und Opfer waren in Gestapokellern und Gaskammern gestorben, wenige hatten im Exil überlebt und waren zurückgekehrt. Protest und Widerstand mussten von einer gesellschaftlichen Minderheit, von überlebenden Antifaschistinnen und Antifaschisten sowie der neuen jungen Linken kommen.

Die *Alte* Rechte überlebte in großer Zahl. Ihr entstammt heute die *Neue* Rechte, die vorgab und vorgibt, sich vom NS-Faschismus zu unterscheiden, die sich neu sortierte, neue Einflussmöglichkeiten fand und manche ihrer Ausdrucks- und Erscheinungsformen zum eigenen Vorteil modernisierte.

Die Alliierten, das Strafrecht, der Universalismus, Schuldbewusstsein und antiautoritäre, antifaschistische und linke Gegenbewegungen seit Mitte der 1960er bremsten die Wiederkehr des deutschen Faschismus für Jahrzehnte. Aber heute, in Krisenzeiten, sind Teile des konservativen Bürgertums wieder bereit, die Verteidigung ihrer Privilegien »im Schoße einer völkisch definierten, autoritär gegliederten Nation zu suchen« (Kurt Lenk).[34]

Frühjahr 1990.

Der 19-jährige Götz Kubitschek lebte im Schwäbischen und machte Abitur. Ein paar Jahre später näherte er sich der rechtsradikalen Zeitung *Junge Freiheit* und trat in die völkische Deutsche Gildenschaft (DG) ein, deren Wurzeln auch in den völkischen Freikorps der 1920er Jahre liegen. Der 17-jährige Björn Höcke war Schüler in Rheinland-Pfalz und ging im Jahr darauf zur Bundeswehr. Der 22-jährige Dieter Stein, Sohn eines Berufsoffiziers, Wehrdienst, Studium in Freiburg, Mitglied der Republikaner, gab seit vier Jahren die Zeitung *Junge Freiheit* heraus. Der damals 41-jährige Niedersachse Karlheinz Weißmann wurde mit dem Thema *Die Entwicklung der politischen Symbolik der deutschen Rechten* promoviert. In zehn Jahren würde er mit Götz Kubitschek das Institut für Staatspolitik sowie den Antaios-Verlag gründen. Jürgen Elsässer (33) war Berufsschullehrer in Stuttgart, Mitglied des Kommunistischen Bundes (KB) sowie der Radikalen Linken und wegen seines Sexismus und anderer Charakterdefizite ziemlich unbeliebt in meinem Freundeskreis. Der 14-jährige André Poggenburg war kaufmännischer Lehrling in Thüringen und fast der einzige Ostdeutsche in diesem Personenkreis. Alexander Gauland (49) war 1990 ein nationalkonservativer Preußenverehrer und leitete in Wiesbaden die Hessische Staatskanzlei unter Ministerpräsident Walter Wallmann (CDU). Die 15-jährige Frauke Petry war ein Jahr zuvor mit ihren Eltern von Ost- nach Westdeutschland gezogen. Die 18-jährige Beatrix Amelie Ehrengard Eilika Herzogin von Oldenburg, spätere von Storch, machte in Schleswig-Holstein ihr Abitur.

Sie alle würden sich finden.

Die Neue Rechte besteht heute unter anderem aus den Gruppen und Personen, die sich um das *Institut für Staatspolitik* (IfS, seit 2000), die Zeitschrift *Sezession* (seit 2003), den Verlag *Antaios* (seit 2012,

Vorläufer war die *edition antaios* seit 2000) – alle drei in Schnellroda/ Thüringen –, die Wochenzeitung *Junge Freiheit* in Berlin (seit 1986), das Magazin *Compact* in Berlin (2010), das Jugendmagazin *Blaue Narzisse* in Chemnitz (seit 2004), die *Bibliothek des Konservativismus* in Berlin (seit 2012), den *Kopp Verlag* in Rottenburg/Neckar (vermutlich seit 1986), den Blog *Politically Incorrect* (PI, seit 2004), diverse Burschenschaften und Korps versammeln.

Dazu kommt die AfD (seit 2013) mit ihren Vorfeldorganisationen, Medien und ihren immer reicher werdenden Stiftungen. Sind die Neuen Rechten Nazis und ist die AfD eine faschistische Partei? Vermutlich käme ich damit vor Gericht noch nicht durch. Deutsche Gerichte haben ja bekanntermaßen auch Probleme, Antisemitismus als solchen zu erkennen. Tatsache aber ist: Wer heute als Nazi in dieser Gesellschaft etwas werden will, geht in die AfD. Die AfD ist eine rechtsradikale Partei, durchdrungen von völkischen, rassistischen und antisemitischen Menschenbildern. Offene Nazis können in ihr zahlreich und an einflussreichen Stellen mitarbeiten.

Statt in der Tradition des NS-Faschismus sieht die Neue Rechte sich lieber als Nachfolgerin der »Konservativen Revolution« der Weimarer Republik. Diesen Mythos begründete Armin Mohler, ein Schweizer, der während des Zweiten Weltkriegs zur Waffen-SS wollte, um für das »Dritte Reich« in den Krieg zu ziehen. Er schloss 1949 seine Dissertation ab, die von geringem wissenschaftlichem Wert war. Die Arbeit erschien 1950 unter dem Titel *Die Konservative Revolution in Deutschland 1918–1932: Ein Handbuch*[35] in Buchform und war wesentlich eine Aufräumarbeit. Mohler sortierte Denkfiguren, Ereignisse, Personen und schuf Ordnung für ein modernisiertes rechtsradikales und faschistisches Weltbild. Seine Hauptfeinde waren Liberalismus (in seinen Augen eine Unterform des Marxismus) und Gleichmacherei als dekadente Zerfallserscheinung, welche »unsere Überlebenschancen als Volk« vernichtet.

Der Historiker Volker Weiß benennt Mohlers Absicht zutreffend: »aus den unterschiedlichsten Autoren des Radikalnationalismus eine eigenständige Denkschule zu konstruieren, die er vom ›Dritten Reich‹ geschieden wissen wollte.«[36] Günter Maschke schwärmte noch auf Mohlers Beerdigung im Jahr 2003: »Sein Werk über die ›Konservative Revolution‹ ist unsere große Landkarte, er hat darin die Grundlinien zur Orientierung gezeichnet.« Mohler habe gezeigt, dass »Rechtssein« und Moderne zusammenpassten.[37]

Mohler griff sich die Rechtsradikalen und Radikalnationalisten – Frauen existieren in seinem Kosmos praktisch nicht –, nahm Antisemiten, Germanenmystiker und NS-Faschisten, katalogisierte ihre Biografien, Geschichte und Weltbilder und sortierte sie in drei Hauptgruppen: die »Völkischen«, die »Jungkonservativen« und die »Nationalrevolutionäre«. Er fügte noch zwei weniger bedeutende Strömungen an: »die Bündischen« und »die Landvolkbewegung«.[38] Die Bündischen seien vorwiegend eine »Jugendbewegung« gewesen, »ihre Welt eine Art von Durchgangsstadium« hin zu einer der drei Hauptströmungen, aus denen sie sich theoretisch bedient habe. Die Landvolkbewegung sei »literarisch stumm« geblieben.

Die *Völkischen* bilden bei Mohler die älteste Strömung der Konservativen Revolution. Ihre Vergangenheit reiche weit zurück in die mystischen Nebel der Herkunft des deutschen Volkes. Mohler mäkelte: Den Völkischen hafte der »Geruch dumpfer Blutmystik« an. Ihre Leitbilder sind »Volk«, »Rasse«, »Stamm«, Landschaft (»Landschaftsseele«). Ihr »Rasse«-Begriff kenne Spielarten wie »nordisch«, aber auch »germano-slawisch«. Dies ist als Hinweis auf die preußische Kolonialmacht und ihre räumliche Nähe zu Russland zu verstehen, die für die Entstehung des »Volkes« kaum folgenlos geblieben sein kann.[39] Als Autoren und Ideologen dieser Strömung der Völkischen nennt Mohler u. a. Hans F. K. Günther, Houston Stewart Chamberlain, Artur Dinter, Wilhelm Marr, die Wiener Ariosophen Guido (von) List und Adolf Lanz alias Jörg Lanz von Liebenfels, Adolf Bartels, Paul Schultze-Naumburg, die Bewegung um Mathilde und Erich Ludendorff und viele mehr.

Hans F. K. Günther schrieb eine Flut von rassistischen und antisemitischen Grundlagenwerken, darunter »Rassenkunde des deutschen

Volkes« (1922). Er war einer von Hitlers bevorzugten »Rassen«-Ideologen, durch ihn bekam Günther schon 1930 unter dem Thüringischen Staatsminister Wilhelm Frick (NSDAP) den Lehrstuhl für Sozialanthropologie an der SS-Universität Jena.[40]

Houston Stewart Chamberlain, ein germanophiler Brite, der während des Ersten Weltkrieges Deutscher wurde, war geradezu besessen von dem Gedanken, die deutsche Kultur vor »rassischer Durchmischung« schützen zu müssen. Als Autor des antisemitischen Bestsellers *Grundlagen des neunzehnten Jahrhunderts* (1899) leistete er nicht zu unterschätzende ideologische Vorarbeit für die Nazis. *Artur Dinter* war Mitbegründer des »Deutschvölkischen Schutz- und Trutzbundes« und 1930 erster Gauleiter Thüringens. Sein rabiater antisemitischer Schundroman *Die Sünde wider das Blut* (1918) erzielte hohe Auflagen. Eine »arische Frau«, auch wenn sie nur einmal mit einem jüdischen Mann vögelt, ist »unrein« und wird später von »arischen« Männern nur »fremdblütige« Kinder bekommen, denn der Jude hat sie durch einmaligen Geschlechtsverkehr »rassisch« auf immer verdorben. Das Buch »vermittelte das Grauen vor rassischer Schändung in einer schlechthin unmenschlichen Gestalt« (George Mosse).[41] Armin Mohler aber nannte die Romantrilogie lediglich »kurios« und manipulierte, indem er »den Großteil des im Dritten Reich verfassten« Werks Dinters wegließ. Dinter war definitiv ein ideologischer Vorläufer der heutigen Völkischen um Björn Höcke, die sich vor »afrikanischen Reproduktionsstrategien«, »Umvolkung« und »Bevölkerungsaustausch« fürchten.

In Mohlers Galerie von Vorbildern findet sich auch der Publizist *Wilhelm Marr*, den er als »demokratischen Kritiker der preußischen Politik« verharmlost. Tatsächlich brachte dieser »Demokrat« mit seinem Bestseller *Der Sieg des Judenthums über das Germanenthum* (1879) das »Konzept des völkisch-rassistischen, wissenschaftlich verbrämten Antisemitismus in den politisch-gesellschaftlichen Diskurs« ein. Das Buch gilt in der heutigen Forschung als »Prototyp des modernen antisemitischen Textes«, sagt Monika Schwarz-Friesel, die 2015 in einem Gutachten nachwies, dass sich Marrs »zentrale antisemitische Semantik« und seine »Argumentationstechnik« 135 Jahre später in den Texten des neurechten Antisemiten Jürgen Elsässer, Chefredakteur von *Compact,* »nachweisen lässt«.[42]

Nachweisen lassen sich auch ideologische Verbindungen der völkischen Antisemiten List und Lanz zu Helena Blavatskys »Theosophie« und Rudolf Steiners »Anthroposophie«. Ernst Bloch analysierte die Anthroposophie 1935 als »Fascisierung des Bürgertums« und als Ausdruck des »Übergang[s] seines unbrauchbar gewordenen Liberalismus ins autoritäre und irrationale Lager«.[43] Bis heute haben sich die deutschen Anthroposoph*innen nicht von der wüst rassistischen »Wurzelrassenlehre« ihres Chefideologen Steiner distanziert.

Adolf Bartels war ein Blut-und-Boden-Dichter. In seiner *Geschichte der deutschen Literatur* (1901/1902) stellte er das »Ariertum« der »Germanen« über die »entarteten, unedlen, rassisch minderwertigen« Bevölkerungen der Mittelmeerstaaten. Später wird er sich als besonderen Verdienst die Ausschließung der Juden und des Jüdischen aus der deutschen Literatur zuschreiben.[44]

Der von Armin Mohler als »konservativer Revolutionär« einsortierte Architekt *Paul Schultze-Naumburg* war mit Hitler, Himmler und Rosenberg und einer ganzen Reihe führender Nazis befreundet. Sein Ziel war die »Säuberung« der Hochschulen von jüdischen und linken Lehrern. Den »rassischen Zerfall« der Gesellschaft sah er in »entarteten« Kunstwerken widergespiegelt. Mit seinen Büchern *Kunst und Rasse* (1928) und *Die Kunst der Deutschen* (1934) schrieb er ein faschistisches Kunstprogramm und lieferte eine zentrale ideologische Grundlage für die NS-Kampagne »Entartete Kunst«. Mohler verharmlost ihn als »völkischen Reformer«, der sich in der Weimarer Republik wegen seiner Kritik am »undeutschen Flachdach« [sic] den Ruf eines »Reaktionärs« eingefangen habe.

Die *Jungkonservativen* sortierte Mohler ein als »Mittelgruppe zwischen den Völkischen und den Nationalrevolutionären, die an ihr gemessen zu extremen Flügeln werden«. Sein Interesse der

Entnazifizierung der »Jungkonservativen« ist deutlich. Mohler: »Von den Völkischen zu den Jungkonservativen – das ist ein weiter Weg.« Die geistige Führerschaft trug er *Arthur Moeller van den Bruck* an. Aber an ihm ist zu sehen, wie kurz die Strecke in Wirklichkeit war. Es genügt, Moeller van den Brucks Werk *Das dritte Reich* zu lesen (1923). Van den Bruck hielt beispielsweise Karl Marx, weil jüdischer Herkunft, für »ein[en] Fremde[n] in Europa«, der sich ungebeten »in die Angelegenheiten der europäischen Völker« einmischte, als wolle »er sich ein nachträgliches Gastrecht [!] unter ihnen dadurch erwerben«. Bruck: »Christi Botschaft war übernational, deshalb konnte sie auch die Völker des Nordens erreichen. Marx' Lehre ist international, deshalb konnte sie Europa zersetzen und Europäer verführen.« Marx als Juden seien das Volk und »die Gegensätze zwischen den Völkern« unbegreiflich geblieben. Er habe versucht, »das Proletariat aus seinen natürlichen Zusammenhängen« zu lösen, und »stand als Intellektmensch außerhalb aller nationalen Bindungen. Er besaß als Jude kein Vaterland. Also versicherte er dem Proletariat, dass es gleichfalls kein Vaterland habe. Er redete ihm aus, dass ein Land und ein Volk eine Einheit bilden.« Moeller van den Bruck hielt die Juden für die »gewohnheitsmäßigen Nutznießer und Ausbeuter ihrer Wirtsvölker«. Marx habe sich »gegen den Kapitalismus« gewandt, »den das Judentum nach Europa gebracht hatte, um so die Schuld zu sühnen, mit der seine eigene Rasse belastet war.«[45]

Der rechtsradikale Antaios-Verlag schreibt über Moeller van den Bruck: »Ihm und weiteren Denkern, die ihm folgten, ließ das ›Schanddiktat‹ von Versailles keine andere Wahl als die Flucht nach vorn. Der westliche Liberalismus hatte sich durch seine offen zutage getretene Verlogenheit gründlich diskreditiert, ihm setzte Moeller seine Vision eines ›dritten Reiches‹ entgegen.«[46] »Flucht nach vorn«? Ein schwerer, blickdichter Teppich wird hier über die NS-Geschichte gelegt.

Zentraler Begriff der *Jungkonservativen* sei, sagt Mohler, das »Reich«. Damit gemeint ist ein »überstaatliches Gebilde, das in seiner von einem übergeordneten Prinzip beherrschten und von einem einzelnen Volk getragenen Gliederung den verschiedenen Völkern und Stämmen ihr Eigenleben läßt«. Mohler folgt hier dem Konzept von *Edgar J. Jung* in *Sinndeutung der deutschen Revolution* (1933): Das Volk, das im jungkonservativen Weltbild ein Reich hat, herrscht über andere »Völker« im Reichsgebiet. Mohler: »Der völkertrennende Nationalismus [...] muss verdrängt werden durch die völkerverbindende Achtung vor den gewachsenen Volkstümern. Staat und Volk sind nur im nationaldemokratischen Denken gleichbedeutend.« Diese Gleichberechtigung sei »falsches Denken«, das »ausgerottet« werden müsse. »Der Überstaat (das Reich) ist eine Herrschaftsform, die sich über den Volkstümern erhebt, jenseits von ihnen liegt und sie deshalb unangetastet lassen kann.« Die Völker seien nur »metaphysisch« gleich, so »wie auch die Menschen vor Gott gleich sind. Wer die Gleichheit der Menschen aufs Diesseits überträgt, sündigt wider die Natur und Wirklichkeit.« Die Deutschen seien »Träger des Reichs aufgrund ihrer Größe, ihrer Geschichte, ihrer geographischen Lage, blutsmäßiger Kraft und geistiger Anlagen«.[47]

Edgar J. Jung, laut Mohler nicht so »extrem« und zur »Mittelgruppe« der Konservativen Revolution gehörig, war Mitglied des Freikorps Epp, 1919 beteiligt an der Zerschlagung der Münchner Räterepublik, 1924 ermordete er einen politischen Gegner. Dass die Jungkonservativen die »bürgerlichste« Strömung und »nicht unversöhnlich« gegenüber der Weimarer Republik gewesen seien, dass es sich bei den Jungkonservativen um »zurückhaltendere und feiner organisierte Wesen« gehandelt haben soll, leuchtet auch deshalb nicht ein.

Die dritte Strömung der Konservativen Revolution, die *Nationalrevolutionäre*, waren im Schnitt jünger als die beiden vorgenannten Strömungen und gehörten zur »Frontgeneration«. Zu ihnen sortierte Mohler beispielsweise *Ernst Niekisch*, Volksschullehrer, Frontkämpfer, anfangs nationaler Sozialdemokrat, antiwestlicher Nationalrevolutionär und Nationalbolschewist, der großen Einfluss auf den Strasser-Flügel der NSDAP hatte. Das »tartarische Russland« lag ihm näher als das »vernegerte Frankreich«. Zu den Nationalrevolutionären zählte

Mohler des Weiteren *Ernst von Salomon*, Freikorpskämpfer und 1922 beteiligt an der Ermordung des nationalkonservativen Außenministers jüdischer Herkunft Walther Rathenau.

Zu Mohlers Nationalrevolutionären gehören auch die NSDAP-Brüder *Otto* und *Gregor Strasser*, über die es Fluten an Literatur gibt. Weniger bekannt und weitgehend unterschätzt ist der Nationalrevolutionär *Manfred Freiherr von Killinger* – Krieger, Frauenhasser, Antisemit. Er half, die Herero in Deutsch-Südwestafrika, dem heutigen Namibia, zu ermorden. Als Kommandeur der Sturmkompanie 1919 der Freikorps-Brigade Ehrhardt war er an der Massakrierung der Münchner Räterepublik beteiligt. Als Leiter der Organisation Consul gab von Killinger den Mord am katholischen Reichsminister der Finanzen Matthias Erzberger (Zentrum) in Auftrag, der das Waffenstillstandsabkommen am Ende des Ersten Weltkriegs unterzeichnet hatte. Killinger war es auch, der als sächsischer Ministerpräsident 1934 in die Personalakte des expressionistischen Künstlers Otto Dix schrieb: »Lebt das Schwein immer noch?«[48] 260 Kunstwerke von Dix wurden als »entartet« aus deutschen Museen entfernt. Ab 1941 war Killinger als deutscher Gesandter an der Ermordung der rumänischen Juden beteiligt.

Mohler nennt die Weltanschauung seiner Nationalrevolutionäre »soldatischen Nationalismus«. Ihre Strömung folge einem »übergeordneten Gesetz«, das Deutschland zu erfüllen habe. Der Nationalrevolutionäre *Franz Schauwecker* schreibe in seinem Buch *Deutsche allein* (1931): »Denn diese Zeit ist nur wert, vernichtet zu werden. Aber um sie zu vernichten, muss man sie zuerst genau kennen. Sonst erliegt man ihr«. Mit ihrem mystischen Glauben an das Deutsche seien die Nationalrevolutionäre moderner und dynamischer als die beiden anderen Strömungen. Die »deutsche Mystik stammt aus dem Kriege, der ein ungeheures legendäres und mythisches Ereignis gewesen ist. Wir haben gegen die Welt gekämpft. Es war ein deutscher Kampf.« Der Untergang Deutschlands sei seine »Verjüngung«, die Niederlagen »verbürg[t]en seine kommenden Siege.«

Als eine der Unterströmungen der Nationalrevolutionäre sieht Mohler den Nationalbolschewismus: »Er wird von dem weitverbreiteten Impuls getragen, das sinkende Schiff des Abendlandes zu verlassen und sich der ›jungen‹, ›barbarischen‹, noch unverbrauchten Kraft des Ostens zuzugesellen. In Parolen wie ›*Ein* Reich von Wladiwostok bis Vlissingen‹ verdichtet er sich sogar zu deutsch-russischen Weltherrschaftsträumen«. – Wen erinnert das nicht an heutige eurasische Großraumstrategien der deutschen und russischen Neuen Rechten?

»Was für die Völkischen die germanische Vorzeit und für die Jungkonservativen das mittelalterliche Reich, das ist für die Nationalrevolutionäre das Preußen des Soldatenkönigs Friedrichs des Großen.« Preußen ist das In-gleicher-Richtung-Marschieren, die Bewegung, die wichtiger sein könne als »Inhalt« und »Ziel«. Die Nationalrevolutionäre wirkten neben den Jungkonservativen »wie Dynamiteros«, so Mohler.

Seine alle Strömungen sprengenden drei größten Helden platziert Mohler wie siegreiche Zinngeneräle über seiner sorgfältig konstruierten ideologischen Schlachtordnung: Im Mittelpunkt der Konservativen Revolution steht *Oswald Spengler* mit *Der Untergang des Abendlandes.* Daneben der vom Antisemitismus tief durchdrungene NS-Staatsrechtler *Carl Schmitt.*[49] Der habe in seinen ab 1933 erscheinenden Schriften das »bis dahin Erarbeitete in den neuen politischen Zustand hinüberzuretten« versucht. Eine süßliche Umschreibung Mohlers für Schmitts vollkommene Unterstützung des NS-Regimes. Der »Nationalrevolutionär« *Ernst Jünger*, anfangs »soldatischer Nationalist«, wird, in Mohlers Darstellung, zu einer der dominierenden Gestalten des ganzen nationalrevolutionären Lagers. Und er machte ihm den Weg frei zu neuem Einfluss in der Nachkriegsbundesrepublik. Der an die Macht kommende NS-Faschismus habe lediglich »Anleihen« bei den drei Strömungen, den »Völkischen«, den »Jungkonservativen« und den »Nationalrevolutionären« aufgenommen. Mit der Shoah darf Mohlers Konservative Revolution nämlich nichts zu tun haben.

Karl Jaspers nahm Mohlers Dissertation über die »Konservative Revolution« 1949 an, obwohl er erkannte: »Ihre Arbeit ist eine großangelegte Entnazifizierung dieser Autoren, die besticht und heute in Deutschland mit Begierde gelesen werden wird.« Aber weil »Deutschland politisch nichts mehr zu sagen« habe, werde Mohler »nur begrenzten Unfug stiften«.[50] Er blieb nicht der Einzige, der sich irrte.

Im Jahr 2001 gestand Mohler: »Meine Arbeit über die Konservative Revolution war dazu da, diese Sachen auseinanderzudividieren – Konservative Revolution und Nationalsozialismus. Es war schon schwer zu unterscheiden; in der historischen Wirklichkeit überschneidet es sich schon sehr.«[51] Aber es war nicht mehr wichtig, als er es zugab. Volker Weiß: Mohler hatte »der Geisteswelt des Faschismus unmittelbar nach dessen Niederlage ein Refugium« erschlossen. Die »Legende der NS-resistenten ›Konservativen Revolution‹« konnte sich in »rechten Zirkeln« und »in akademischen Kreisen« festsetzen, bis heute.[52] Ein Strang führte zur Mystifikation der adligen Attentäter vom 20. Juli 1944.[53]

Stefan Breuer ist zuzustimmen, wenn er sagt: »Ein Kernbestand politischer, sozialer oder wirtschaftlicher Überzeugungen, der nur den Autoren der Konservativen Revolution eigen wäre und sie von anderen Richtungen unterschiede, ist nicht auszumachen [...]. ›Konservative Revolution‹ ist ein unhaltbarer Begriff, der mehr Verwirrung als Klarheit stiftet. Er sollte deshalb aus der Liste der politischen Strömungen des 20. Jahrhunderts gestrichen werden«.[54]

Armin Mohler, der Konstrukteur der »Konservativen Revolution«, wurde 1949 für ein paar Jahre Privatsekretär seines Helden Ernst Jünger, in den 1950ern *Zeit*-Korrespondent in Paris. Dann empfahl ihn der frühere SS-Obersturmbannführer Franz Riedweg der jungen Carl Friedrich von Siemens Stiftung in München. Mohler wurde Mitglied und ab 1964 für mehr als 20 Jahre ihr Geschäftsführer. Die Stiftung wurde zur vielleicht wichtigsten neurechten Denkfabrik und zugleich einem Ort der Vernetzung von Politik und Wirtschaft.[55]

München war und ist reich bestückt mit Zirkeln und Institutionen, die rechtes und neurechtes Gedankengut förderten und fördern. Da war beispielsweise seit den 1950er Jahren die Münchner »Tafelrunde«, ein Kreis aus früheren SS-Offizieren, Eliten des NS-Faschismus, altem Adel und jungen Kapitalvertretern. Aus ihr ging, schrieb Armin Mohler an Carl Schmitt, die Gesellschaft für Wehrkunde (GfW, heute: Gesellschaft für Sicherheitspolitik, GSP) hervor[56], gegründet von ehemaligen Wehrmachtsoffizieren und der CIA. Die Gesellschaft ist immer wieder dadurch aufgefallen, dass sie die Interessen des Rüstungskapitals sowie der politischen Rechten vertritt. Sie wurde viele Jahre aus dem Bundeshaushalt mitfinanziert.[57] Ähnliche Einrichtungen gibt es in der ganzen Bundesrepublik, nicht nur in Frankfurt, Düsseldorf, Hamburg, Berlin, Leipzig und Dresden. Zu ihnen gehören wie Satelliten die befreundeten Medienleute und Publizisten, wenn nicht gleich komplette Medien. Über Jahrzehnte spielte zum Beispiel Axel Springers *Die Welt* eine beachtliche Rolle oder CSU-nahe Blätter wie der *Bayernkurier*. Dazu kamen noch die Medien der Neuen Rechten selbst sowie der alten und neuen Nazis. Recherchieren Sie einfach mal *Nation Europa*, *Criticón*, *Junge Freiheit*, *Deutsche Stimme* …[58]

Dem von Armin Mohler so gerühmten »Nationalrevolutionär« Ernst Jünger hat Walter Benjamin einmal eine »epileptisch schäumende« Kriegsbegeisterung zugesprochen. Und Thomas Mann meinte nach dem Krieg, »Jünger habe an der Tafel der Mörder mitgegessen und dürfe nun nichts mehr veröffentlichen«.[59] Diesem Kriegsverherrlicher, Antisemiten und ideologischen Wegbereiter des Faschismus sollte 1982, auf einstimmigen Beschluss des gleichnamigen Kuratoriums[60], der Goethepreis der Stadt Frankfurt am Main verliehen werden. Wir, ich gehörte von 1981 bis 1985 der ersten grünen Stadtverordnetenfraktion im Römer an, widersprachen der geplanten öffentlichen Ehrung seines inhumanen, antisemitischen Gedankenguts und kündigten Widerstandsaktionen an. In der alten BRD brach ein wochenlanger Tumult aus, der die Feuilletons und die SPD spaltete.

Wir entdeckten, wer Jünger verehrte – von Peter Glotz (SPD-Bundesgeschäftsführer) über Helmut Kohl (bald darauf Bundeskanzler) bis zu Joschka Fischer (neues grünes Mitglied). Zuerst veröffentlichten wir eine Dokumentation mit Textauszügen aus Ernst Jüngers Werken. Jünger glorifizierte den Krieger: »Leben heißt töten« und Kriege seien »Orgien der Wut«, »an grenzenlosem Schwunge nur dem Eros verwandt«. Viele seiner Texte enthalten Phantasien (und Erlebnisse) sexueller Gewalt. »In göttlichen Funken spritzt Blut durch die Adern, wenn man zum Kampfe über die Felder klirrt im klaren Bewusstsein eigener Kühnheit. [...] Mir ist Kampf immer noch etwas Heiliges, ein Gottesurteil über zwei Ideen.« (1922)[61]

Ein Weltkrieg genügte ihm nicht. Für »das Vaterland [...] sind wir alle zu sterben bereit.« Und: »Wir brauchen für die kommenden Zeiten ein eisernes, rücksichtsloses Geschlecht.« (1924/1925)[62] Er schrieb: »Ich hasse die Demokratie wie die Pest« (1925)[63], und wünschte sich zur gewaltsamen Beseitigung der Weimarer Republik die »Endfront«, zusammengesetzt »aus den Angehörigen der nationalen Frontsoldatenverbände«, denen sich »radikale, völkische und nationalsozialistische Gruppen, ferner der blutmäßige Kern des Frontsoldatentums der Arbeiterschaft« anschließt. (1926)[64] Sein Wunsch wurde erfüllt.

Die Juden waren für ihn wie für alle Völkischen nicht nur »Fremde«, sondern die »Anderen«. Jünger bemängelt, dass »der Stoß gegen den Juden zwar oft unter großem Aufwand, aber immer viel zu flach angesetzt wird, um wirksam zu sein.« Er will sie entlarven: »Die Erkenntnis und Verwirklichung der eigentümlichen deutschen Gestalt scheidet die Gestalt des Juden ebenso sichtbar und deutlich von sich ab, wie das klare und unbewegte Wasser das Öl als eine besondere Schicht sichtbar macht.« Erst wenn »der Jude als eine eigentümliche und eigenen Gesetzen unterworfene Macht unverkennbar wird, hört er auf, am Deutschen virulent und damit gefährlich zu sein.« Er ist der »Meister aller Masken«. »Im gleichen Maße jedoch, in dem der deutsche Wille an Schärfe und Gestalt gewinnt, wird für den Juden auch der leiseste Wahn, in Deutschland Deutscher sein zu können, unvollziehbarer werden, und er wird sich vor seiner letzten Alternative sehen, die lautet: in Deutschland entweder Jude zu sein oder nicht zu sein.« (1930)[65]

Noch 1973 sagte Jünger: »Heute noch kann ich Hitler nicht verzeihen, dieses prächtige Instrument, das unsere Armee war, vergeudet zu haben.«[66]

Die Feuilletons des Landes stritten sich. Auf unserer Seite des Konflikts standen unter anderem Fritz Raddatz, Feuilletonchef der *Zeit*, der Schriftsteller Gerhard Zwerenz und die Schriftstellerin Renate Wiggershaus. SPD-Kulturdezernent Hilmar Hoffmann hatte der Preisverleihung ursprünglich zugestimmt. Die SPD im Römer wurde erst schwankend, als einer der ihren uns zur Seite sprang: Der eher konservative Stadtverordnete und Rechtsanwalt Christian Raabe war 1963 Vertreter der Nebenklage im Auschwitz-Prozess gewesen. Im August 1982 kam es im Stadtparlament zur einer fast fünfstündigen Debatte. Der zuständige SPD-Kulturdezernent Hilmar Hoffmann kniff und meldete sich krank.[67] Wir unterlagen mit unserem Anliegen, Ernst Jünger den Preis nicht zu verleihen, er wurde ihm in der Paulskirche überreicht. Vor dem Gebäude demonstrierten wir mit einem linken Bündnis, das seinen Verstand noch nicht verloren hatte.[68]

Zu den künftige Verwerfungen andeutenden Nebenwirkungen des Konfliktes gehörte, dass ein Teil der linksradikalen Frankfurter Spontiszene sich verblüffenderweise als Jünger-Verehrer entpuppte, und zwar deren rechter Flügel um Joschka Fischer und Daniel Cohn-Bendit. Der Erste war kürzlich in die Grünen eingetreten, der Zweite war auf dem Weg. Da aber auch ein Teil der Spontiszene und der Frankfurter Linken unsere Kritik teilte, sollte dieser drohende kommunale Hegemonieverlust durch eine Podiumsveranstaltung in der Szenekneipe »Batschkapp« ausgeglichen werden. Ein kleiner Sieg für den abwesenden Armin Mohler, dessen Anliegen es war, »den Deutschen endlich beizubringen, im rechten Augenblick die Ebenen des Denkens zu wechseln, sobald die Gefahr besteht, dass Moral die Politik verhunzt«, worin er den »entscheidenden Vorzug französisch-romanischen Verhaltens in der Politik« sah.[69] Renate Wiggershaus schrieb über die Spontidiskussion: Sie »sagen, Jünger sei zwar ein Faschist, ein Denunziant usw. gewesen, aber: Hand aufs Herz, wie hätten wir uns verhalten? Sie kommen mir so vor, als wollten sie schon heute – ganz ungefragt – ihre Rechtsschwenkung oder ihr Mitläufertum von morgen rechtfertigen«.[70] Wie weitsichtig. In den frühen 1990ern begann Cohn-Bendit sich für Kriegseinsätze als Mittel der Politik zu erwärmen und Fischer folgte in knappem Abstand, bis er als Außenminister 1999 in den Krieg gegen Jugoslawien zog.

Gerhard Zwerenz, Deserteur im Zweiten Weltkrieg, schrieb: »Sollte stimmen, was Joschka Fischer in der Batschkapp erklärte, dass Ernst Jünger immer ein Geheimtipp der Linken gewesen sei, so stimmt auch, dass diese damit den Sadomasochismus des Kriegers übernehmen: Als in Ewigkeit Besiegte schmarotzen sie heimlich an den blutigen Siegen des Feindes. [...] Unsere tüchtigen ›Pflasterstrand‹-Dichter, die den Ernst Jünger brauchten, um an seinen edlen Tötungsakten, diesen arg verdrängten Sexualpathologien, zu schmarotzen, feiern zugleich einen, der nie was anderes war als gutgeöltes Rädchen in der Militärmaschinerie [...]. Jünger ist Exekutor, nicht Opfer. Ein Herrenmenschenstahlhelm, der ins Gehirn drückt.«[71]

Die Schriftstellerin Ulrike Heider, damals selbst Mitglied der Spontiszene, blickte sich erschrocken um und sah zugleich in die Zukunft: »Leuchtende Augen vor allem beim männlichen Publikum bestätigten die Ehrenrettung des greisen Schwärmers vom Fronterlebnis [...]. Die Vitalität der Spontis vom Schlage des Joschka Fischer« schienen »hier mit Jüngers Blutrausch-Irrationalismus zu verschmelzen [...]. Dahin also führten die intellektuellen Moden von der Nostalgie nach Mittelalter oder Urzeit: zur Absage ans aufgeklärte moderne Denken zugunsten eines antihumanen Irrationalismus, im schlimmsten Fall zur Kriegsverherrlichung. Das also bedeutete das Gerede vom Verschwinden des Unterschieds zwischen links und rechts. [...] die Rehabilitierung eines deutschen Faschisten und Antisemiten kam im libertären Gewand der Forderung nach Freiheit für die Andersdenkenden daher.« Sie beobachtete die Folgen: »Überall sah, hörte und las ich jetzt die neuen Schüler von Nietzsche und Heidegger [...] die auf dem Umweg über Frankreich nach Hause gekommen waren.

Irrationalismus und Antihumanismus triumphierten nach fast 20-jähriger Pause, Leidensverherrlichung und Todessehnsucht feierten ein glänzendes Comeback.«[72]

Jünger bekam schließlich im August 1982, durch ein Spalier von Polizisten in die Paulskirche schreitend, seinen Preis, zu dem er eine Beziehung hatte, die unbekannt geblieben war: Im Oktober 1930 war Jünger dabei gewesen, als zwanzig von Goebbels bestellte SA-Männer eine nazikritische Rede störten, was schließlich zu einem Tumult mit Polizeieinsatz führte. Der bepöbelte Redner hieß Thomas Mann, Goethepreisträger von 1949.

4. »Liebes deutsches Volk«
Völkische Besessenheit und Umvolkungswahn

»Umvolkung!« »Bevölkerungsaustausch!« Politiker, die sich in »Blutreinheit« wälzen und ihre Kritiker*innen vom »Volkskörper« abschneiden wollen. Grenzenloser Irrationalismus schwappt aus den Mündern der Neuen Rechten, Rechtsradikalen und Nazis. Reichhaltiges Material für Psychoanalytikerinnen und Psychotherapeuten. Es braucht ein gewisses Maß an Selbstdisziplin, um diese irrationalen Wahnvorstellungen der neuen deutschen Rechten auf ihre materiellen Wurzeln abzuklopfen. Also, Rechtsradikale, wo tut's weh?

Björn Höcke (AfD) jammert, es drohe eine »ethnische Transformation«. Aber »Umvolkung dürfen wir nicht sagen, das wäre Nazi-Sprech«.[73] Höcke leidet sowieso an allem, wegen seines unerträglichen »Leidensdrucks« ist er überhaupt nur in die Politik gegangen.[74] Und er leidet gern. »Das große Problem ist, dass Deutschland, dass Europa ihre Männlichkeit verloren haben. [...] nur wenn wir unsere Männlichkeit wieder entdecken, werden wir mannhaft, und nur wenn wir mannhaft werden, werden wir wehrhaft«.[75]

Auch Alexander Gauland (AfD) ist oft aufgeregt: »Es ist der helle Wahnsinn. [...] Bevölkerungsaustausch in Deutschland läuft auf Hochtouren.«[76] Frauke Petry warf der Bundeskanzlerin vor, sie wolle das deutsche Volk »allmählich abschaffen«. Für Merkel sei »das deutsche Volk keine kulturelle Größe mit Eigenart und Tradition«. Nur eine starke AfD könne verhindern, »dass die Etablierten den Souverän austauschen und die Geschichte der Deutschen beenden.«[77] Sieben Monate später trat sie aus der AfD aus.

Der Anfang Juni 2019 vermutlich von dem Nazi Stephan Ernst ermordete Kasseler Regierungspräsident Walter Lübcke stand auf einer schwarzen Liste der Nazi-Website *Nürnberg 2.0 Deutschland – Netzwerk demokratischer Widerstand* als politischer Gegner, der sich an der »Islamisierung, der Entdemokratisierung, der Umvolkung Deutschlands« beteiligt habe.[78] Lübcke hatte 2015 die Einrichtung einer Erstaufnahmestelle für Geflüchtete verteidigt: »Wer diese [christlichen] Werte nicht vertritt, kann dieses Land jederzeit verlassen [...]. Das ist die Freiheit eines jeden Deutschen.«[79] Der rechtsradikale Schriftsteller Akif Pirinçci hetzte daraufhin als »Stargast« einer Pegida-Kundgebung in Dresden: »Offenkundig scheint man bei der Macht die Angst und den Respekt vor dem eigenen Volk so restlos abgelegt zu haben, dass man ihm schulterzuckend die Ausreise empfehlen kann, wenn es gefälligst nicht pariert. [Pause, Beifall, »Widerstand!«-Rufe] Es gäbe natürlich auch andere Alternativen. Aber die KZs sind ja leider derzeit außer Betrieb. [Beifall]«[80]

Schlimm ist's, wenn der »Austausch«-Virus auch TV-Moderatoren ergreift und die ihn in alle Welt husten. Markus Lanz (ZDF) geriet ob der eingebildeten Bedrohung in Panik: »Du kannst nicht 'nen ganzen Kontinent [Afrika] absorbieren [...], kannst nicht 1,3 Milliarden Menschen herholen!«[81] Einen Monat später: »Wenn du dir aber die Situation bei den unter Sechsjährigen anschaust, dann stellst du fest: Da hast du heute schon 48, 49, 50 Prozent! Das heißt, wenn unsere Kinder mal groß sind, leben die in einem anderen Land! Darüber muss man doch mal sprechen! Und es ist auch nicht rassistisch, darüber zu sprechen!«

Es wird in Wirklichkeit andauernd darüber gesprochen, dass Deutschland ein Einwanderungsland ist. Und dass die Welt sich dreht. Und dass kein Land auf der Welt immer so bleibt, wie es ist. Und ich war 1968 sehr dankbar, nicht im Deutschland von 1940 leben zu müssen.

Der Wahn ist längst »großdeutsch«. Österreich sucht den Anschluss. Martin Sellner (kleiner Führer der Identitären Bewegung Österreich) weiß es genau: »Der Große Austausch findet statt!« Der österreichische Popsänger Peter Cornelius macht sich große Sorgen: »Jetzt kommen dann noch Zustände, dass wir in Europa eigentlich umgevolkt werden sollten. Eine groß angelegte Geschichte«.[82] Andreas Mölzer (FPÖ) lamentiert, die »autochthonen Völker Europas« seien durch die Migration gefährdet. Die »Ethnomorphose – zu deutsch ›Umvolkung‹ – Europas [ist] schon längst im Gang«.[83]

Im »Generalplan Ost« des NS-Regimes zeigte der Begriff »Umvolkung«, was in ihm steckt: die Kolonisierung und Germanisierung Osteuropas auf rassistischer Grundlage. Versklavt werden sollten die noch brauchbaren »slawischen Untermenschen«, ermordet werden alle Juden. »Umvolkungsaktionen« nannten es die Deutschen, als sie Polen militärisch überfielen und sich Westpolen als »Reichsgau Wartheland« ins Deutsche Reich einverleibten, mit dem Ziel, mehr als 80 Prozent der polnischen Bevölkerung zu vertreiben und zu vernichten. Die polnischen Juden und die Intelligenz des »Warthegaus« wurden ins Generalgouvernement, den größeren Teil des von Deutschland besetzten Polens, abgeschoben. Angesiedelt wurden stattdessen »Volksdeutsche«. Das waren meist Menschen, die in Folge der Grenzziehungen nach dem Ersten Weltkrieg außerhalb der neuen deutschen Reichsgrenzen lebten, ausländische Staatsangehörigkeiten besaßen, aber in den Augen der Völkischen und Nazis aufgrund ihrer »Blutsabstammung« »echte Deutsche« geblieben waren.

Das »deutsche Volk« scheint unaufhörlich vom Tode bedroht und die Neue Rechte will, dass es deshalb andere bedroht. Einige rechtsradikale Helden predigen ohn' Unterlass gegen seinen Untergang an. So Thor von Waldstein, Festredner des neurechten Instituts für Staatspolitik (IfS) im Juni 2015. Für den rechtsradikalen Anwalt und NPD-Aktivisten ist die Shoah ein »US-amerikanisches Kulturprodukt«. Er fürchtet, die Bundesrepublik berge im Vergleich zur DDR »das für die Deutschen als Volk wesentlich höhere existentielle

Gefährdungspotential.« Der »Pankower Unrechtsstaat« habe sich darauf »beschränkt, die Mitteldeutschen [sic] ihrer Freiheit zu berauben, einzumauern und viele von ihnen ins Gefängnis zu werfen«. Die BRD sei aber »derzeit dabei, einen großangelegten Bevölkerungsaustausch zu bewerkstelligen und [...] das deutsche Volk abzuschaffen«. Ob »es ein Leben nach der »früheren FDJ-Funktionärin Merkel und ihren mutmaßlichen Nachfolgern geben wird, ist derzeit offen.«[84]

Die Bundeskanzlerin sagte 2017 einen einfachen Satz: »Das Volk ist jeder, der in diesem Lande lebt«[85], dafür wurde sie geschmäht. Der Begriff »Volk« hat eine komplexe Geschichte und vielfältige Bedeutungen im Lauf der Zeit. Das »deutsche Volk« ist nicht, wie oft falsch übersetzt wird, identisch mit *le peuple*, *the people* oder *el pueblo*. Diese Begriffe bezeichnen eher Bevölkerungen, also die Menschen, die in einem bestimmten Land oder auf einem bestimmten Staatsgebiet leben. Mal meint »Volk« etymologisch viele Menschen in einem Gebiet, ein anderes Mal eine Schar Krieger, dann wieder die Gemeinschaft aller Staatsbürger, aber ohne Frauen und Sklaven. Begriffliche Seitenarme sind der »Pöbel« aus dem altfranzösischen *poble* und dem mittelhochdeutschen *Pobel* für die Dienerschaft, später Synonym für eine ungehorsame oder gar aufrührerische Unterschicht. Aufgeklärte, emanzipierte Gesellschaften haben eine Bevölkerung und die besteht aus allen Menschen, die auf ihrem Territorium leben. Moderne Gesellschaften bestehen wenigstens aus der Gemeinschaft aller in ein Staatengebilde *legal* eingewanderten oder dort geborenen Menschen (»we the people of the United States«). Die Merkel'sche Definition (»Das Volk ist jeder, der in diesem Lande lebt«) ist so gesehen fortschrittlicher als die Bundesrepublik selbst, denn bis ins Jahr 2000 galt hier das Abstammungsrecht nach Blut, das *ius sanguinis,* heute gilt eine explosive Mischung aus Blutrecht und Bodenrecht *(ius salis).*

Die Begriffe »völkisch« und »Volksgemeinschaft« sind viel jünger als »Volk«. Sie stammen aus dem 19. Jahrhundert und sind heute unwiderruflich mit dem NS-Faschismus verbunden. »Wer vor 1933 den Begriff ›Volksgemeinschaft‹ gebrauchte, musste in der Tat kein

Nationalsozialist sein«, schreibt der Historiker Michael Wildt. Wer nach 1918 völkischem Denken anhing, war vielleicht (noch) kein NS-Faschist, aber sicher ein Völkischer und ist damit keineswegs entlastet. Wildt weiter: Aber »nach den Verbrechen des NS-Regimes, die im Namen der ›Volksgemeinschaft‹ begangen wurden, gibt es keinen ›unschuldigen‹ Gebrauch dieses Begriffs mehr«.[86]

Alle Völkischen, darunter viele demobilisierte Militärs, waren Todfeinde der Weimarer Republik. Sie unterhielten Verbindungen zu rechtsradikalen Wehrverbänden (Schwarze Reichswehr, Freikorps), beteiligten sich am Kapp-Putsch (1920) und am Hitler-Putsch (1923) und waren in Attentate und Fememorde verstrickt. Früh gab es organisierte Völkische in Länderparlamenten und im Reichstag: Deutschvölkische Partei (DVP), Deutschvölkische Freiheitspartei (DVFP/DFP) und Deutschnationale Volkspartei (DNVP). Konkurrenzen zwischen NSDAP und früher völkischer Bewegung wurden mit dem Sieg der NSDAP nachrangig.

Adolf Hitler war anfangs nicht überzeugt davon, seine Bewegung eine völkische zu nennen. Er habe feststellen müssen, schreibt er in *Mein Kampf*, »dass diese Bezeichnung zu wenig begrenzt erscheint, um die Bildung einer geschlossenen Kampfgemeinschaft zu gestatten. Alles mögliche, was in allem wesentlichen seiner Ansichten himmelweit auseinanderklafft, treibt sich zur Zeit herum, mit dem Wort ›völkisch‹ sich deckend.« Das gab sich, als die NSDAP sich als eine völkische Strömung gegen die anderen durchgesetzt hatte und diese absorbierte. Hitler: »So sehr die *Grundgedanken* der nationalsozialistischen Bewegung völkische sind, so sehr sind zugleich die *völkischen Gedanken nationalsozialistische*.« Die nationalsozialistische Bewegung habe die »völkische Idee [...] für die Praxis geschaffen.« Er wolle einen »völkischen Staat« aufbauen und beschrieb sich als »völkischen Mann, der den Wert des Menschentums nach rassischen Grundlagen abschätzt«.[87] Die NSDAP übernahm den Begriff »völkisch« und viele Elemente und Symbole der Völkischen wie das Hakenkreuz und den »Deutschen Gruß«.

Der Begriff *völkisch* ist eine »in chauvinistischer, rassistischer und demagogischer Absicht verwendete Kennzeichnung der Zugehörigkeit zur sogenannten deutschen Volksgemeinschaft«, kommentiert das Digitale Wörterbuch der deutschen Sprache des 20. Jahrhunderts (DWDS), und nach dem Duden bezeichnet »völkisch« im NS-Faschismus ein Volk als diejenigen, die zu einer gemeinsamen vermeintlichen »Rasse« gehören.[88] »Dem Konzept des Volkes als *demos*, für das Rechtsgenossenschaft und staatsbürgerliche Gleichheit kennzeichnend sind, steht die Vorstellung vom Volk als *ethnos* gegenüber, in dem imaginierte Abstammungsgemeinschaften, Geschichtsmythen, Phantasmen von gemeinschaftlichem Blut und Boden miteinander verknüpft werden.«[89] Bei den Völkischen soll der *demos* (Staatsvolk) nicht mehr ohne den *ethnos* (Volk) auskommen. Die Homogenisierung des »Eigenen« bedingte die Konstruktion des »Anderen«.[90] Deshalb reden Rechtsradikale so gern von »eigener Art«, es ist ein Code für völkisches Denken.

Völkisches Denken ist ein hochwirksames Gift gegen die Emanzipation des Menschen. In einer »Volksgemeinschaft« gibt es keine Linken und keine Rechten mehr, keine Herrschenden und keine Ausgebeuteten, keine Klassen – nur noch Deutsche in einer autoritären sozialen Hierarchie. Das Konzept Volksgemeinschaft ist ein Angebot an die deutschen Ausgebeuteten und an die deutschen Marginalisierten, sich den »Fremden« und »Anderen«, aus der Volksgemeinschaft Ausgestoßenen, überlegen zu fühlen. Völkisches Denken schlägt Klassenbewusstsein und zerstört Solidarität. Das ist das politische und ökonomische Interesse an der Sache.

Völkisches Ziel ist die Herstellung einer ethnisch geschlossenen Bevölkerung (»deutsches Volk«) in einem ethnisch definierten Nationalstaat. Ein alter Großraumtraum der Völkischen ist der vom deutschen Volk als dem führenden in einem »Reich«, in dem andere Völker vielleicht geduldet werden, sofern sie sich dem deutschen unterwerfen. Das »deutsche Volk« gilt den Völkischen als »auserwählt«, »geistig« und »rassisch« anderen »Völkern« überlegen. Völkisches Ziel ist aber auch die Unterwerfung und Ausgrenzung bis zur Ausstoßung des als minderwertig identifizierten »Fremden«. Auf immer ausgestoßen bleibt der »Andere«, der Jude.

Die Wurzeln der völkischen Bewegung liegen in den deutschen Gegenbewegungen des 19. Jahrhunderts zur Französischen Revolution, in den konterrevolutionären und antiemanzipatorischen Strömungen wie der in dieser Hinsicht unterschätzten Romantik, den antinapoleonischen »Befreiungskriegen«, in der verspäteten Industrialisierung und Umformung der Kleinstaaterei, die mit der Gründung des Deutschen Kaiserreichs auf den Schlachtfeldern Frankreichs 1871 zu ihrem ersten Höhepunkt kam.

Wer war dieses »Volk« und wer gehörte dazu? Was war sein Territorium, sein »Lebensraum«, der weit über die Grenzen des Nationalstaates hinausreichen sollte, sofern die Völkischen anderswo genug »Deutsche« identifizierten, was sich nicht zuletzt in allen geostrategischen Konzepten rund um »Auslands- und Volksdeutsche« bewies (Pangermanentum)?[91] Das »Selbstbestimmungsrecht« unterdrückter und drangsalierter deutscher Minderheiten im Ausland schrie ja geradezu nach Befreiung und Erweiterung des »Lebensraums« des Deutschen Reichs. Das große historische Vorbild war Preußen, an dessen Beginn Eroberung und Kolonialisierung gestanden und das sich mit jedem Krieg territorial ausgedehnt hatte. Das ist die zentrale »preußische Tugend«.

Die soziale Utopie der frühen Völkischen war ein »großgermanisches« Reich »von Skandinavien bis zur Adria, von Bologna bis zur Narwa und von Besançon bis zum Schwarzen Meer«. Das ähnelt den heutigen geostrategischen eurasischen Konzeptionen der großrussischen Nationalisten, die vom eurasischen Reich »von Lissabon bis Wladiwostok« reden. Einer dieser eurasischen Ideologen ist der russische Soziologe Aleksandr Dugin, ein Faschist[92], zu dessen Anhängern deutsche Neue Rechte wie zum Beispiel der Antisemit Jürgen Elsässer (*Compact*) gehören.

Subkulturen sind, sofern sie nicht versanden, mögliche Vorläufer größerer politischer Entwicklungen. Das gilt für alle politischen

Strömungen in einer Gesellschaft. NS-faschistisches und völkisches Denken musste sich nach 1945 ein wenig verstecken. Wie wir gesehen haben, fand es einige luxuriöse Refugien wie Stiftungen, Verlage, Traditionsverbände, Ministerien, Ämter und Parteien. Aber was so massenhaft vorhanden war wie faschistische Gesinnung, Rassismus und Antisemitismus, löst sich nicht einfach auf, es verschwindet nicht durch Schweigen und Leugnen, es gärt und quillt aus allen Ritzen und schwappt auch in vermeintlich unverdächtige gesellschaftliche Bereiche.

Auch in »alternativen« Subkulturen lassen sich völkische Spuren finden, etwa im Fantasy-Milieu von Ritterkämpfen und Mittelalterfestivals oder in J. R. R. Tolkiens *Der Herr der Ringe*.[93] Die Elben sind »edles Volk«, schön, groß, hellhäutig. Die Hobbits sind tumb, klein und gedrungen, drollige Spießbürger und, wenn herausgefordert, Landser im aufopfernden Einsatz für die edle Rasse der Elben. Die bösen, hässlichen, dunklen Orks sind so minderwertig, dass man über ihre Individualität nichts wissen muss. Sie bedrohen die Lichtgestalten und müssen vernichtet werden.[94] Wollen wir jetzt über »Game of Thrones« reden?

Für die AfD sind, wie für die NSDAP, Begriffe wie »Volksgemeinschaft« und »völkisch« Waffen gegen die »Fremden« und gegen die »Anderen«. Welch gefährliches Potential dahintersteckt, zeigte 2017 ein kleiner Konflikt. Wie erwähnt hatte Merkel gesagt: »Das Volk ist jeder, der in diesem Lande lebt«.[95] Ihr damaliger Innenminister Thomas de Maizière widersprach scharf, ohne sie zu erwähnen, und erklärte »uns« die »deutsche Leitkultur«. Zuerst erläuterte er, dass nur echte Deutsche in den Genuss der leitenden Kultur kommen, nicht einfach irgendwelche Menschen, die auch in Deutschland leben.[96] Von des Ministers Grundsatztext zur »deutschen Leitkultur« sind mir nur zwei grausige Sätze im Gedächtnis geblieben: »Wir geben uns zur Begrüßung die Hand« und »Wir sind nicht Burka«.[97]

Viele von »uns« können sogar grammatikalisch korrekte Sätze bilden. Und die Sache mit dem Händeschütteln hat die »Wiedervereinigung«

über uns antiautoritäre Westlinke gebracht, als unsere neuen ostlinken Bekannten uns bei jeder Begegnung die Hand schütteln wollten. Wir wollten nicht unhöflich sein, weil wir ja sahen, was »unsere« Herrschenden in ihrem Land anrichteten. Bis dahin hatten wir uns mit »Hallo«-Sagen und freundlichem Nicken in die Runde begnügt.

Aydan Özoğuz (SPD), damals Bundesintegrationsbeauftragte, antwortete auf de Maiziére, ebenfalls ohne seinen Namen zu nennen, und sagte etwas Selbstverständliches: »Deutschland ist vielfältig und das ist manchen zu kompliziert. Im Wechsel der Jahreszeiten wird deshalb eine Leitkultur eingefordert, die für Ordnung und Orientierung sorgen soll. Sobald diese Leitkultur aber inhaltlich gefüllt wird, gleitet die Debatte ins Lächerliche und Absurde, die Vorschläge verkommen zum Klischee des Deutschsein. Kein Wunder, denn eine spezifisch deutsche Kultur ist, jenseits der Sprache, schlicht nicht identifizierbar. Schon historisch haben eher regionale Kulturen, haben Einwanderung und Vielfalt unsere Geschichte geprägt.«[98]

Alexander Gauland nahm dies in einer Hetzrede Anfang September 2017 zum Anlass für einen Frontalangriff auf Aydan Özoğuz und auf alle Deutschen türkischer Herkunft. In einer Redepassage spricht er ihr die deutsche Staatsbürgerschaft ab; er manipuliert ihre Aussage; er entmenschlicht sie, indem er Aydan Özoğuz mit Abfall oder Giftmüll vergleicht, denn nur der wird üblicherweise »entsorgt«. Der Satzbau seiner Rede ist eine verkappte Morddrohung an die »Undeutsche«. Gauland sagte im thüringischen Eichsfeld: »›Eine spezifisch deutsche Kultur ist jenseits der Sprache schlicht nicht identifizierbar.‹ Das sagt eine Deutschtürkin! Ladet sie mal ins Eichsfeld ein und sagt ihr dann, was spezifisch deutsche Kultur ist! Danach kommt sie hier nie wieder her und wir werden sie dann auch Gott sei Dank in Anatolien entsorgen können.«[99] Die Drohung wurde verstanden. Das Publikum johlte.

Im Bildungs- und Besitzbürgertum fand Özoğuz keine zuverlässige Unterstützung. Theo Sommer (*Die Zeit*) seufzte: Was habe Aydan Özoğuz »eigentlich geritten [...], als sie die deutsche Kultur auf die Sprache reduzierte«?, fragte er. Kultur sei »ein Mosaik aus der Literatur, der Musik, der Kunst und der Philosophie eines Landes, das seinen gesamten geistigen und ästhetischen Raum umfasst. Auch der Glaube prägt«.[100] Nietzsche! Goethe! Martin Luther! Thomas Mann! – Aber Oswald Spengler, Carl Schmitt, Ernst Jünger, Armin Mohler – noch nicht wieder. Die Lobhudeleien auf Carl Schmitt etwa in der *Zeit* oder der *FAZ* habe ich nie gezählt, Jünger und Mohler waren früher willkommene Autoren. Dass in Theo Sommers Aufzählung die soziale Lage der Menschen fehlt, die mehr Einfluss auf die Kultur der Menschen hat als ein filigraner Philosophiediskurs bei teurem Wein, ist kein Zufall.

Kurz nach der Hetzrede in Eichsfeld spielte Alexander Gauland bei Radio Bremen das Unschuldslämmchen. »Wir sind bestimmt eine populistische Partei, weil wir dem Volk aufs Maul schauen, wie Luther mal gesagt hat. Das ist Populismus. Wieso wir rechts sind, kann ich gar nicht nachvollziehen!«[101] In der neuen Großen Koalition ist Aydan Özoğuz nicht mehr Integrationsbeauftragte. In der neuen Großen Koalition gibt es nicht einen einzigen Minister und auch keine einzige Ministerin mit sogenanntem Migrationshintergrund.

Zu Weihnachten 2015 wünschte sich die AfD Sachsen-Anhalt, man möge über die »Verantwortung für die Volksgemeinschaft« nachdenken; Frauke Petry, damals noch AfD-Landtagsfraktionsvorsitzende, störte es im April 2016, »dass es bei der Ächtung des Begriffes ›völkisch‹ nicht bleibt, sondern der negative Beigeschmack auf das Wort ›Volk‹ ausgedehnt wird«. Der Begriff »völkisch« sei letztlich »ein zugehöriges Attribut« zum Wort »Volk«, sagte Petry. Sie hielt es für eine »unzulässige Verkürzung«, den Begriff »völkisch« als »rassistisch« zu besetzen. Als die *Welt am Sonntag* widerspricht: »Der Begriff ist zutiefst rassistisch geprägt«, erwidert Petry: »Dann sollten wir daran arbeiten, dass dieser Begriff wieder positiv besetzt ist.«[102]

Peter Schlobinski, Vorsitzender der Gesellschaft für deutsche Sprache, widersprach Petry: »Völkisch« ist keineswegs ein »Attribut zu Volk«, das wäre ja dann ein »völkisches Volk«, sondern es ist ein »von Volk abgeleitetes Adjektiv«, das erst mit der völkischen Bewegung seit der Reichsgründung von 1871 »als Konkurrenz zu national« aufgekommen sei und sich mit dem Aufkommen der Völkischen Bewegung, »deren Ziel eine ethnisch und kulturell homogene Nation war«, immer mehr durchsetzte. Der Begriff völkisch sei selbstverständlich rassistisch, denn er ist eine »in chauvinistischer, rassistischer und demagogischer Absicht verwendete Kennzeichnung der Zugehörigkeit zur sogenannten deutschen Volksgemeinschaft, der Bindung an die nationalsozialistische Ideologie« (DWDS), und nach Duden bezeichnet *völkisch* »(in der rassistischen Ideologie des Nationalsozialismus) ein Volk als vermeintliche Rasse betreffend; zum Volk als vermeintliche Rasse gehörend«.[103]

Wie so oft, wenn die AfD den Diskurs nach rechts verschiebt, testet sie aus, wie weit sie gehen kann. Notfalls zurückrudern, leugnen. Sieben Monate nach Petrys Äußerung behauptete Marcus Pretzell, damals AfD-Landesvorsitzender in Nordrhein-Westfalen und Ehemann Petrys: »Es gibt kein einziges Zitat von Frauke Petry oder mir, in dem wir fordern, den Begriff ›völkisch‹ zu rehabilitieren«.[104] Sie sind nicht die Einzigen, die lügen. Zu Beginn des Landtagswahlkampfs in Sachsen-Anhalt 2016 verkündete André Poggenburg: »Die AfD Sachsen-Anhalt spricht eine klare, unideologische Sprache und verwehrt sich gegen das ideologische Überzeichnen und einseitige Zuordnen sprachlicher Begriffe, die in ihrem Ursprung und ihrer grundsätzlichen Bedeutung ein positiver Ausdruck und Bestandteil der deutschen Sprache sind. ›Volksgemeinschaft‹ ist ein solcher Begriff.«[105] Im März 2016 zog Poggenburg mit 31,6 Prozent der Erststimmen als Direktkandidat seiner Partei in den Landtag ein. Anfang Februar 2017 sagte er dort: »Linksextreme Lumpen sollen und müssen von deutschen Hochschulen verbannt und statt einem Studiumsplatz lieber praktischer Arbeit zugeführt werden.« Reichsarbeitsdienst? »Nehmen Sie die linksextreme Bedrohung ernst und beteiligen Sie sich an allen möglichen Maßnahmen, um diese Wucherung am deutschen Volkskörper endgültig loszuwerden.«[106] Lager oder gleich ausmerzen? Es ist die Denkweise und die Sprache von Faschisten.

Beim politischen Aschermittwoch am 15. Februar 2018 im sächsischen Pirna hielt Poggenburg eine Rede wie im Sportpalast. Er hetzte gegen Deutsche türkischer Herkunft und Türken in Deutschland (»Kümmelhändler«, »Kameltreiber«, »vaterlandsloses Gesindel«). Ein hasserfüllter Mob brüllte: »Ab-schie-ben! Ab-schie-ben!« Einem Teil des Publikums traut man, auch nach wiederholter Betrachtung des Videos, ein Pogrom zu. Am Schluss standen André Poggenburg, Björn Höcke, Lutz Bachmann, Jürgen Elsässer und die AfD-Landeschefs aus Sachsen und Brandenburg[107] zufrieden grinsend auf der Bühne. Der Politikwissenschaftler Hajo Funke kommentierte: »Das ist rassistische Hetze [...]. Was Poggenburg gesagt hat, das erinnert mich, und das sage ich zum ersten Mal, an das, was der Gauleiter in Berlin, Joseph Goebbels, damals an Hetze entfesselt hat.«[108]

Poggenburg trat vorerst von seinen Posten als Landesvorsitzender und Landtagsfraktionsvorsitzender zurück, weil die Sportzeltpalastrede in Pirna bundesweit und international zu viel Kritik erregt hatte. Im Vorstand der Landtagsfraktion blieb er. Darüber hinaus wurde Poggenburg mit den Stimmen der CDU Vorsitzender der Enquetekommission zur Untersuchung von »Linksextremismus« [!] im Landtag von Sachsen-Anhalt. Erst Anfang 2019 trat er aus der AfD aus und gründete die Partei *Aufbruch deutscher Patrioten – Mitteldeutschland*, die wie die AfD mit einem ganzen Netzwerk von rechtsradikalen Organisationen kooperiert.

Der AfD-Bundestagsabgeordnete Martin Hohmann aus Fulda sagte: »Ich sehe in Angela Merkels Flüchtlingspolitik die reelle Gefahr, dass unser Volk schleichend ausgetauscht wird [...]. Eine Volksgemeinschaft muss wissen, wer dazugehört und wer nicht, wie viele Fremde man aufnehmen kann, ehe die Gemeinschaft ins Chaos fällt.«[109] Seine vermeintliche Angst vor dem »Austausch« ist chronisch. 1999 war Hohmann noch CDU-Bundestagsabgeordneter, in der Debatte um den Doppelpass warnte er schrill: »Wenn wir ihnen das durchgehen lassen, wäre das praktisch jetzt die letzte freie Wahl gewesen in dem Sinne, dass der Souverän deutsches Volk entschieden hat.«

Björn Höcke, AfD-Fraktionsvorsitzender im thüringischen Landtag, zumindest bis zu den Wahlen im Oktober 2019, inszenierte sich in seiner berüchtigten Ballhaus-Rede am 16. Januar 2017 in Dresden als Märtyrer, bereit, sich für die »Volksgemeinschaft« ins Schwert zu stürzen, die Sorte Märtyrer jedoch, die dann lieber ihre Anhänger in den Krieg schicken. Vor 20 oder 40 Jahren hätte ein Politiker, der so spricht, zurücktreten müssen. Höcke sagte, »durch den Import fremder Völkerschaften und die zwangsläufigen Konflikte« sei das Land existenziell gefährdet« und »unser liebes Volk ist im Inneren tief gespalten und durch den Geburtenrückgang sowie die Masseneinwanderung erstmals in seiner Existenz tatsächlich elementar bedroht«. »Wer sein Volk liebt, der muss die Vernichter eines Volkes [...] aus tiefster Seele hassen«, sagte Joseph Goebbels.[110] Und wen Nazis als Bedrohung empfinden, Geflüchtete oder jüdische Menschen, bestimmen sie.

Die neuen alten Völkischen sehen das deutsche Volk vermeintlich vom Tod bedroht, wenigstens aber von »Umvolkung« und »Austausch«. Wen sie als »Fremde« sehen, den wollen sie »entsorgen« oder gleich ausmerzen. Aufmüpfige Studenten sollen in den Arbeitsdienst. Völkische träumen vom Großdeutschen Reich, in Grenzen weiter als die von 1937. Nein, nicht einmal die Sprache ist uns gemeinsam, nur insofern möchte ich Aydan Özoğuz widersprechen.

Wie der Mustertyp eines faschistischen Agitators, eines »falschen Propheten« (Leo Löwenthal)[111] warnte Höcke: »Ich weise dieser Partei einen langen und entbehrungsreichen Weg. Aber es ist der einzige Weg, der zu einem vollständigen Sieg führt, und dieses Land braucht einen vollständigen Sieg der AfD«. Vollständiger Krieg, totaler Sieg. Die Gefahr sei groß, so Höcke weiter, denn »die Angriffe der politischen Gegner sind omnipräsent. Sie sind manchmal in ihrer Perfidie nicht zu übertreffen, sie sind manchmal gewalttätig, sie sind hinterhältig, sie sind skrupellos, und wir werden [...] noch eine Verstärkung dieser furchtbaren Angriffe zu erleiden, zu ertragen, zu erdulden haben. Aber wir werden diesen Angriffen widerstehen.«[112]

Diese opferbereiten, ewig klagenden Völkischen leiden nicht ernsthaft, sie scharen so Anhänger*innen um sich und laden ihre Waffen zum Angriff.

5. Rassismus als Leitkultur
Des Weltgeists offene Kumpanei mit dem europäischen Kolonialismus

»Woher kommen Sie?«, fragt eine weiße deutsche Frau eine schwarze Deutsche. »Aus Frankfurt.« »Ich meine, woher kommen Sie *wirklich*?« »Offenbach.« Die Fragende zieht gekränkt von dannen. – »Sie sprechen sehr gut Deutsch«, sagt ein junger Mann zum Älteren. Der ist Literaturprofessor, seine Eltern wurden in Deutschland geboren, der Großvater wurde als Teil einer »Völkerschau« aus Afrika nach Deutschland verschleppt und wie ein Tier im Zoo ausgestellt.[113] Er sieht den jungen Mann an: »Sie auch.«

Der grüne Oberbürgermeister Boris Palmer aus Tübingen hastete in Ulm verspätet zu einem Pressegespräch. Ein Radfahrer fuhr zu schnell und vielleicht zu dicht an ihm vorbei. Niemand kam zu Schaden, aber der Politiker blies die Sache in den Medien zu einem veritablen Drama auf: Ein schwarzer Mann habe ihn »fast umgenietet«. »Lasziv« sei der gewesen, »behängt mit Goldschmuck«, »das Hemd so weit offen«, so »dass er quasi mit nacktem Oberkörper provozierte«. Die sexuelle Konnotation ist psychologisch interessant. »Ich wette, dass es ein Asylbewerber war. So benimmt sich niemand, der hier aufgewachsen ist mit schwarzer Hautfarbe.« Palmer konnte in den Tagen danach gar nicht mehr aufhören zu zetern: »Das gehört sich für niemand und für einen Asylbewerber schon dreimal nicht«, dem Land, in dem er »Gastrecht« genieße, »den Stinkefinger zu zeigen«. Nein, das sei »kein Rassismus«, sondern »lediglich die Übersetzung des schon von Kant definierten Gastrechts«, »eine vollkommen normale und legitime Erwartungshaltung, die schon Kant formuliert hat«, »so zu fühlen ist nicht rassistisch, sondern für die meisten Menschen normal und es steht in der Tradition von Kant.«[114]

Wir werden sehen, dass es auch dem rassistischen Tübinger Oberbürgermeister nichts nützt, sich in die Tradition von Kant zu stellen.[115]

Es ist eine merkwürdige Sache mit dem *Rassismus* und den »*Rassen*«. Rassismus gibt es, menschliche »Rassen« existieren nicht. Rassismus ist ein soziales Verhältnis, eine Methode, mit der Menschen auf Basis biologischer, genetischer und kultureller *Unterstellungen* kategorisiert und entwertet werden und die Herrschaft von Menschen über Menschen gerechtfertigt wird.

Das *soziale Verhältnis* Rassismus ist ein paar tausend Jahre älter als der *Begriff* Rassismus. *Rassismus* als Herrschaftsverhältnis existierte – ohne so bezeichnet zu werden – spätestens seit der Antike und ist damit rund 2000 Jahre älter als die Erfindung menschlicher Rassen in den Theorien der Aufklärung. Die Kategorie Rasse ist ein *Produkt* des Rassismus, nicht seine Voraussetzung.[116]

Der Begriff Rassismus ist noch ein paar hundert Jahre jünger als der Begriff Rasse. Er kam zu Beginn des 20. Jahrhunderts auf und setzte sich, nach dem Aufstieg des NS-Faschismus, in der Jahrhundertmitte durch. Erst 1966 fand der Begriff Rassismus Eingang in den Duden der alten Bundesrepublik, 1972 in den Brockhaus und 1973 in das Fremd(!)wörterlexikon.[117] In *Kleines politisches Wörterbuch* der DDR 1967 ist zu lesen: »Wissenschaftlich ist der Rassismus völlig unhaltbar. Die Zugehörigkeit der heute lebenden Menschen zu einer Art ist bewiesen. Die rassistische Verknüpfung von Rasse und Wert ist wissenschaftlich ebenso unhaltbar und antihumanistisch wie die Annahme sogenannter reiner Rassen und der angeblich aus der Rassenmischung folgenden Minderwertigkeit der Menschen«.[118]

Was bekanntermaßen den institutionalisierten Rassismus in der DDR im Umgang mit nichtweißen Staatsbürger*innen und mit

Vertragsarbeiter*innen aus Namibia oder Vietnam nicht minderte. Und auch dem in der Schule vermittelten Rassismus widersprach.

In einem Antiquariat fand ich das DDR-Schulbuch *Menschenrassen* des sowjetischen Anthropologen Michail Fjodorowitsch Nesturch.[119] Im Vorwort wirft der Verlag dem Naziregime vor, eine »unwissenschaftliche Rassentheorie« verbreitet zu haben. Angesichts der weltweiten »Rassendiskriminierung« sei es aber eine wichtige Aufgabe, »die Probleme der Menschenrassen« zu behandeln. Nesturch teilt die Menschheit in drei »Großrassen« (»europid«, »negrid«, »mongolid«) mit zahlreichen Unterrassen ein – aber keine sei der anderen überlegen. »Rassen« seien »Untergliederungen der Menschheit«, die »in einem langwierigen und komplizierten Entwicklungsprozess« entstanden seien. Der Autor wollte nachweisen, dass »die reaktionären Rassentheorien wissenschaftlich unhaltbar sind«, und versuchte dies ausgerechnet mit seitenlangen Berichten über rassistische *Vermessungen* lebender und toter Menschen zu belegen.

Auch hier liegen Wurzeln von Pegida, AfD und NSU.

Das Foto des betrunkenen Arbeitslosen mit eingenässter Hose, Hitlergruß und Deutschland-T-Shirt beim Pogrom in Rostock-Lichtenhagen 1992 war viele Jahre lang eine beliebte antifaschistische Illustration. Aber sind nüchterne, gutsituierte und einflussreiche Rassist*innen auf lange Sicht nicht viel gefährlicher? Den gegen Geflüchtete hetzenden kleinbürgerlichen Nachbarn kann man hoffentlich mit verbalen Mitteln stoppen, aber gegen einen Pulk von Nazis, die vor meinen Augen einen Menschen zusammenschlagen, muss es praktische Antworten geben, denn der autoritäre Charakter versteht ja oft nur eine klare Sprache und auf den Staat ist meist kein Verlass. Und dass Recherchen und Analysen von unabhängigen antifaschistischen Medien, Recherchegruppen, Archiven und Autor*innen die Erkenntnisse staatlicher Institutionen oft weit übertreffen, belegen viele Ereignisse in den letzten Jahrzehnten.

Hinter dem SPD-Politiker Thilo Sarrazin standen einflussreiche Institutionen und Medien. Sein Buch erschien bei der Deutschen

Verlags-Anstalt (DVA), die zur Verlagsgruppe Random House (Bertelsmann) gehört. Der *Spiegel* und die *Bild*-Zeitung machten Sarrazins Buch *Deutschland schafft sich ab* 2010 zum rassistischen Millionenbestseller.[120] Sarrazin folgte nach eigener Aussage »brav wie ein Lamm« der Empfehlung seines Verlages, das Wort »Rasse« im Buch überall durch »Ethnie« zu ersetzen.[121] Einen ähnlichen Kniff wenden heute die Ethnopluralist*innen an.

Völkische Rassist*innen des ethnopluralistischen oder identitären Typs wollen ihren Rassismus aus taktischen Gründen vom Rassismus des NS-Faschismus unterscheiden. Sie geben vor, andere »Völker« zu respektieren, aber sie bestehen auf der Höchstwertigkeit des »deutschen Volkes« mit eigener Rasse und eigenem »Volksgeist« und auf seiner »Reinhaltung« und »Nichtvermischung« mit anderen »Völkern«. Ein schwarzer Deutscher kann ihren Wahnvorstellungen gemäß kein Angehöriger des »deutschen Volkes« sein, denn das deutsche »Volk« hat, gegen alle soziale Realität, weiß zu sein.

Die Sklaven der griechischen Antike waren meist hellhäutig. Nichtgriechen galten als »Barbaren«. Für Aristoteles (384–322 v. u. Z.) war der Unterschied zwischen Herren und Sklaven ein natürlicher. Der Herr besaß die Vernunft, der Sklave die Körperkraft. Vom Tier unterschied sich der Sklave durch die Fähigkeit, Anweisungen zu folgen. Es sei gerecht, sagte Aristoteles, Kriege gegen Menschen zu führen, die sich weigerten, ihrer natürlichen Bestimmung zu dienen nachzukommen.

Im Mittelalter wurde der Adel als eine »Rasse« für sich beschrieben, Bauern und Tagelöhner als ihm unterlegene »Rasse(n)«. Womöglich stammt daher die rassistische Metapher »blaues Blut«, die sich allein einer *sozialen* Differenz verdankt: Wer musste sich draußen die Hände schwielig arbeiten und durch wessen zarte, vor der Sonne geschützte Haut schimmerten bläuliche Adern? Der faschistische Rassenideologe Hans F. K. Günther sprach 1927 vom Adel als »rein erhaltenem nordischen Blut«, dem durch die Völkerwanderung »germanischer Geschlechter« der »größte Teil des mittelalterlichen Adels aller europäischen Länder« entstamme.[122] So kann einer Herrschaft und Kriege auch rechtfertigen.

Franken und Gallier wurden als unterschiedliche »Rassen« bezeichnet. Auch gegenüber dem Bürgertum bestand der Adel bis in die Neuzeit auf Abgrenzung und erblicher »Blutreinheit«. Jüdische Menschen galten dem deutsche Adel als »Fremdrassige«. Die »Rasse« eines Menschen war in Europa und Vorderasien also zuerst eine »innerweiße« und immer eine soziale Kategorie. Der Begriff Rasse existiert etwa seit dem 13. Jahrhundert. Seine Geschichte zeigt, dass er »aus der Anstrengung zur Legitimation sozialer Ungleichheit erwuchs«.[123] Und dass »alle Entwicklungsstufen des Rassebegriffs belegen, dass er versucht, natürliche Elemente wie Blut, Hautfarbe, Haar, Knochenmaße, Gene etc. zur ideologischen Verhüllung seines herrschaftlich geprägten kulturellen Kerns zu benutzen« (Wulf D. Hund).[124]

Mein Urgroßonkel Börries Freiherr von Münchhausen schrieb 1924 und kolportierte doch nur, was der Mainstream des Adels dachte: »Wenn Adel einen Sinn und Wert haben soll, der über die äußerliche Namensverzierung hinausgeht, so kann es nur dies sein: *Menschenzüchtung.*« Und: »Eine Kreuzung von Mops und Dackel ergibt immer nur ein Mistvieh […]. Eine Ehe zwischen Arier und Juden ergibt immer einen Bastard«. Es sei eine »jahrhundertealte Erfahrung, dass alle Bastarde minderwertig sind«. »[…] die ganze Frage der *Reinrassigkeit* des Adels« sei »die allerwichtigste Frage […] *unseres ganzen Volkes*«.[125]

Der Rassismus des Adels ist historisch so selbstverständlich wie die Tierzucht im Großgrundbesitz. Der *Familienverband der Freiherren und Herren von Ditfurth* erwartete 1972, mit meiner Volljährigkeit, dass ich Mitglied werde. Ich sollte Verantwortung übernehmen für die Vermehrung der Familie und ihre Blutreinheit. So stand es seit 1959 in Paragraf 2 seiner Satzung, die nach dem Zweiten Weltkrieg nur mäßig entnazifiziert worden war: »Der Verband will dem deutschen Volke und dem Vaterland tüchtige Männer und Frauen erziehen. Er sieht eine wesentliche Aufgabe in der Reinerhaltung der Familie, indem er seine Söhne und Töchter zur richtigen Gattenwahl anhält.«[126]

»Arische Blutreinheit« und »fürs Vaterland Söhne gebären« schimmerten noch durch. Ältere weibliche Verwandte nahmen mich zur Seite und erklärten mir die kaum verborgene Bedeutung: keine Juden, keine Muslime und keine Schwarzen heiraten. – Hannah Arendt hatte auch hier Unrecht, wenn sie behauptete: »Der preußische Adel hatte im Unterschied zum französischen mit der Entwicklung der Rassenideologie oder des ihr vorausgehenden völkischen Denkens überhaupt nichts zu tun.« – Aber ich war vom antielitären, egalitären und antirassistischen Gedankengut der 68er angesteckt, liebte Motown und war bald auf dem Weg nach Detroit. Ich verweigerte die Mitgliedschaft im Familienverband und trat auch aus der evangelischen Kirche aus.

Die große Pest vernichtete im 14. Jahrhundert und später Millionen von Menschen und damit Arbeitskräfte. Das stimulierte eine hohe Nachfrage nach Sklav*innen, die aus Russland und Asien herbeigeschafft wurden. Die Eroberung Konstantinopels durch die Türken im Jahre 1453 beendete die eingefahrenen Routen des europäischen Sklavenhandels zwischen Mittelmeer und Schwarzem Meer und es begann der transatlantische Handel mit versklavten Menschen aus Afrika. Die gewaltsame Ausbreitung (»Missionierung«) des Christentums im nördlichen und mittleren Europa endete, als Papst Paul III. 1537 die Versklavung von Christ*innen verbot. Der Schwerpunkt der europäischen Sklaverei rückte von Mittel- und Nordeuropa in den Mittelmeerraum und nach Afrika. Millionen Sklav*innen waren ab jetzt »schwarz«.

Wie wurden die amerikanischen Ureinwohner*innen »rot«? Christoph Kolumbus fand sie von »heller« Farbe (1492). Amerigo Vespucci (1502) nannte ihre Hautfarbe »weiß«. Für manch einen Eroberer war ihre Haut »zimtbraun«, anderen erschien sie »goldgelb«. Sonnengebräunte südeuropäische Seefahrer standen nach langer Seereise vor sonnengebräunten Amerikanern. Es gab keinen Unterschied.

Der »rote Indianer« ist der nordamerikanische Mensch, dem von den Ideologen der Eroberer eine andere als die wirkliche Hautfarbe zugewiesen wurde. Vielleicht hat sich der ursprüngliche Einwohner Amerikas das Gesicht mit Pflanzenfarbe rot bemalt, als er, bevor er an den von Europäer*innen eingeschleppten Krankheiten starb oder sich sein Land rauben ließ, in den Kampf zog und die Rolle der naturnahen Unschuld verweigerte?

Hautfarben sind *politische* Farben. Machen Sie ein Experiment: Drücken Sie weiße Farbe auf die Palette Ihrer Ressentiments und malen Sie weiße Haut, Sie kommen nicht weit. Malen Sie einen schwarzen Menschen mit wirklichem Schwarz. Das funktioniert ebenso wenig. Die Haut der Menschheit besitzt alle Farbtöne zwischen hellbeige bis tiefdunkelbraun, die Schattierungen schamrot oder sonnenverbrannt gibt es gratis dazu.

Bevor die Chinesen »gelb« gemacht wurden, beschrieben europäische Reisende sie über Jahrhunderte als so weißhäutig wie sie selbst.[127] Bernardino de Escalante (1537–1605), der Reiseberichte von iberischen Zeitgenossen verarbeitete, nannte sie »weiß wie in Deutschland«. Auch andere europäische Autoren beschrieben sie so. Später gab es auch die Zuschreibungen »weiß«, »gelblich« oder »bräunlich«. Im 18. Jahrhundert wurden die Chinesen allesamt »gelb«, weil »weiß« dem europäischen Kontinent vorbehalten werden sollte.[128] Auch »gelb« war in Wirklichkeit eine politische Farbe. Nach der chinesischen Legende ist es die Farbe von Herrschaftssymbolen der frühen Kaiser. Erst der europäische Imperialismus machte die Chinesen im 19. Jahrhundert zum Feind, zur »gelben Gefahr«[129].

Wie wurden die Menschen »rot«, »gelb«, »weiß« und »schwarz«?[130] Immanuel Kant bezog sich auf den schwedischen Naturforscher und Arzt Carl von Linné (1707–1778). Der unterteilte in seinem Werk *Systema Naturae* die Natur in Mineralien, Pflanzen, Tiere und nannte als höchstentwickeltes »Tier« den Menschen. Er ordnete die Menschheit nach seinen Vorstellungen und schob ihr bestimmte Hautfarben unter. Das Werk erschien von 1735 bis 1768 in 13 Auflagen, deren erste nur sieben Doppelfolioblätter hatte, die letzte aber einige tausend Seiten.[131]

In der ersten Auflage 1735 unterteilte Linné die Menschen in vier Gruppen: den Europäer, den Amerikaner, den Asiaten und den Afrikaner, denen er jeweils nur ein *einziges* und nur äußerliches Merkmal gab: die vermeintlich unterschiedliche Hautfarbe. Linnés Europäer ist 1735 weißwerdend (»albescens«), der Amerikaner rotwerdend (»rubescens«), der Asiat ist »dunkel, bräunlich bis schwarz« (»fuscus«), der Afrikaner schwarz (»niger«). Über die Jahre erfand Linné dann vier »Rassen«, indem er die Hautfarben der Menschen nicht mehr nur mit Kontinenten verband, sondern sie mit Temperamenten verklebte.

Nach 34 Jahren Aufräumerei, in der 10. Auflage von 1758, waren die anfangs »rotwerdenden« amerikanischen Ureinwohner jetzt »rot, cholerisch, aufrecht« (»Americanus: rufus, cholericus, rectus«) geworden. Der »weißwerdende« Europäer war verblasst zu »weiß, sanguinisch, muskulös« (»Europaeus: albus, sanguineus, torosus«). Die Bewohner Asiens waren nicht mehr »dunkel, bräunlich bis schwarz«, sondern »gelb, melancholisch, steif« (»Asiaticus: luridus, melancholicus, rigidus«). Alle Afrikaner*innen blieben schwarz und waren nun noch dazu »phlegmatisch, schlaff« (»Afer niger, phlegmaticus, laxus«).

Die Rassen*theorie*, aufbauend auf der sozialen Konstruktion und Verschmelzung von (tatsächlichen und vermeintlichen) Hautfarben mit (vermeintlichen) Charaktereigenschaften, stammt wesentlich von den deutschen Meisterdenkern des 18. und frühen 19. Jahrhunderts Immanuel Kant (1724–1804) und Georg Wilhelm Friedrich Hegel (1770–1831). Um die Wilden aus dem Zustand ihrer Unterentwicklung durch Faulheit und Genuss herauszuzwingen, musste die »Aufklärung« aus Europa über die »Unterentwickelten« kommen. Das wirkliche Ziel aber war nicht selbstbestimmte Entwicklung, sondern Vernunft, die nichts anderes war als kapitalistische Rationalität. »Der Weltgeist sollte sich nämlich in offener Kumpanei mit dem europäischen Kolonialismus durch die Welt bewegen« (Wulf D. Hund).[132] Seine »Vernunft« hatte einen Zweck, dem galt es, die neu entdeckten Menschen zu unterwerfen. Die Aufklärung war »von der Ambivalenz des Versuchs durchdrungen […], eine Versöhnung universeller Ideen und tief verwurzelter Ungleichheiten durch vermeintlich unmittelbar auf die Natur und die Vernunft zurückgehende hierarchische Muster herbeizuführen« (Thomas McCarthy).[133] Der Bezug auf die Natur sollte die politische Absicht verschleiern.

Die Erfindung des Rassismus schiebt man gern dem Franzosen Joseph Arthur de Gobineau (1816–1882) oder dem Engländer Houston Stewart Chamberlain (1855–1927) unter. Aber sie waren nur Kopisten. Um wie viel gewaltiger ist die Bedeutung der älteren deutschen Meisterdenker der Rassentheorie Immanuel Kant und Georg Wilhelm Friedrich Hegel!

Fragen Sie einmal in einer Runde von Kolleg*innen, wenn niemand befürchtet, dass Sie einen Streit vom Zaun brechen wollen, wie viele »Menschenrassen« es gibt. Nur eine Minderheit wird bestreiten, dass es überhaupt »Menschenrassen« gibt. Eine häufige Antwort wird sein: »Vier: schwarz, weiß, rot, gelb.« Die Meisterdenker der Rassentheorie sahen das ähnlich. Immanuel Kant: »Ich glaube, man habe nur nöthig, vier Racen derselben anzunehmen, um alle dem ersten Blick kenntliche und sich perpetuirende Unterschiede davon ableiten zu können.«[134] Und: »Erste Race, Hochblonde (Nordl. Eur.) […] Zweite Race, Kupferrothe (Amerik.) […] Dritte Race, Schwarze (Senegambia) […] Vierte Race, Olivengelbe (Indianer)« (1775).[135]

Kant beschrieb nicht nur Hautfarben, die es nicht gab, er konstruierte auf ihrer Grundlage auch eine kulturelle und soziale Hierarchie: »Die Menschheit ist in ihrer größten Vollkommenheit in der Race der Weißen. Die gelben Indianer haben schon ein geringeres Talent. Die Neger sind weit tiefer, und am tiefsten steht ein Teil der amerikanischen Völkerschaften.«[136]

Auf den »ersten Blick kenntlich« ist oft nur das, was man schon kennt oder zu kennen glaubt. Die Beobachterin und der Beobachter filtern und ordnen neue Informationen auf Basis ihrer sozialen Lage, ihrer Interessen und Einstellungen und Informationen. Wenn sie diese nicht überprüft und reflektiert, füttert sie die eigenen Ressentiments. Die »Beispiele« fliegen ihr zu wie Motten dem Licht.

Rassismen sind Formen der Herrschaft, die Gleichheit und Individualität von Menschen leugnen und auf die Zuschreibung kollektiver Eigenschaften zielen, mit dem Ziel, Menschengruppen abzuwerten und zu entmenschlichen bis hin zu ihrer Ausgrenzung, Vertreibung und Vernichtung. Üblicherweise wird heute von Rassismus nur dann gesprochen, »wenn sich die mit ihm verbundene ideologische Stigmatisierung, soziale Ausgrenzung und politische Entrechtung des *Rassenbegriffs*« bedient und »auf die angeblich *natürliche* Unterschiedlichkeit von Menschenrassen« beruft.[137] Aber die längste Zeit seiner Geschichte, von der Antike bis ins 18. Jahrhundert, war der Rassismus hautfarbenlos und wurde sozial und kulturell begründet.[138]

Auch heute benötigen *antimuslimische* Rassist*innen nicht unbedingt Hautfarben, um einer Menschengruppe pauschal eine »unzivilisierte« oder »barbarische« Kultur zu unterstellen. Aber es befeuert sie, wenn die Betroffenen dunklere Haut, Haare oder Augen haben.

Eugenische Rassist*innen entmenschlichen Menschen als »minderwertig«, weil sie körperlich oder geistig von herrschenden, also menschengemachten Normen abweichen. Ihre Opfer können »weiß« sein oder auch nicht.

Antisemitischer Rassismus ist ein innerweißer Rassismus und kommt ohne Hautfarben aus. Antisemitismus und Rassismus sind verschiedene Dinge, aber es gibt eine Teilmengenüberschneidung. Es gibt zwar auch afrojüdische Menschen, aber ihre Hautfarbe spielt für Antisemit*innen kaum eine zusätzliche Rolle. Ansonsten haben Antisemit und Antisemitin über die Jahrtausende eingesammelt und verschmolzen, was es an judenhassenden Klischees gab: Blutgier, Kindesmord, Blutunreinheit, Brunnenvergiftung, Satanismus, Wurzellosigkeit, Kosmopolitismus, körperliche und charakterliche Minderwertigkeit, verschwörerisches Handeln, Geldgier, Intellektualität, Sprachgewandtheit, abstrakte Kunst, revolutionäre Gesinnung usw. usf. Und weil der jüdische Deutsche trotz aller Stigmatisierung immer noch aussah wie ein deutscher Mensch, zwangen die Nazideutschen ihm den Judenstern auf.

Die Entwicklung der europäischen Philosophie ging dahin, eine grundlegende Entwicklungs*un*fähigkeit der nichtweißen Menschen zu behaupten. Erst die gewaltsame Vertreibung aus dem Paradies des zwecklosen, freien, sich selbst genügsamen, vielleicht auch noch genussvollen Lebens in die Zwänge von Disziplin, sozialer Unterordnung und christlichem Arbeitsethos schuf »Kultur«. Gab es eine bessere Rechtfertigung für die Durchsetzung von Kolonialismus und Imperialismus? »Der Weltgeist sollte sich nämlich in offener Kumpanei mit dem europäischen Kolonialismus durch die Welt bewegen« (Wulf D. Hund).[139]

Der afrikanische Kontinent schien ein geschichtsloser, dessen Einwohner, die »Neger«, eine Kindernation, mit »schlummerndem« Geist, ohne Fortschritt und »Trieb zur Kultur«, »keiner Entwicklung und Bildung fähig«. Hegel: »Der Neger stellt« den »natürlichen Menschen in seiner ganzen Wildheit und Unbändigkeit dar [...]; es ist nichts an das Menschliche Anklingende in diesem Charakter zu finden.«[140] Was für ein ökonomischer Vorteil, dass die afrikanischen Menschen nicht so anfällig für die Krankheiten der Europäer*innen waren wie die amerikanischen Ureinwohner*innen, sondern sich versklaven, verschiffen und ausbeuten ließen.

Die frühen Philosophen der Aufklärung erklärten die Verschiedenartigkeit menschlicher Gesellschaften auf den »entdeckten« Kontinenten noch mit unterschiedlichen Stadien menschlicher Entwicklung und sie nahmen an, weniger zivilisierte Menschen könnten die Differenz an Entwicklung »aufholen«. Als Eurozentristen hielten sie die eigene Kultur für höherwertig und für den Maßstab. Von afrikanischer Geschichte oder Kunst verstanden sie nichts, sie sahen sie nicht einmal. *Anders* bedeutete minderwertig. Dass heute afrikanische Kunst teuer sein kann und als exotisch gelobt wird, ist nur die andere Seite rassistischer Ignoranz und nicht ihre Aufhebung.

Die britischen Kolonialist*innen warfen ihren kolonialen Blick auf die Kunst Indiens. Der US-amerikanische Neurowissenschaftler Vilaynur S. Ramachandran in San Diego hielt mir eine Chola-Bronze der Göttin Parvati aus dem 11. oder 12. Jahrhundert hin. »Nichts« hätten die Kolonialherren von dieser »hinreißend schönen indischen« Skulptur verstanden. Sie fanden sie »primitiv und heidnisch, keine Kunst«, nicht mal eine »wirkliche Frau« mit »diesen riesigen Brüsten, breiten Hüften und dieser dünnen Taille«. Aber der Künstler hatte abstrahiert. Er zog »eine durchschnittliche weibliche Figur von einer durchschnittlichen männlichen Figur ab«. Was er fand, »spitzte er zu: Brüste, Hüften, Taille, Bewegung.« Die Kolonialisten sahen weder »die erotische Ausstrahlung noch die Grazie oder die Würde.« Die Kunst Indiens, sagt Ramachandran, habe ähnliche Phasen wie die westliche durchlaufen, vom Realismus zur Abstraktion, »aber sie durchlief sie rund 1000 Jahre früher. Ob Kandinsky oder Rodin – alle großen Künstler nutzen dieselben Mechanismen. Sie fangen das Wesen von etwas ein und stimulieren unser Gehirn. Meinen Sie, die Künstler der Chola-Kultur wussten nicht, wie eine wirkliche Frau aussieht? Das Wesen von Kunst ist nicht Realismus! Das Ziel von Kunst ist Übertreibung, Störung, Irritation, um im Kopf Vergnügen auszulösen.«[141]

Hannah Arendts hochgelobtes Hauptwerk *Elemente und Ursprünge totaler Herrschaft* las ich Anfang der 1970er Jahre, nach meinem Aufenthalt in New York und Detroit und dem Beginn meiner Beschäftigung mit der Black-Power-Bewegung. Arendts Buch ist in Teilen ein rassistisches Machwerk. Sie schrieb, die Europäer, die als Erste nach Afrika und Australien gekommen seien, hätten »die christlich-jüdische Annahme der Einheit und Gleichheit aller Menschen« im Kopf gehabt und seien diesbezüglich »auf eine sehr ernste Probe« gestellt worden. Sie waren zum ersten Mal »mit Menschen konfrontiert [...], die von sich aus ganz offenbar weder das, was wir menschliche Vernunft, noch was wir menschliche Empfindungen nennen, besaßen, die keinerlei Kultur, auch nicht eine primitive Kultur, hervorgebracht hatten, ja, kaum im Rahmen feststehender Volksgebräuche lebten und deren politische Organisation Formen, die wir auch aus dem tierischen Gemeinschaftsleben kennen, kaum überschritten«. Der Rassebegriff, der aus Afrika stamme, sei nichts als ein »Notbehelf«, mit dem die bedauernswerten Europäer – die, wie wir wissen, ja nur Gutes im Sinn hatten – auf das »Entsetzen« reagierten, »dass solche Wesen auch Menschen sein könnten«. Arendt: dem »entsprang der Entschluss, auf keinen Fall der gleichen Gattung Lebewesen anzugehören«.[142]

Arendts Sicht auf schwarze Menschen blieb auch im US-amerikanischen Exil von tiefstem Rassismus und sozialem Dünkel durchdrungen. In der Betrachtung der US-amerikanischen Bürgerrechtsbewegung teilte sie weiße und schwarze Eigenschaften streng. Weiße Student*innen kämpften für hehre Ideale, waren gewaltfrei, altruistisch, intellektuell, besaßen ein hohes politisches Bewusstsein und kamen aus geordneten Mittelschichtsverhältnissen. Die Schwarzen waren, so Hannah Arendt, an den heruntergekommenen Stadtvierteln durch ihren Kampf für Integration selbst schuld, waren sie doch faul, langsam, nicht intellektuell, aber gewalttätig. Wenn sie kämpften, dann nicht für höhere Werte, sondern für schnöde materielle Interessen. Sie besaßen weder Kultur noch Geschichte, weder Kunst noch Literatur. Sie konnten, behauptete Arendt, sich auf keine intellektuellen Vorbilder berufen und waren weltweit von so geringer welthistorischer Bedeutung, dass ihr Versuch, ihren politischen Kampf international mit Befreiungsbewegungen zu vernetzen, der Philosophin als Ausdruck von »Eskapismus« erschien. Denn, so Arendt, Schwarze lebten nicht nur außerhalb der Vernunft, sondern auch außerhalb der Sprache. In jenem »dunklen Kontinent« ihrer Herkunft sei es ihnen nicht gelungen, eine »menschliche Welt« zu erschaffen. Keine Politik der Gleichheit könne eine derartige natürliche Ungleichheit mildern.[143]

Wie können sich die Nachfahren der Opfer deutscher Kolonialverbrechen anmaßen, Forderungen zu stellen? Der frühere grüne Außenminister Joschka Fischer stoppte 2003 auf dem Weg nach Südafrika kurz in Namibia. Erst als Journalist*innen ihn drängten, sich zum deutschen Völkermord an den Herero und Nama zu erklären, sagte er: »Wir sind uns unserer geschichtlichen Verantwortung in jeder Hinsicht bewusst, sind aber auch keine Geiseln der Geschichte, mit uns wird es eine entschädigungsrelevante Entschuldigung nicht geben.«[144]

»L'Afrique des routes«, eine einzige Ausstellung im Pariser Musée du quai Branly im Jahr 2017, lässt alle Vorurteile Kants und Arendts über Afrika kollabieren. »Eine Höhlenzeichnung in der algerischen Sahara aus dem ersten Jahrtausend vor Christus zeigt einen peitschenschwingenden Mann hoch zu Wagen. Tonskulpturen der Sao-Kultur, die in der Gegend des Tschadsees lebte, weisen Ähnlichkeiten mit ägyptischen Statuen auf und könnten neuesten Datierungen zufolge diese letzteren beeinflusst haben, und nicht umgekehrt. Zimbabwe war nach 1100 eine Großstadt, in welcher der Porzellanhandel mit China blühte. Timbuktu zog unter Askia Mohamed, dem Kalifen von Sudan, im 16. Jahrhundert Astronomen, Geografen, Juristen, Grammatiker, Theologen von weit her an. Nur war man bis zur Ankunft der Araber ohne vereinheitlichte Schrift ausgekommen.«[145]

Meine Geburtsstadt Würzburg war nach dem Zweiten Weltkrieg zu 85 Prozent zerbombt, weil »wir Deutschen den Krieg angefangen haben«, sagte mein Vater. Ruinen waren verlockende, verbotene Spielplätze. Ausnahmslos alle Gesichter meiner kindlichen Umwelt waren weiß. Die ersten schwarzen Menschen sah ich kleines Kind Mitte der 1950er Jahre. Es waren Soldaten der US-Army, die hier stationiert waren. Ganz sicher schauten wir Kinder sie neugierig an, weil wir in unserer monochromen Umwelt noch nie schwarze Menschen gesehen hatten. Sie lachten uns von der Ladefläche ihres Fahrzeugs an, schenkten uns Kaugummi und Schokolade. Ich wusste nichts von dem Rassismus, dem sie sowohl in der Army als auch unter den besiegten Deutschen ausgesetzt waren. Das AFN-Programm aus ihren Radios verdarb mir vermutlich auf ewig den deutschen Schlager.

Mehr als 20 Jahre später, 1977, während einer Auseinandersetzung mit Neonazis, als diese vergeblich an die Antiatomkraftbewegung anzudocken versuchten, fiel mir ein schmales Buch in die Hände. »Die sozialökonomisch niedrige Stellung der Neger in den USA ist nicht für ihre mindere Intelligenz verantwortlich, sondern ihre mindere Intelligenz für die sozialökonomisch niedrige Stellung.« – »Es ist unbestreitbar, dass einige Rassen mehr zu Verbrechen neigen als andere.« – Raten Sie, was dann folgt! – »Es kann festgestellt werden, welche Rasse für bestimmte Aufgaben besonders geeignet ist (die Weißen z. B. in Berufen, wo Intelligenz verlangt wird, die Neger im Showbusiness)«. Und schließlich: »Geschichte ist eine Geschichte von Rassenkämpfen.«[146]

Die Zitate hätten, wären sie weniger grobschlächtig formuliert gewesen, aus einer dieser »wissenschaftlichen« »Rasse«-Studien des Bürgertums stammen können. Ihr Autor war jedoch der Nazi und Rechtsanwalt Jürgen Rieger (1946–2009), später Multimillionär und Großgrundbesitzer, Funktionär einer Reihe von neofaschistischen Organisationen wie der Gesellschaft für biologische Anthropologie, Eugenik und Verhaltensforschung (GfbAEV), wo er mit Alain de Benoist, dem Vordenker der französischen Neuen Rechten und der heutigen Identitären, zusammenarbeitete. Rieger war Funktionär der 1995 verbotenen Freiheitlichen Deutschen Arbeiterpartei (FAP) und der NPD, nachdem diese sich für die gewalttätigen Freien Kameradschaften geöffnet hatte. Rieger stellte sich ausdrücklich in die »rassenkundliche« Tradition Hans F. K. Günthers, der kurz vor Erscheinen von Riegers Broschüre gestorben war.[147]

»Alle Neger stinken«, schrieb Immanuel Kant.[148] »Neger stinken«, sagte Tante Gerta 1958, als ich vorübergehend in Hamburg die Volksschule besuchte. Ob sie je Kant gelesen hatte, weiß ich nicht, aber so ein deutscher Weltgeist dringt in alle Ritzen. Tante Gertas empirische Basis war nicht so mickrig wie die Kants, schließlich hatte sie »in Amerika« in der U-Bahn schon neben einem »Neger« gestanden und Kant war nie aus Königsberg herausgekommen. Mein Vater ärgerte sich über seine Schwester. »Dummes Zeug! Neger sind genauso viel wert wie du und ich.« Ich war erleichtert. »Sie sind aber im Durchschnitt nicht so intelligent wie Weiße, das hat genetische Ursachen.« Er war klug, musste er es nicht wissen? Er war Psychiater und Neurologe mit bald engen Kontakten zu US-Wissenschaftlern. *Die Zeit*, die er las, titelte 1969: »Sind Neger wirklich dümmer?« Die Kontroverse hatte der

US-amerikanische Professor Arthur Jensen mit einem Beitrag in der *Harvard Educational Review* ausgelöst, wo er allen Ernstes nachzuweisen versuchte, dass »Neger« den »Weißen« an Intelligenz unterlegen seien.[149] In seinen Studien wurden die soziale Lage der Untersuchten und die massiven Bildungslücken und Gesundheitsschäden, welche die Armut durch miese Wohnungen und Mangelernährung verursachen kann, nicht berücksichtigt. – Es ist, als ob alle 10 Jahre eine solche rassistische »wissenschaftliche« Studie auftaucht, nicht erst seit der Weimarer Republik.[150] Und in Nazikreisen, vor und nach Auschwitz, gehören solche Aussagen ohnehin zum Standard.

Im März 1977 war ich am Rand einer Demonstration gegen das geplante Atomkraft Grohnde mit Vertretern des Weltbundes zum Schutz des Lebens (WSL) zusammengestoßen und begriff nach einer Auseinandersetzung und nachfolgender Lektüre, dass es Nazis waren. Ich begann mich mehr und mehr für die ideologischen und personellen Scharnierstellen zwischen Bourgeoisie und Faschismus sowie für die Anfälligkeit von Teilen »alternativer« Milieus für rechtes Gedankengut zu interessieren. Folgerichtig stieß ich auf die Anthroposoph*innen, in deren Waldorf- und Steinerschulen auffällig viele Angehörige der Oberschicht ihre Kinder schicken.[151] Über ihre ideologische Grundlage, die Anthroposophie, schrieb Ernst Bloch: »Offenbar verhindert nur der starke Anteil anderer Länder an der anthroposophischen Bewegung, dass diese geschlossen zu Hitler übergeht.« Bloch analysierte einen »totalen Frontwechsel des ›liberalen‹ Bürgertums gegen seinen ehemaligen Feind, den Obskuranten, Okkultisten.« Der Weg über den »Okkultismus« sei ein »riesiges Eingeständnis der bürgerlichen Leere« und der »Schwäche des bürgerlichen Weltbilds. […] Kurz: unmittelbar gesehen ist der okkulte Spuk gewiss nur Fascisierung des Bürgertums, Übergang seines unbrauchbar gewordenen Liberalismus ins autoritäre und irrationale Lager.«[152]

Von Kant haben sich die Theosophin Helena Blavatsky und Rudolf Steiner, der Chefideologie der anthroposophischen Sekte, das Material für ihre »Wurzelrassenlehre« beschafft, es verformt und ihre neue Lehre in offen irrationale Milieus getragen, mit einigem Erfolg bis heute. Der anthroposophische Chefidéologe Rudolf Steiner, der sich ein ausuferndes Wahnbild der Welt konstruiert hat, propagierte eine Anti-Evolutionsideologie, in der die Menschheit in sieben »Wurzelrassen« mit jeweils sieben »Unterrassen« zerfällt. Das Aussterben minderwertiger »Menschenrassen« (»Rothäute, Eskimos, Papuas, Australier, Polynesier«) sei eine »karmische Notwendigkeit«. Es überrascht nicht, dass in dieser Anschauung der Welt erst die »Arier« »die vollständige Ausprägung der denkenden Kraft« besitzen, sie gelten als fünfte »Unterrasse« der fünften »Wurzelrasse«.[153] Ganz unten in der Hierarchie menschlichen Wertes steht für Steiner »der Neger«, der hitzebedingt ein anderes Hirn habe als der »Arier«. Er könne kaum denken, denn sein anders geartetes »Hinterhirn« »koche« andauernd sein unmäßiges »Triebleben«. Und ganz oben in der Pyramide steht bei Steiner, welch Zufall, »die weiße Rasse« als »die zukünftige [...] am Geiste schaffende Rasse.«[154]

Rassismus enthält sexuelle Projektionen aufgrund uneingestandener Bedürfnisse, die man »den Anderen« zuschreibt, die der Rassist anschließend für das verachtet, was er bei sich selbst unterdrückt. Der halbnackte Oberkörper des ungestümen schwarzen Radfahrers, von dem sich Boris Palmer provozieren ließ. Die papsttreue Großgrundbesitzerin Gloria von Thurn und Taxis, die in Michel Friedmans Talkshow sagte: »Sex ist dazu da, um Kinder zu kriegen, und nicht zu Jux und Tollerei.« Fast tat sie mir leid. Sie sagt aber auch: »Afrika hat Probleme nicht wegen der Verhütung. Da sterben die Leute an Aids, weil sie zu viel schnackseln. Der Schwarze schnackselt gerne.«[155] Ob Thurn und Taxis in einer Waldorfschule war, weiß ich nicht, vermutlich aber genügt für diese Denkweise auch die allzu innige Bindung an die katholische Obrigkeit.

Es war die Zeit der Pogrome. In den *konkret*-Kongress »Was tun? Bedingungen und Möglichkeiten linker Politik und Gesellschaftskritik« 1993 in Hamburg hatte ich – nach dem Scheitern des Projektes *Radikale Linke* – auch in Sachen Antirassismus zu große Hoffnungen gesetzt.[156] Der Philosoph Christoph Türcke hielt das Hauptreferat und er begann so: »Dass Pygmäen, Mongolen, Eskimos, Araber, Skandinavier in Wuchs, Gestalt, Farbe, Sprache und Sitten deutlich voneinander abweichen, ist keine Erfindung ressentimentgeladener Mitteleuropäer, sondern simple Tatsache. Es gibt nun einmal Menschengruppen schwarzer, weißer, gelber und rötlicher Hautfarbe, die sich durch die Gemeinsamkeit erblicher Merkmale signifikant von anderen unterscheiden ...«. Etwa an dieser Stelle protestierten Manfred Zieran und ich lautstark vom Balkon. Nur wenige im Saal reagierten ähnlich, unter ihnen Ingrid Strobl und Bettina Hoeltje. Türcke sprach weiter: »... und so unmöglich es ist, genau anzugeben, wie weit dieser Merkmalsunterschied sich über die Hautfarbe hinaus auf Temperament, Neigung, Begabung, Charakter, erstreckt, so absurd wäre es, ihn zu leugnen und so zu tun, als bedeute der Unterschied zwischen schwarzer und weißer Hautfarbe nicht mehr als der zwischen einem roten und einem grünen Anorak.«

Der Vortrag wurde unterbrochen, Türcke mehrheitlich verteidigt, wir Kritiker*innen wurden vom Moderator zur Ordnung gerufen. Dafür gab es viel Applaus, wir waren deutlich isoliert. Hermann L. Gremliza sagte später, »die ersten Zwischenrufe kamen so früh, dass niemand wissen konnte, worauf dieser Text hinauswill.«[157] Doch, konnte man. Türcke machte nach kurzer Unterbrechung weiter: »Dieser Stoffwechselprozeß (des Menschen mit der Natur) hat den Menschen, als einzelnen wie als Gruppen, zahllose Verschiedenheiten ein- und aufgeprägt, und wenn man den eindeutigsten und haltbarsten davon, die so tief in dem jeweiligen Kollektiv sitzen, dass sie sich unweigerlich vererben, mit dem die betreffende Person sich auch paare, den Namen der Rasseneigenschaft gibt, so ist das nichts als eine vernünftige Regelung.«[158] Und: » Warum nicht einräumen, dass es günstigere und weniger günstige klimatische und geographische Bedingungen für menschliche Entwicklungen gibt, so dass es nicht ganz zufällig ist, wenn etwa im Mittelmeerraum und in Vorderasien sich Agrikultur, Architektur und Handel, Sprache und Schrift in anderer Weise entfalteten, als in Feuerland oder Amazonien? Warum nicht zugeben, dass die Natur ihre Huld innerhalb der Rassen wie auch zwischen ihnen nicht so gleichmäßig verteilt hat wie eine Firma ihre Postwurfsendung?«[159] Ein treuer Vasall Kants und Hegels. Immer noch lesenswert sind die Kritiken von Ingrid Strobl[160] und Bettina Hoeltje[161] auf dem Kongress. Auffallend war, wie feindselig und emotional viele linke Männer auf unsere Kritik reagierten, wie fern ihnen das Erkennen der Struktur und die Kritik rassistischen Denkens war.

Dem losen Zusammenschluss *Radikale Linke* (Ende 1989–1991) war die »antideutsche« Strömung entsprungen, die wiederum in verschiedene Unterströmungen zerfiel. Heute gibt es z. B. junge linke Antideutsche, die mit den rechts gewendeten Antideutschen nichts zu tun haben wollen, sie werfen ihnen prokapitalistische, sexistische und rassistische Positionen vor. Rechte Antideutsche aus dem Kreis um die Zeitschrift *Bahamas* denunzierten nach dem *konkret*-Kongress unsere Kritik an Türckes Rassismus als »antiintellektuellen Exzess«.[162] Sie missbrauchten in der Folge Israel als Ausrede für ihre Versöhnung mit den kapitalistischen Verhältnissen und bezeichneten das als Israelsolidarität. Was wir vermuteten und was immer heftig bestritten worden war, gestand einer der Wortführer dieser neokonservativen Fraktion, Justus Wertmüller, 2016 rückblickend ein: »Israelsolidarisch waren wir auch schon vor dem Jahr 2000, der Gedanke jedoch, nun auch dezidiert pro-amerikanisch und generell pro-westlich werden zu müssen, der lag zwar schon länger in der Luft, konnte aber erst nach 9/11 ausgesprochen werden.«[163] Und »pro-westlich« bedeutete offensichtlich, damals wie heute, nicht nur prokapitalistisch, sondern auch rassistisch zu sein.

Vollkommen unbestreitbar ist, dass schwarze Menschen und People of Colour (PoC), Menschen also, die sich durch ihre Hautfarbe von »weißen« Menschen oberflächlich unterscheiden, in Deutschland einem komplexen und vielschichtigen System rassistischer Stigmatisierung unterliegen. Wer rassistisch diskriminiert wird, erleidet allzu oft Ausgrenzung und den »sozialen Tod« (Wulf D. Hund, *Negative*

Vergesellschaftung).[164] Die sozialen und individuellen Unterschiede, Charakter, Ausbildung, Fähigkeiten, Einstellungen, Alter, Geschlecht und Herkunft spielen nur noch eine nachgeordnete Rolle, die betroffenen Menschen sind »gleichgemachte Repräsentanten einer angeblich natürlichen Unmittelbarkeit.«[165]

Unterschiedliche Körperlichkeit, Größe, Körperbau, Farben von Haut, Augen und Haaren, waren »das Material, mit dessen Hilfe der Rassismus seine herrschaftlich bestimmte Entmenschlichung als Reaktion auf natürliche Unterlegenheit auszugeben und damit zu legitimieren trachtete. Nicht weil die anderen körperlich defizitär waren, wurden sie sozial degradiert, sondern weil sie sozial ausgeschlossen wurden, schrieb man ihrer Natur Defizite zu, die ihren Körpern angesehen werden sollten.« Körper dienten »als natürlicher Beleg einer sozialen Konstruktion«.[166] »Herrschaftlich organisierte Gesellschaften werden dadurch zusammengehalten, dass ihren benachteiligten oder unterdrückten Gruppen Angebote zur Imagination von Gemeinschaft gemacht werden. Elemente positiver Zugehörigkeit reichen dazu nicht aus, weil sie in der Regel selbst geschichtet und nur bedingt oder schwer zugänglich sind. Negative Vergesellschaftung hingegen erlaubt die Zusammenfassung der Ungleichen durch die Degradierung Anderer.« (Wulf D. Hund)[167]

Es kann nicht bestritten werden, dass die Critical-Whiteness-Forschung (Kritische Weißseinsforschung) bei aller gebotenen Kritik auch Verdienste um die Aufklärung über Rassismus hat. Aber es gibt antiemanzipatorische, ahistorische und unwissenschaftliche Entwicklungen in *Teilbereichen* der neueren Critical-Whiteness-Forschung, dann etwa, wenn die Klassenfrage innerhalb weißer Teilgesellschaften und historische Analysen etwa des uralten innerweißen Rassismus (gegen »Barbaren«, gegen weiße Sklav*innen, gegen »Slawen«) geleugnet werden. Rassismus entfaltet seine »Dialektik von Inklusion und Exklusion auch im Inneren der Gesellschaft« und ist vermittelt »mit anderen Formen sozialer Diskriminierung«.[168] Sowohl die »Zuordnung von Frauen zum Bereich der Natur« als auch die Zuordnung der

Unterschicht zum Bereich »der Kulturlosigkeit [enthält] ein unverhohlenes rassistisches Drohpotential«.[169] Es droht mit »Entsozialisierung« und Aufkündigung von Vergesellschaftung« und im schlimmsten Fall mit Vernichtung.

Ob das zu Hexenverfolgungen, Vertreibung, systematischer Verelendung, Euthanasie, Pogromen, Ertrinkenlassen oder industriell organisierten Gaskammern führt, hängt von den konkreten historischen Bedingungen ab.

6. Schwarz weiß tot

Die langen Wurzeln des ökologischen Rassismus

Mit der »Wiedervereinigung« brachen Dämme von Rassismus und Nationalismus. Menschen wurden gejagt, verletzt, traumatisiert und ermordet. Unerträglich waren sowohl die gespielte Überraschung wie auch die Unwilligkeit des Staates, Geflüchtete und Menschen mit dunklerer Hautfarbe zu schützen. Politik und Polizei sahen dem mordlüsternen rassistischen Mob vor dem Sonnenblumenhaus in Rostock-Lichtenhagen tagelang zu. Deutsche Politiker*innen hatten und haben endloses Verständnis für die »Sorgen« der Täter*innen.

Aber Teile des westdeutschen Bürgertums wurden unruhig, das Image der Exportnation war bedroht. Sie hielten, weit entfernt von den rassistischen Tatorten in West und Ost, Lichterketten hoch und sich das schlechte Gewissen vom Hals. Zur Bedingung machte die Lichterketten-Fraktion mancherorts, dass in ihren ehrenwerten Bündnissen kein Wort der Kritik an der weitgehenden Abschaffung des Asylrechtes zu fallen habe. Das Recht auf Asyl, verankert in Artikel 16 des Grundgesetzes, entstanden als Konsequenz aus den deutschen NS-Verbrechen, wurde im Mai 1993 faktisch abgeschafft. Oskar Lafontaine, heute Fraktionsvorsitzender der Linkspartei im Saarland, war einer der ersten Sozialdemokraten, die ab 1990 die Aufweichung des Asylrechts vorantrieben und damit Erfolg hatten.[170] Er ist noch immer stolz darauf.

Rassist*innen aller sozialen Schichten lernten: Anschläge und Pogrome gegen schwarze Deutsche, Migrant*innen und Geflüchtete werden nicht bestraft, sondern geduldet, wenn nicht sogar belohnt. Das wird auch für Uwe Böhnhardt, Beate Zschäpe und Uwe Mundlos eine eindrucksvolle Lektion gewesen sein. Die waren damals 16, 18 und 20 Jahre alt. Ihr politischer Anfang lag in einem Jugendzentrum in Jena-Winzerla, in dem die »akzeptierende Jugendarbeit« zeigte, was sie konnte: rechtsextremen Milieus beim Aufbau helfen, staatlich alimentierte »Glatzenpflege«. Die Warnungen von Antifaschist*innen wie Lothar König, seit 1990 Pfarrer der Jungen Gemeinde in Jena, der mit einigen anderen versuchte, Jugendliche von aufkommenden Nazinetzwerken fernzuhalten, wurden nicht gehört. So entstand der Thüringer Heimatschutz als eine Vorstruktur des NSU. Noch dazu half der thüringische Verfassungsschutz, auch finanziell und personell, beim Aufbau des Thüringer Heimatschutzes für das mörderische Nazinetzwerk. Der NSU wütete und mordete von 1999 bis 2011, Sorglosigkeit, Schlamperei und Sympathien in Teilen des Staatsapparats waren ihm gewiss. Sein Netzwerk ist bis heute nicht aufgeklärt, die Akten des hessischen Verfassungsschutzes wurden zwar nicht wie anderswo geschreddert, sollten aber für 120 Jahre unter Verschluss. Nach dem Mord an Walter Lübcke und aufgrund vieler Proteste wurde die Verschlusszeit auf 40 Jahre herabgesetzt, anstatt diese Akten endlich zugänglich zu machen. Einen deutlicheren Hinweis auf Verwicklungen des Staatsapparates kann es kaum geben.

Wer weiß, welche der heute auffälligen Menschenfeind*innen durch die Pogrome der frühen 1990er Jahre rechtsradikal politisiert worden sind? 20 Jahre nach den Wiedervereinigungspogromen marschierte Pegida im Oktober 2014 in Dresden zum ersten Mal. Wer 1990 20 Jahre alt gewesen war, war jetzt 44. Seit der »Wiedervereinigung« bis November 2017 wurden 195 Menschen von Rechtsradikalen ermordet, die wirkliche Zahl liegt vermutlich höher. Rechtsradikale Motive wurden bei 745 Tötungsdelikten und -versuchen mit insgesamt 849 Opfern gefunden.[171]

Die Täter*innen konnten sich beauftragt fühlen. Einmal ging ich in den 1990ern mit einer Frau, die Mitglied der PDS war und sich als Sozialistin verstand, durch Magdeburg. Ihr Sprachgebrauch schien links. Sie fand die rassistischen Pogrome von Hoyerswerda »schlimm«. Wir liefen an einer kleinen Gruppe von Punks vorbei, die mit den üblichen Hunden und Bierflaschen auf dem Bürgersteig saßen. Sie sah kurz hin und sagte: »Da müssten die Skins auch mal aufräumen«, und redete weiter, als sei nichts gewesen. In diesem Moment verstand ich einmal mehr, welche Folgen es hat, wenn ein deutscher Staat nie von einer antiautoritären Revolte herausgefordert worden ist.

Die AfD steht vor schwangeren deutschen weißen Frauen Spalier und winkt mit Deutschlandfähnchen als Zeichen der »Willkommenskultur für Un- und Neugeborene«. Mindestens drei Kinder soll jede deutsche Frau bekommen, sagt die Partei und bezieht sich damit direkt auf das Gedankengut der NSDAP. Es wimmelt aber auch im konservativen Bürgertum von Versuchen, »deutsches Erbgut« zu mehren und deutsche weiße Frauen zur Fortpflanzung anzuregen. Es geht nicht so weit, dass eine wirklich gute Versorgung für alle alleinerziehenden Menschen mit Kindern dabei herauskäme oder die Vereinbarkeit von Beruf und Kindererziehung für Frauen und Männer leicht gemacht würde. Der Staat entmündigt lieber Frauen, die kein Kind wollen, durch Pflichtberatung und bedroht sie mit den Paragrafen 218 und 219, lässt aber gnädig straffreie Ausnahmen zu.

Während Nazis und Konservative einerseits die zu geringe Kinderzahl der deutschen Frau beklagen, lamentieren andererseits bürgerliche Medien[172] seit Jahrzehnten: »Wie viele Menschen verkraftet die Erde?« Die rassistische Kategorie »Überbevölkerung« ist in den allgemeinen Sprachgebrauch eingedrungen. Die Medien fragen nie: »Wie viel Kapitalismus, Ausbeutung, Raubbau, Hunger und Krieg erträgt der Mensch?« Aus der »Überbevölkerung« wird, in martialischer Sprache, die »Bevölkerungsbombe« oder »Bevölkerungsexplosion«, welche sowohl die konservative *Welt* als auch die NPD für eine unterschätzte Gefahr halten.[173]

Was denn jetzt? Einerseits Abtreibungen mit Gewalt verhindern wollen, andererseits vermeintlich zu viele Menschen beklagen. Was denn nun? Zu viele Menschen oder zu wenige? Der Schlüssel zur Klärung des Paradoxons liegt im Rassismus, der als »Rettung der Natur« kostümiert auftritt, denn zu viele sind immer nur die Armen, die »Unproduktiven«, die »Überzähligen« und vor allem die Bevölkerungen des Trikont, von manchen Dritte Welt genannt[174], vor allem wenn sie schwarz sind oder People of Colour (PoC).[175]

Illustriert werden Medientexte zur »Überbevölkerung« nicht mit Fotos aus den Niederlanden (408 Menschen pro qkm) oder Deutschland (231 Menschen pro qkm), und niemals hat eine deutsche Zeitung behauptet, in Monaco (18 944 Menschen pro qkm) drohe eine »Bevölkerungsexplosion«. Die Medien zeigen, wenn es um »Überbevölkerung« geht, auch keine Fotos gefüllter deutscher Rock- und Fußballstadien, von Schlussverkäufen oder Bahnhöfen im Berufsverkehr, sondern nahezu immer dicht gedrängte Menschenmassen auf indischen Bahnhöfen, auf afrikanischen Märkten und in asiatischen Straßen und gern auch Fotos von Neugeborenenstationen mit Babys of Colour. Das ist die zentrale Botschaft, die den Rassismus nährt: *Die* sind zu viel, nicht *wir* Käsehäutigen. Übrigens, auf dem afrikanischen Kontinent leben lediglich 54 Menschen pro qkm.

Die deutsche Gesellschaft ist durchdrungen von Rassismus. Seine Wurzeln sind älter als die Aufklärung und sie wurden 1945 nicht gekappt. Von wem auch? Wie so viele Lehrer*innen aus der NS-Zeit hatte auch der Arzt und Verhaltensforscher Konrad Lorenz (1903–1989) heutigen Nazis und Rassist*innen einiges zu bieten. Er beeinflusste die westdeutsche Nachkriegsgesellschaft. Immer wenn mein Vater, der Lorenz sehr verehrte, in den 1960er Jahren von seinen Besuchen im Max-Planck-Institut für Verhaltensphysiologie im bayrischen Seewiesen zurückkam, erzählte er mir begeistert von Lorenz' neuesten Erkenntnissen. Als Jugendliche gehörte die Frage, was den Menschen mehr beeinflusst, genetische Anlage oder soziale Umwelt, zu unseren Dauerstreitthemen.

Es waren die 1960er und *the times they were a-changin'*. Konrad Lorenz griff »uns« an, wenn er über die Jugendrevolte sagte: »Der genetische Verfall« mache »einen Selektionsdruck« nötig: »Es ist nicht auszuschließen, dass viele Infantilismen, die große Anteile der heutigen ›rebellierenden‹ Jugend zu sozialen Parasiten machen, möglicherweise genetisch bedingt sind.«[176] 1973 bekam Lorenz die größtmöglichen bürgerlichen Ehren, den Nobelpreis für Medizin. Jahre später wurde allgemein bekannt, dass er im NS-Faschismus als »Rassenforscher« Karriere gemacht hatte (NSDAP-Mitgliedsnummer 6170554). In seinem Aufnahmeantrag hatte er geschrieben, er habe »immer und überall mit aller Macht getrachtet, den Lügen der jüdisch-internationalen Presse [...] mit zwingenden Beweisen entgegenzutreten. [...] meine ganze wissenschaftliche Lebensarbeit, in der stammesgeschichtliche, rassenkundliche und sozialpsychologische Fragen im Vordergrund stehen, [steht] im Dienste Nationalsozialistischen Denkens.«[177] In Briefen sprach er vom »Schädlingstum der Juden«. Zwei Jahre später erhielt er den Lehrstuhl für vergleichende Psychologie in Königsberg.

Lorenz hat der AfD, den Identitären und der Neuen Rechten viel zu bieten, seltsam, dass sie ihn und seinen Ökorassismus noch nicht für sich entdeckt haben. Der Mensch hasse »Fremde« und verteidige sein »Revier«, sagt Lorenz. Die »Rassenpflege« müsse »auf eine noch schärfere Ausmerzung ethisch Minderwertiger bedacht sein, als sie es heute schon ist.«[178] Höckes Angstschrei von der »Umvolkung« klingt bei Lorenz an: »Sozial minderwertiges Menschenmaterial« werde durch die Zivilisation befähigt, »den gesunden Volkskörper zu durchdringen und zu vernichten«.[179]

Als Heerespsychologe der Wehrmacht in der Reichsstiftung für deutsche Ostforschung in Posen beteiligte sich Lorenz an der rassenpsychologischen Selektion der Bevölkerung des von den Deutschen besetzten Westpolens (»Reichsgau Wartheland«). Fast 900 Menschen, die als nicht »wiedereindeutschungsfähig« galten, wurden in Vernichtungslager deportiert.[180]

Sommer 2019. Der Eintrag auf der Website des Max-Planck-Instituts (MPI) über Konrad Lorenz ist fast zärtlich mit »Der Gänsevater« betitelt: »Schon in jungen Jahren beschäftigte er sich [...] viel mit Tieren.« Weder die rassistische Kontinuität seines Lebens, sein Konzept des Ausmerzens »minderwertigen« menschlichen Lebens noch seine jahrelangen NS-Aktivitäten werden auch nur mit einem einzigen Wort erwähnt.[181] Das mag an der lange verschwiegenen NS-Vergangenheit der Kaiser-Wilhelm-Institute (KWI) liegen, der direkten Vorläufer der Max-Planck-Institute im Kaiserreich, in der Weimarer Republik und im NS-Faschismus. Bis 1990 bewahrte das Max-Planck-Institut für Hirnforschung Hirnpräparate von Euthanasieopfern auf. Erst 1997 setzte das MPI eine Historikerkommission ein, die die NS-Geschichte des Instituts untersuchen sollte. 10 Jahre später erschienen 17 Forschungsbände.[182] Zu einer Korrektur des Eintrags über den NS-Wissenschaftler Konrad Lorenz hat es bis heute nicht gereicht.

Ein offiziell vergessener, mit seinen Schriften aber immer noch wirksamer Ökorassist ist auch Herbert Gruhl (1921–1993), ein früherer CDU-Politiker, der 1980 die Grünen mitgründete und sie nach einem Jahr wieder verließ, um 1982 die rechte ÖDP zu gründen. Gruhl empfiehlt nicht nur unmenschliche Methoden, um die Natur zu retten, seine Bücher belegen auch, dass er kein Ökologe war. Durch ein zu hohes Bevölkerungswachstum werde gegen die »Naturgesetze« verstoßen und zu Recht werde dies »von der Natur« mit dem Tod bestraft. Gruhl: »Für einige überfüllte Populationen [er meint die Menschen im Trikont; J. D.] mag dann Gewalt oder sogar die Atombombe eines Tages keine Drohung mehr sein, sondern Befreiung.« Den Tod, sagt Gruhl, würden diese *anderen* Menschen aufgrund ihrer »völlig anderen Grundeinstellung zum Leben« mit Gleichmut ertragen und den »eigenen Tod« so wie den ihrer Kinder »als Schicksal« hinnehmen.«[183] Gruhls Schriften fand ich vor einigen Jahren noch auf Büchertischen der ÖDP, von attac und in Occupy-Camps.

Im Bürgertum wimmelt es von Rassist*innen, die als edles Motiv die Rettung der natürlichen Umwelt angeben. Vor einigen Jahren stritt ich mit Joseph Deiss auf dem schweizerischen Wirtschaftskongress »Wachstum – Fluch oder Segen?«.[184] Deiss war Bundespräsident der Schweiz und Präsident der UNO-Generalversammlung gewesen und bis 2016 geschäftsführender Vorsitzender von General Electric (GE) Schweiz. Verärgert sagte er: Das Bevölkerungswachstum in Deutschland und der Schweiz beunruhige ihn nicht, das nähme ja ab. Für den Rest der Welt (!) habe Malthus »vor 200 Jahren [alles] gesagt […]. Das ist ein Bereich, der sich von selber regelt.« Die Zuhörer applaudierten, ignorierend oder tatsächlich nicht wissend, wie viel Brutalität sich in diesem »von selber regelt« verbarg.

Thomas Robert Malthus (1766–1834) war anglikanischer Landpfarrer in England. In seiner Schrift *Essay on the Principle of Population* (1798/1803) stellte er die These auf, dass die Bevölkerung sich exponentiell (1, 2, 4, 8 usw.) entwickle, die Produktion von Lebensmitteln hingegen linear (1, 2, 3, 4 usw.). Schuld an der Bevölkerungsentwicklung sei die hemmungslose Vermehrung der Armen. Den Christen ekelten nur die Armen in den Slums der englischen Industriestädte an, aber nicht die Fabrikbesitzer, nicht die Besitzbourgeoisie und nicht der Landadel, die doch alle von Ausbeutung, Sklavenarbeit und Armut profitierten. Die feudalen Armengesetze hatten den Menschen bis dahin das Recht auf Nahrung und Unterkommen zugestanden, Malthus' Schriften verschlechterten ihre soziale Lage. Friedrich Engels sagte 1845 über Malthus: »Die offenste Kriegserklärung der Bourgeoisie gegen das Proletariat ist indeß die Malthus'sche Theorie der Population und das aus ihr entstandene neue Armengesetz.«[185]

Malthus' zentrale Aussage ist: Ein Mensch habe »nicht das mindeste Recht, irgendeinen Teil von Nahrung zu verlangen«; wenn er seine Familie nicht ernähren könne und »wenn die Gesellschaft seine Arbeit nicht nötig hat«, sei er »wirklich zu viel auf der Erde. Bei dem großen Gastmahle der Natur ist durchaus kein Gedecke für ihn gelegt. Die Natur gebietet ihm abzutreten, und sie säumt nicht, selbst diesen Befehl zur Ausführung zu bringen.«[186] Wer diesen überflüssigen Eindringling zum reich gedeckten Tisch der Natur vorlasse, sagte Malthus, locke nur weitere Eindringlinge an. – Das könnte aus der aktuellen Debatte um die deutsche und europäische Flüchtlingspolitik stammen. – Malthus weiter: Statt Fülle herrsche dann Mangel, und bald werde das Vergnügen der Gäste durch den Anblick menschlichen Elends gestört. – Babyleichen am Mittelmeerstrand stören das Urlaubsgefühl. – Es sei »völlig natürlich«, dass nur eine Minderheit der Menschen gebildet, sittlich wertvoll und wohlhabend sei und dass es auf der Welt immer zu viele arme, unbrauchbare Menschen geben werde. Die Unterstützung der Armen sei unsinnig, weil sie sich dadurch bloß vermehrten. Hilfe belohne Trägheit und Laster und stimuliere die Kinderzahl. Es sei die Natur, die diesen Menschen das Existenzrecht abspreche.

Das Bild von der zu kleinen Erde, auf der sich die Armen und Schwarzen und People of Colour hemmungslos fortpflanzen und »unsere« gute Natur ruinieren (die kapitalistische Produktionsweise bleibt immer unerwähnt), ist seit mehr als 250 Jahren eines der am tiefsten verankerten Merkbilder der sich ökologisch rechtfertigenden Rassist*innen. Tatsächlich wächst die Lebensmittelproduktion schneller als die Erdbevölkerung. Es ist auch in Zukunft genug da, um alle Menschen zu ernähren. Zumal ideologisch weniger verblendete Studien eine Stagnation der Weltbevölkerung ab etwa 2060 für möglich halten, was von guter Ernährung und vom Zugang vor allem von Mädchen und Frauen zu guter Bildung abhängt, und darum sollte der Kampf gehen. Hunger kommt von Armut und falsch verteiltem Reichtum, von durch die kapitalistische Produktion beschleunigter Wüstenbildung und missbrauchtem fruchtbaren Land, von der Klimakatastrophe, von geraubtem, privatisiertem Wasser und vom Krieg.

Malthus wird seit 200 Jahren widerlegt. Aber die profitable Nützlichkeit seiner Ideologie für Verelendungspolitik, Rassismus und auch neuere Formen von Kolonialismus und Imperialismus lässt die Kritik zerschellen. Was die »Protokolle der Weisen von Zion« für den Antisemitismus sind, ist die Malthus'sche Ideologie für den Ökorassismus.

Auch international ist der rechte Flügel der Ökologiebewegungen durchtränkt von malthusianischem Inhumanismus, der historisch zwischen Europa und den USA hin- und herschwappte. Der Neomalthusianer Garrett Hardin[187] (1915–2003), ein einflussreicher US-Ökologe und Rassist, ersetzte Malthus' Bild von der »reich gedeckten Tafel der Natur« durch das vom Rettungsboot, in dem »wir alle« sitzen und das sinke, sobald sich zu viele Ertrinkende in stürmischer See darauf retten wollen. »Übermäßig fruchtbare« Menschen in ein wohlhabendes Land einzuladen sei eine »Politik des nationalen Selbstmordes«, gar des Selbstmordes der Spezies. Es sei daher, sagt Hardin, unsinnig, auf universellen Menschenrechten zu bestehen. – Das könnte der Tea Party, Trump, deutschen Nazis und Rassist*innen in aller Welt gefallen.

In Malthus' und Hardins Spuren marschiert auch David Foreman (geb. 1947), der Mitgründer der ökorassistischen US-Organisation Earth First!, deren Namen auch in der neuen Greenpeace-Kampagne »Planet Earth First« aufscheint. 1980 in den USA gegründet, 1989 in Deutschland, machte Earth First! in den USA Furore, als sie mit militanten Mitteln versuchte, das Abholzen uralter kalifornischer Redwood-Wälder zu verhindern. Sie zerstörte Straßenbaumaschinen und trieb lange Nägel in die großen Bäume, um die Sägen außer Gefecht zu setzen. Aber sosehr die Gruppe die Umwelt zu lieben behauptete, so sehr verachtete sie Menschen – sofern es die »Anderen« waren. Die Einwanderung von Menschen aus Mexiko, sagte Earth First! viele Jahre vor Trump, müsse gestoppt werden, denn die USA seien voll.

Miss Ann Thropy (Misanthropie, Menschenfeindlichkeit) war das Pseudonym einer Autorin, die in der *Earth First!*-Zeitung verlangte, die Weltbevölkerung um 80 Prozent zu reduzieren. Sie lobte Aids als eine Krankheit mit »ökologischer Perspektive«. Aids sei eine Art »ökologische« Neutronenbombe, die Krankheit habe das »Potential, die menschliche Bevölkerung deutlich zu reduzieren, ohne anderen Lebensformen zu schaden«.[188] Konrad Lorenz reichte Earth First! die

Hand, indem er 1988 sagte: »Gegen Überbevölkerung hat die Menschheit nichts Vernünftiges unternommen. Man könnte daher eine gewisse Sympathie für AIDS bekommen.«[189]

Als bei der großen Hungerkatastrophe in Äthopien 1984/85 etwa acht Millionen Menschen hungerten und fast eine Million starb, fand Earth-First!-Gründer David Foreman, der frühe Tod verhungernder schwarzer Menschen sei etwas »Natürliches«. Das Leid der Menschen sei »unglücklich, aber die Zerstörung anderer Lebewesen und der Umwelt ist noch unglücklicher.«[190] Das »Schlimmste« sei es, »zu helfen, lasst die Natur ihr eigenes Gleichgewicht finden, lasst die Leute dort einfach sterben.«[191] Auch die Menschen in Lateinamerika waren ihm nichts wert: Die USA könnten nicht das »Überlaufventil lateinamerikanischer Probleme« sein, »das würde bloß zu größerer Zerstörung unserer Wildnis führen«.[192] Es sind »viel zu viele Menschen auf der Welt«, sagt Foreman, »Malthus hatte recht«.[193] Etwa 1990 verließ David Foreman die Organisation und kooperierte fortan mit offen rassistischen Organisationen. Earth First! behielt seinen missverständlichen Namen.

Weil ich seit langem ökorassistische Entwicklungen analysiere,[194] fiel mir 2018 das Logo von Earth First! bei Social-Media-Aktivitäten des sympathischen Widerstands zur Rettung des Hambacher Forsts (»Hambi bleibt!«) auf.[195] Seit Jahrzehnten wird dort, zwischen Aachen und Köln, von der Rheinbraun AG und der RWE uralter Wald für den Braunkohltagebau gerodet. Wo steht Earth First! heute? Es war nicht einfach, eine klare Position gegen rechts zu finden. 2010 versuchte Earth First! sich zu erklären. Statt von Ökorassismus ist von »Öko-Fremdenfeindlichkeit« die Rede. Die Begriffe Kapitalismus und kapitalistische Produktionsweise meiden die Vertreter von Earth First!. Die Gruppe spricht von einem »Krieg« gegen die Natur, dessen »Hauptaggressor« die »industrielle Zivilisation« sei, die »den Planeten und die Mehrheit der Menschen beherrscht«. Obgleich »die Aktivist*innen der Earth-First!-Bewegung darin übereinstimmten«, erlebten »viele von uns ein Gefühl der Menschenfeindlichkeit (einige gehen ganz in diesem Gefühl auf) [sic!]. Aber selbst bei denen, die glauben, dass die Angriffe auf den Planeten von der menschlichen Spezies stammen (und nicht von den Systemen, die ihn beherrschen) können wir vom *Earth First! Journal*-Kollektiv nicht sehen, was sie dadurch mit weißen Nationalisten, rechtsradikalen Aktivisten und mit der Militarisierung der Grenze auf eine Ebene bringt«. Schließlich hätten die weltweite Bevölkerungsentwicklung und das Fernhalten von Menschen durch Mauern nichts miteinander zu tun. Mauern hielten keine Menschen ab, aber sie zerstörten »empfindliche Bioregionen in der Wüste und indigenes Land«. Earth First! stehe deshalb »auf Seiten von migrantischen Aktivist*innen«, weil viele von ihnen aus Landgemeinden kämen und besser wüssten, wie man mit der Erde lebt statt gegen sie.[196]

Deutlich wird die Unwissenheit über die Lebensbedingungen von Migrant*innen in ihren vielfältigen Herkunftsorten, die Romantisierung ländlichen Lebens und die Ignoranz gegenüber lohnarbeitenden Menschen in Städten. Die ökologische Frage wird scheinbar radikal beantwortet, letztlich aber doch nicht, weil die soziale Frage scharf von ihr abgeschnitten bleibt. Damit bleiben Flanken offen für Ökorassismus und Mystizismus.

Vor der historisch neueren ökologischen Rechtfertigung der Entwertung von Menschen herrschten, mit dem Rassismus eng verbunden, eugenische Gründe, Menschen als »minderwertig« zu kategorisieren und dann auszulöschen. Eugenik meint den Versuch, eine »Rasse« aufzuwerten, durch Zucht oder Sterilisation bis zum Mord. Konzepte von Eugenik, Sozialdarwinismus, Sozialanthropologie und wissenschaftlichem Rassismus finden sich auch bei der SPD des wilhelminischen Kaiserreichs und der Weimarer Republik.

Mit dem Friedensvertrag von Versailles verboten die Alliierten am Ende des Ersten Weltkriegs Deutschland unter anderem jegliche militärischen Aktivitäten im Rheinland, dem schwerindustriellen Rüstungszentrum des Deutschen Reichs. Französische Truppen sicherten den Vertrag. Einige dieser Truppen stammten aus den französischen

Kolonien in Afrika. Die Deutschen hatten mit dem Ersten Weltkrieg ihre Kolonien, ihren »Platz an der Sonne« verloren. Sie trauerten dem verlorenen »Lebensraum« hinterher.

Plötzlich traten den Deutschen schwarze Menschen in der Uniform der Sieger entgegen. Menschen wie die, die sie als Herrenmenschen in den Kolonien verachtet, ausgebeutet, ausgepeitscht, in medizinischen Experimenten getötet, ausgehungert und erschossen hatten. Der letzte kaiserliche Außenminister Wilhelm Heinrich Solf gab den Ton an, als er gegen die »rassenschänderische Verwendung Farbiger auf den deutschen Kriegsschauplätzen« protestierte.[197]

Selbstverständlich gab es sexuelle und Liebesbeziehungen zwischen Afrikanern und deutschen Frauen. Aber ihre Kinder wurden als »Rheinlandbastarde« beschimpft und das Ganze als »schwarze Schmach«, als eine auf die Vergiftung der »deutschen Rasse« zielende Strategie der Franzosen. Die Gefahr des »Bevölkerungsaustauschs« (Björn Höcke) beschrieb der faschistische Ideologe Alfred Rosenberg in *Der Mythus des 20. Jahrhunderts* so: Frankreich stehe »heute an der Spitze der Verköterung Europas durch die Schwarzen« und sei »somit kaum noch als ein europäischer Staat zu betrachten, vielmehr als ein Ausläufer Afrikas, geführt von den Juden.«[198] 1926 erklärte der sozialdemokratische Reichspräsident Friedrich Ebert: »Dass die Verwendung farbiger Truppen niederster Kultur als Aufseher über eine Bevölkerung von der hohen geistigen und wirtschaftlichen Bedeutung der Rheinländer eine herausfordernde Verletzung der Gesetze europäischer Zivilisation ist, sei auch hiermit in die Welt hinaus gerufen.«[199]

Bald häuften sich Anschuldigungen von sexuellen Verbrechen, Vergewaltigungen und »Lustmorden«. Spätere Untersuchungen ließen von den Vorwürfen nicht viel übrig. Die Anschuldigungen wurden mit pornografischen Schilderungen »belegt«. Das bayerische Hauptmünzamt gab 1920 eine Sondermünze »Die schwarze Schande« heraus, auf der eine nackte blonde Frau abgebildet war, gefesselt an einen riesigen behelmten Penis.

Postkarten, Bücher, Theaterstücke, aber auch Statistiken und wissenschaftliche Studien, Völkische und Sozialdemokraten sahen die »weiße Rasse« von »minderwertigem« Erbgut bedroht. Den »Mischlingskindern« wurde unterstellt, »syphilitisch« verseucht zu sein und Anlagen für alle möglichen Krankheiten in sich zu tragen. Die Kinder wurden ab 1923 statistisch erfasst. Sozialdarwinisten und Rasseideologen fanden später in Hitler ihren Führer, der genau erkannte, dass es die Juden waren, »die den Neger an den Rhein bringen«, zwecks der »Bastardierung der ihnen verhassten weißen Rasse« auf »ihrer kulturellen« Höhe.[200]

Die statistische Erfassung der afrodeutschen Kinder in der Weimarer Republik schuf die Grundlage für deren spätere Zwangssterilisierung im NS-Staat, die sogar unter dessen rechtlichen Bedingungen illegal war. Weil selbst Hermann Göring zögerte, nahm Reichsinnenminister Wilhelm Frick die Sache in die Hand. Die »Fortpflanzung der Negerbastarde« in Deutschland sei unter allen Umständen zu verhindern. Im Frühjahr 1937 wurde mit der illegalen Sterilisierung aller Kinder und Jugendlichen aus schwarz-weißen Beziehungen begonnen. Sie wurden regelrecht gejagt, ihre widerstrebenden Mütter mit der Einweisung in Konzentrationslager bedroht. Es gelang, fast alle gewaltsam zu sterilisieren.

Zu den Kulturtechniken der deutschen Gesellschaft gehört es, »Andere« und »Fremde« abzuwehren und aus Opfern Täter zu machen und umgekehrt. Wer vor 1945 nicht gesehen haben wollte, wie jüdische Nachbar*innen verschwanden, Oppositionelle in Folterkeller verschleppt wurden, Roma und Sinti gejagt und Millionen Frauen, Kinder und Männer in verriegelten Waggons der Reichsbahn Richtung Osten transportiert wurden, der musste sich nach dem Ende des Krieges in Ausreden üben. Sie und er durfte »nichts gewusst« haben von den Geschehnissen in jenen »dunklen Zeiten«, in denen alle so »verstrickt« waren. »Bloß nicht streiten«, Harmonie suchen, dissidente Meinungen abwehren, Kritiker*innen schmähen, es gab ja so viel zu verbergen. Über Generationen durch Erziehung weitergegeben, wurden diese

»Kulturtechniken« tragende Elemente deutscher »Leitkultur«, jederzeit abrufbar, sobald weißdeutsche Mittel- und Oberschichtsangehörige sich bedroht fühlen. Sie ahnen: Das Elend der »Anderen« ist die Grundlage ihrer Geschäfte. Aber auch im NS-Faschismus schien die Sonne und auch heute können wir das meiste sehen, sofern es uns interessiert.

Viele der rassistischen Beschreibungen der Kinder aus dem Rheinland tauchten nach dem Zweiten Weltkrieg in Deutschland in der Beschreibung der Kinder von afroamerikanischen GIs und weißen deutschen Frauen wieder auf. Bis heute können sich die meisten Deutschen nicht vorstellen, dass Deutsche auch schwarz sein können.

7. Wie das Gewitter in der Wolke[201]

Wie Antizionismus eine Form des Antisemitismus wurde

Bald ist Antisemitismus in Deutschland wieder mehrheitsfähig. Dann braucht es weder Umschreibungen noch Codes und auch keine verschleiernde »Israelkritik« mehr. Völkische und Nazis hassen Jüdinnen und Juden. Welchen kritischen Menschen überrascht das? Der Antisemitismus war immer in der Mitte der Gesellschaft verwurzelt, wo er jetzt explodiert. Er findet sich aber auch, was mich als antiautoritäre Linke besonders umtreibt, in *Teilen* der Linken. Also genau unter denjenigen, auf die sich jüdische Menschen unbedingt verlassen können müssten. Werden, die Gesamtlage betrachtend, jüdische Menschen in einigen Jahren sicher und entspannt in Deutschland leben? Ich fürchte nicht.[202]

Was täglich passiert: Ein Kind wird auf dem Schulhof als »Jude« angegriffen, mit Worten und Hieben. Die Lehrerin sagt bloß so etwas wie: »Stell dich nicht so an. Macht das unter euch aus!« Politiker*innen verlangen, dass arabische Kinder stärker »sensibilisiert« werden müssen. Ja, selbstverständlich muss auch gegen muslimischen Antisemitismus gekämpft werden. Aber diesmal waren es christliche Kinder. Wer fegt die Ignoranz oder gar den Antisemitismus aus den akademisch gebildeten Köpfen? Wer klärt Lehrer*innen über die modernen, israelbezogenen Spielarten des Antisemitismus auf?[203]

Wenn mensch vor einigen Jahren an Antisemit*innen dachte, ploppten im Kopf meist Bilder von glatzköpfigen Männern mit Hitlergruß auf. Die feinen Antisemit*innen in teuren Anzügen und Kostümen wussten die antisemitischen Äußerungen ihrer Kreise aus auflagenstarken Medien fernzuhalten. Ich erinnere mich an die Gräfin, die stolz darauf war, dass seit 600 Jahren kein Jude mehr das Schloss der Familie betreten hatte. In der Aufklärung und in der Romantik blühte der Judenhass im damals herrschenden deutschen Adel und, etwas später, in der nationalvölkischen Bewegung des 19. Jahrhunderts.[204] Da waren es vor allem Theologen, Journalisten, Offiziere sowie Lehrer*innen, die den Antisemitismus am wirkungsvollsten vorantrieben. Der eine oder andere mag eine Glatze gehabt haben.

Etwa 100 jüdische Friedhöfe wurden in den letzten Jahren geschändet. Oft geht die Tat bloß als »Vandalismus« in die Statistik ein, als ginge es um ein Graffito an einer Bushaltestelle. Frauen, die Hebräisch sprechen oder den Davidstern am Hals tragen, werden beleidigt, geschlagen und aus Läden verjagt wie in Berlin. Antisemit*innen attackierten jüdische Restaurants in Chemnitz, Berlin und anderswo. Antisemit*innen schlagen Juden die Kippa vom Kopf und brüllen: »Scheißjude!« Passanten fragen: »Warum musste er auch provozieren mit seiner Kippa?«

Manche Christ*innen finden es »klug«, wenn jüdische Organisationen ihre Mitglieder bitten, öffentlich weder Davidsterne noch Kippot zu tragen. Ein vergiftetes Lob. Unterwerfung nützt nichts. Nichtjüdische Deutsche verlangen von jüdischen Deutschen, »Integriert Euch!« zu übersetzen mit »Unterwerft Euch unter die rassistische und antisemitische deutsche Leitkultur!«. So kommen wir dem wirklichen Kern der Botschaft am nächsten: »Juden verschwindet – wenigstens aus unseren Augen!«

Und die Justiz? Drei Palästinenser verübten einen Brandanschlag auf die Wuppertaler Synagoge. Das Amtsgericht wie das Landgericht Wuppertal und 2017 auch das Oberlandesgericht Düsseldorf befanden, die Tat sei kein Antisemitismus, sondern lediglich »Kritik an Israel«.

»Wir« nichtjüdischen Deutschen sind »tolerant«. »Wir« haben »aufgearbeitet«. »Wir« machen ernste Gesichter beim Einweihen von Gedenktafeln für die ermordeten Jüdinnen und Juden. Aber sich mit den NS-Täter*innen in der eigenen Familie befassen? Welche Schulbehörde regt an oder erlaubt, dass Schüler*innen lernen, in Archiven herauszufinden, ob ihre Vorfahren Jüdinnen und Juden ermordet oder von Deportationen profitiert haben? Viele junge Leute interessiert das. Und alle erzählen mir, wie Lehrer*innen und Schulbehörden solche Anliegen abwiegeln. Die Recherche könnte ja »Unruhe« in Familien und Gemeinden bringen. Deutschland hasst Unruhe. Wenn sie zu groß wird, schenken Eliten ihren Dichtern große Bühnen, um »mit letzter Tinte« Israel zu hassen (Günter Grass) oder das Erinnern an Auschwitz als »Moralkeule« zu schmähen (Martin Walser). Mehr als 1000 Honoratioren hörten, wie er im Oktober 1998 in der Paulskirche das Berliner Holocaust-Mahnmal als »Monumentalisierung der Schande« abwertete – 19 Jahre später würde Björn Höcke vom »Denkmal der Schande« reden. Nach seiner Rede badete Walser in den Standing Ovations der wie befreit klatschenden Angehörigen aller Parteien und Regierungen, der Vertreter*innen von Kultur und Medien. Zusammengesunken saßen Ignatz und Ida Bubis da. Dieses Bild von Deutschland hat sich tief in mein Gedächtnis gegraben.

Woher kommt dieser nie enden wollende Hass auf jüdische Menschen? Zuallererst aus dem Christentum, das ist die stärkste Wurzel. Auf dem Gebiet des heutigen Israel spalteten sich die ersten Christ*innen vor rund 2000 Jahren vom etwa 4000- bis 5000-jährigen Judentum ab und distanzierten sich immer schärfer von ihrer Ursprungsreligion. Christ*innen waren missionarisch. Ihr neuer Glaube war von messianischen Erlösungsgedanken und Heilandserwartungen durchdrungen. Diese neu erfundene »Wahrheit« sollte den Juden aufgezwungen werden, ob die es wollten oder nicht. Die Juden wollten nicht. Sie missionierten niemanden und wollten selbst nicht missioniert werden. Dieses jüdische Selbstbewusstsein ist eine Quelle des christlichen Judenhasses. Die Christ*innen wurden die bis heute gefährlichsten Feind*innen des Judentums.

Mit der Ausdehnung des Römischen Reichs zogen viele Jüdinnen und Juden in andere Regionen Asiens, nach Afrika und Europa. Im östlichen Teil des Karolingischen Reichs, etwa auf dem Gebiet des heutigen Deutschland, waren die Juden anfangs noch geringen Einschränkungen unterworfen. Sie durften Land kaufen und Waffen tragen. Als aber das Christentum in Teilen Vorderasiens und Europas herrschende Ideologie und damit Ideologie der Herrschenden geworden war, ungleichzeitig zwischen dem 4. und dem 8. Jahrhundert, verhieß das auch mitten in Europa nichts Gutes für jüdische Menschen. Die weltliche Obrigkeit, der Adel, war mit Kirchen und Klöstern zugleich die Vertretung jenes christlichen Gottes auf Erden. Der Adel besaß das Land, die Ressourcen und unterwarf mittels der christlichen Ideologie die Köpfe seiner Untertan*innen.

Als im Jahr 1095 Papst Urban II. alle Christen Europas zum »Kreuzzug« ins »Heilige Land« rief, dachten die Kreuzzügler: »Warum erst im Heiligen Land alle Feinde des Christentums ausrotten?«, und fielen, Ritter wie Fußvolk, in Deutschland und Frankreich über die Juden und Jüdinnen her. Sie beraubten, erschlugen, erstachen und verbrannten zehntausende Kinder, Frauen und Männer. Die verarmten Überlebenden blieben an den Rand der christlichen Gesellschaft gedrängt. Viele flohen ins tolerantere Polen, wo aus der mittelhochdeutschen Sprache, die selbst Spuren älterer Wanderungsbewegungen enthielt, die jiddische wurde. Hier waren sie ein paar Jahrhunderte einigermaßen sicher, bis die polnische katholische Mehrheitsgesellschaft sich gegen sie wandte. 1939 kamen die christlichen Deutschen und ertränkten die Welt des osteuropäischen Judentums in Blut – Ende des 11. Jahrhunderts in Jerusalem angekommen, massakrierten die Kreuzfahrer fortan die muslimischen und jüdischen Einwohner*innen im »Heiligen Land«. Nach den Kreuzzügen gab es in Europa kein Jahrhundert mehr ohne christliche Pogrome gegen die Juden.

Der historische Judenhass gebar zu seiner Rechtfertigung das »Gerücht über die Juden« (Adorno): Juden hatten angeblich Jesus ans Kreuz geschlagen (es waren die Römer), sie ermordeten angeblich christliche Kinder, verbuken ihr Blut in Matze, sie vergifteten das Wasser, waren schuld an Missernten, Viehkrankheiten und vor allem der Pest. Dass jüdische Menschen manchmal später an Seuchen starben als ihre christlichen Nachbar*innen, lag daran, dass sie oft abseits leben mussten und dass die hygienischen Standards ihrer Kultur entwickelter waren als die der christlichen. Aber allein der Vorwurf, die Brunnen vergiftet zu haben, stachelte zur Ausrottung hunderter von jüdischen Gemeinden an.

Mahmud Abbas, Präsident der Palästinensischen Autonomiebehörde, sagte im Juni 2016 in einer Rede im Europaparlament, »dass vor nur einer Woche einige Rabbiner in Israel ihre Regierung aufgefordert haben, unser Wasser zu vergiften, um Palästinenser zu töten«. Keine Buhrufe, keine Störungen, das Parlament feierte auch ihn mit Standing Ovations. EU-Parlamentspräsident Martin Schulz (SPD) twitterte sein Lob für die »inspirierende Ansprache von Präsident Abbas«.[205] Einen Tag später musste Abbas seine Behauptung zurücknehmen. Ein halbes Jahr danach wurde Schulz Kanzlerkandidat der SPD.

Auch die »Menschenrechtsbeauftragte« der Linkspartei, die Bundestagsabgeordnete Annette Groth, griff das antisemitische Brunnenvergifter-Stereotyp auf. In einem Fernsehinterview sagte sie 2017, Israel habe »ganz gezielt [...] die Wasserversorgung in Gaza kaputt gemacht«. Auch das Mittelmeer vergiften die Israelis, gleichsam den ganz großen Brunnen. Groth: »Über tausende von Tonnen kommen jetzt allmählich ins Meer [...], es ist hochgefährlich, für alle!«[206] Das Mittelmeer ist insgesamt in einem ökologisch katastrophalen Zustand, das Wasser vor vielen Küsten ist für Mensch und Natur ungesund, auch an den Stränden von Israel und Gaza. Aber die vielschichtigen Ursachen der ökologischen Vergiftung des Mittelmeers interessierten die Neuökologin nicht. Sie ist fixiert auf israelische Schuld.

Juden leisteten den Herrschenden im Mittelalter als Finanzberater bedeutende Dienste. Sie waren als Blitzableiter bei sozialen Unruhen brauchbar. Wie rasch ist solch ein Pogrom in der christlichen Bevölkerung angestiftet, wenn sich die adlige Obrigkeit auf einen Schlag entschulden will! Ein Hinweis auf ein vermeintlich von Juden getötetes christliches Kind oder auf einen vergifteten Brunnen genügte. Die Muster finden wir hunderte von Jahren später im Sommer 2014 auf den Gaza-Demonstrationen wieder.

Ein Konzil im 13. Jahrhundert trennte Jüdinnen und Juden vom christlichen Teil der Gesellschaft. Sie wurden in Judengassen und Ghettos gepfercht. In Frankfurt am Main zum Beispiel wurden die jüdischen Frankfurter*innen, Einwohner*innen von der Gründung der Stadt an, unterdrückt, systematisch ihrer Freiheit beraubt, ausgeplündert und immer wieder massakriert. Erst die Französische Revolution erlöste sie vom Ghettozwang und brachte ihnen als Spätfolge 1864 volle Bürgerrechte. Der Frankfurter Rat hatte noch 1769 eine Petition der Juden zurückgewiesen, das Ghetto am Sonntagnachmittag verlassen zu dürfen, um spazieren zu gehen. Das Gesuch, so die Stadt, sei der »Beweis für den grenzenlosen Hochmut dieses Volkes, das alle Mühe anwende, um sich bei jeder Gelegenheit den christlichen Einwohnern gleichzusetzen.«

Nur Christen durften Mitglieder handwerklicher Zünfte sein. Nur sie durften Grundbesitz erwerben und ihn weitervererben. Nur eine bestimmte Zahl von Juden durfte – gegen hohe Gebühren und Schutzgelder – in Städten oder an Höfen leben. Geldhandel und Zinsgeschäfte blieben ihnen aufgezwungen und den Christen lange verboten.

Indem das christliche Europa seine jüdischen Einwohner*innen regelmäßig verjagte, löste es große Wanderungen aus. Jüdische Flüchtende eigneten sich Sprachen, Wissen und Welterfahrung an. Sie ließen die christliche Mehrheitsgesellschaft hinter sich, die ihnen vorwarf, was sie selbst verursacht hatten: »Wurzellosigkeit«, »Kosmopolitismus«, »Weltjudentum«, denn kannten die Juden nicht überall auf der Welt andere Juden? Die »jüdische Weltverschwörung« entsprang dem schlechten Gewissen der Täter*innen. Mit dem Antisemitismus schufen sie die erfolgreichste Verschwörungsideologie der Welt.

Martin Luther (1483–1546) hetzte gegen die Juden, weil sie sich auch von ihm, dem großen Reformator, nicht hatten missionieren lassen. In seinem Wahn hielt er Juden für fähig, ihren Kot und Urin

»in Scharfsinnigkeit« zu verwandeln. Luther forderte von den Fürsten, den Juden ihre Religionsausübung zu verbieten, ihre Synagogen verbrennen und von den Kanzeln »giftigen Hass« predigen zu lassen und sie schließlich zu vertreiben. Am liebsten wollte er den jüdischen Gelehrten, seinen Konkurrenten, »ihre Zungen hinten am Halse herausschneiden« lassen. In der Romantik um 1800 und in der national-völkischen Bewegung wurde Luthers Judenhass aufgegriffen. Die Nazis mussten Luthers Schriften nicht »missbrauchen« – heute eine beliebte Ausrede –, sie mussten sie nur benutzen.

Bei den 500-Jahr-Feiern der Reformation (Lutherdekade 2008–2017) veranstaltete die Evangelische Kirche in Deutschland (EKD) auch einige Alibiveranstaltungen zur Kritik an Luthers Judenhass. Die EKD-Botschafterin Margot Käßmann rang sich eine wachsweiche Distanzierung ab und weihte, als sei nichts gewesen, den neuen ICE »Martin Luther« ein: »Luther war ein großer, charismatischer Mann«.[207] Sie ließ nicht einmal die »Judensau«, ein hetzerisches antijüdisches Relief, das Luther schätzte, an der Stadtkirche der Lutherstadt Wittenberg abschlagen.

Judenemanzipation und Linke hatten im 19. Jahrhundert im Kampf um Demokratie und Gleichberechtigung gemeinsame Wurzeln. Ein Vorläufer des Zionismus war der Frühsozialist Moses Hess. Als der konservative Theodor Herzl, schockiert über die Dreyfus-Affäre in Frankreich und über die dortigen antijüdischen Massendemonstrationen sowie angesichts der Pogrome in Russland, 1895 die zionistische Bewegung gründete, stieß er unter deutschen Jüdinnen und Juden auf geringe Sympathie. Sie dachten nicht im Traum daran, ihre Arbeit als Industriearbeiter oder Rechtsanwalt, als Künstlerin oder Ärztin im Deutschen Reich aufzugeben, um im unterentwickelten und dünn besiedelten osmanischen Bezirk Palästina die Wüste zu pflügen.[208] Die deutschen Jüdinnen und Juden waren aus diesem Grund Antizionist*innen – bis die NSDAP an die Macht gelassen wurde.

Der Antisemitismus klebte auch an der russischen Monarchie, deren Geheimdienst Ochrana um 1900 vermutlich die »Protokolle der

Weisen von Zion« erfunden hat. Die letzte russisch-orthodoxe Zarin Alexandra, protestantischer deutscher Herkunft, antisemitisch wie der Zar und der größte Teil des christlichen europäischen Adels, liebte die »Protokolle«. Bis heute ist das Machwerk auch in der arabischen und muslimischen Welt ein Bestseller.

In Russland und Polen verband sich der Zionismus mit der sozialistischen Bewegung und löste sich erst einmal von den nationalstaatlichen Vorstellungen Herzls. Der *Anti*zionismus der osteuropäischen Jüdinnen und Juden bestand darin, dass sie um ihre Rechte in Russland kämpfen wollten. Eine Auswanderung nach Palästina würde die jüdisch-sozialistische Bewegung gegen die autoritäre zaristische Herrschaft schwächen. Der Bürgerkrieg trieb 1917 auch diejenigen Jüdinnen und Juden an die Seite der Revolution und der Roten Armee, die weder Sozialist*innen noch Kommunist*innen waren, weil sie dort vor Pogromen geschützt waren. Alle revolutionären Strömungen verachteten den Antisemitismus als antirevolutionären, zaristischen Überrest.

Lenin rühmte »die historische Rolle des Judentums und die ›großen universal-fortschrittlichen Züge‹ der jüdischen Kultur«.[209] Bei ihm lässt »sich nicht die geringste Spur von gegen Juden gerichteten Einstellungen finden« (Thomas Haury).[210] Es gab in der Partei sogar eine jüdische Sektion. Am Zionismus kritisierte Lenin lediglich, dass der noch »einen neuen Staat und noch eine Armee in eine Welt setzen wollte, in der es schon viel zu viele Staaten und Armeen gab«.[211] Nur in diesem Sinne war Lenin, ohne jeglichen antisemitischen Unterton, *Anti*zionist. Der Zionismus blieb bis 1926 in der Sowjetunion legal.

Lenin legte der IV. Reichsduma 1914 einen Gesetzentwurf für die vollständige Gleichberechtigung der Jüdinnen und Juden vor, denn »keine einzige Nationalität wird in Russland so unterdrückt und verfolgt wie die jüdische.«[212] Ab 1918 betrieb Lenin eine intensive Kampagne gegen den Antisemitismus: Es gab Appelle, schulische und kulturelle Aufklärung und Antisemitismus wurde bestraft. Eduard März schreibt: »Das Russland Lenins erblickte im Antisemitismus das verabscheuungswürdigste Symbol der untergegangenen Ära und stellte jede Manifestation einer solchen in der Vergangenheit wurzelnden Gesinnung unter drakonische Sanktionen.«[213]

Lenin hielt leidenschaftliche Ansprachen gegen den Antisemitismus. Eine seiner Reden wurde 1919 auf eine Schallplatte gepresst und in Schulen, Rathäusern und auf Plätzen überall im Land verbreitet: »Schande über den verfluchten Zarismus, der die Juden gequält und verfolgt hat. Schmach und Schande über den, der Feindschaft gegen die Juden [...] sät.«[214] Eduard März schreibt: »Die Ächtung des Antisemitismus blieb bis tief in die dreißiger Jahre eine der positiven Errungenschaften des neuen Russlands. Aber sie war nur ein Relikt aus der frühen revolutionären Periode, dessen sich die neuen Machthaber recht bald entledigen sollten.«[215] Lenin hatte vor seinem Tod vergeblich vor Stalin gewarnt, aber der war 1927, drei Jahre nach Lenins Tod, sowjetischer Alleinherrscher.

Und in Deutschland? Die KPD wurde im Dezember 1918 gegründet, wesentliche Gründe waren der Hass auf den Krieg, der Millionen Menschen getötet und verkrüppelt hatte, die Sehnsucht nach Freiheit von kapitalistischer Ausbeutung sowie die Wut auf die Kumpanei der SPD mit der Obersten Heeresleitung zur Unterdrückung der ersehnten sozialistischen Revolution. Der Große Krieg 1914–1918, den das Deutsche Kaiserreich angezettelt hatte, für dessen Finanzierung (Kriegskredite) anfangs auch alle sozialdemokratischen Reichstagsabgeordneten gestimmt hatten, gegen den aber am Ende hunderttausende auf die Straße gegangen waren, war nicht nur eine mörderische Vernichtungsmaschine, sondern auch eine ideologische Ausbildungsstätte. In den letzten Kriegsjahren entstand unter Ludendorff und von Hindenburg mit der »Militärischen Stelle« des Auswärtigen Amtes die moderne deutsche Kriegspropaganda, eine nationalistisch-völkische und antisemitische Erziehungseinrichtung an allen Fronten. Sie ist *eine* weitgehend unerforschte Quelle für den Erfolg der Alldeutschen und Völkischen im Ersten Weltkrieg und damit für den Aufstieg des Antisemitismus in der Weimarer Republik.[216]

So wurde der Antisemitismus von einem vermeintlich absterbenden Relikt des Kaiserreichs zu einer die Vernichtungsabsicht in sich tragenden, lauernden, frisch aufgeladenen Gewalt. Warum der Antisemitismus auch linke Köpfe vergiftete und wie stark die Wurzel alten christlichen Judenhasses auch unter ihnen war, soll ein Exkurs zu erklären helfen.

Exkurs[217]: Antisemitismus und die Aufspaltung in »raffendes« und »schaffendes« Kapital

Seit dem Aufkommen der kapitalistischen Produktionsweise im 16. Jahrhundert gingen das Unverständnis über die kapitalistischen Verhältnisse und die deshalb notwendig falsche Kritik am Kapitalismus mit dem Antisemitismus eine bis heute folgenreiche Allianz ein. Ohne politökonomische Analyse aber bleibt der Kapitalismus undurchschaut. Davon profitieren Antisemit*innen aller Couleur. Sie schneiden das Geld und den Zins aus den Verhältnissen und fixieren ihre Anhänger*innen vorzugsweise auf jüdische Personen und Menschengruppen, anstatt die dahinterliegenden Strukturen zu verstehen.

Was so schwer zu verstehen zu sein scheint, ist der Doppelcharakter der Ware, die zugleich Gebrauchswert und Tauschwert besitzt. Der Gebrauchswert der Ware ist konkret und nachvollziehbar, ein Knopf, ein Tisch, eine Maschine. Der Tauschwert hingegen ist eine universelle abstrakte Größe, in welcher der Mehrwert, den der lohnarbeitende Mensch erarbeitet, den er aber nicht oder nur zum Teil erhält, enthalten und in dem die Ausbeutung versteckt ist.

Antisemit*innen schieben den Tauschwert dem »raffenden Kapital« zu und trennen ihn künstlich vom »produktiven Kapital«, welches den Gebrauchswert der Waren erzeugt. Besonders unproduktiv scheint derjenige zu sein, der mit Geld handelt. Dass aber die Herstellung und Verwertung eines Produkts ohne Rechnungsführung,

Management, Vertrieb, Handel, Kredite, Devisen usw. im Kapitalismus nicht funktionieren kann, bleibt ausgeblendet. Menschen in der Buchhaltung, im Management, im Handel und in Banken stellen zwar selbst nichts Konkretes her (selbst wenn sie manche ihrer Dienstleistungen und Geschäfte gern »Produkte« nennen), aber ihre Funktionen sind kapitalistisch notwendige und die untrennbare Kehrseite des Produktionsprozesses. Die Umformung eines Rohstoffs durch eine Arbeiterin zu einem Produkt ist die konkrete Seite desselben Kapitalismus, der einen Händler handeln und eine Bank zocken lässt. Es gibt keine Trennung von Produktiv- und Finanzkapital.

Karl Marx zeigte im 3. Band des *Kapitals,* wie sich die Mystifikation des Zinses auflösen lässt, wenn seine Funktion im Kapitalismus politökonomisch analysiert wird, und er erklärte, worauf die Verschleierung der wirklichen Verhältnisse beruht. Der Zins für einen Kredit ist im Kapitalismus nichts anderes als ein Ergebnis der Aufteilung des Profits in einen Teil für das geldgebende Kapital und einen Teil für das Kapital, das mit dem geliehenen Geld von den Lohnabhängigen den Mehrwert produzieren lässt: »[...] der Zins [ist] ein Teil des Profits, [...] der [...] vom industriellen Kapitalisten an den Geldkapitalisten zu zahlen ist [...].«[218]

Geldvermögen, das Zinsen abwerfen konnte, gab es schon vor dem Kapitalismus, weswegen, so Marx, »immer noch in der Volksvorstellung Geldkapital, [also] zinstragendes Kapital als Kapital als solches, als Kapital par excellence gilt.«[219] Der Schein trügt und erleichtert die folgende Fehleinschätzung: »Der industrielle Kapitalist, als unterschieden vom Kapitaleigentümer, erscheint daher nicht als fungierendes [tätiges; d. A.] Kapital, sondern als Funktionär auch abgesehn vom Kapital, als einfacher Träger des Arbeitsprozesses überhaupt, als Arbeiter, und zwar als Lohnarbeiter.«

Marx schreibt weiter: »Der Zins an sich drückt gerade das Dasein der Arbeitsbedingungen als Kapital, in ihrem gesellschaftlichen Gegensatz zur Arbeit, und in ihrer Verwandlung in persönliche

Mächte gegenüber der Arbeit und über die Arbeit aus. Er stellt das bloße Kapitaleigentum dar als Mittel, sich Produkte fremder Arbeit anzueignen. Aber er stellt diesen Charakter des Kapitals dar als etwas, das ihm außerhalb des Produktionsprozesses zukommt und das keineswegs das Resultat der spezifisch kapitalistischen Bestimmtheit dieses Produktionsprozesses selbst ist. Er stellt es dar, nicht in direktem Gegensatz zur Arbeit, sondern umgekehrt, ohne Verhältnis zur Arbeit und als bloßes Verhältnis eines Kapitalisten zum andern.«[220] So kann der Wahn entstehen, das zinstragende Kapital beute das produzierende Kapital aus, das raffende Kapital das produzierende und am Ende der Jude den christlichen deutschen Arbeiter.

Warum sich Lohnabhängige mit dem »schaffenden Kapital« gegen das »raffende Kapital« gemeinmachen können, was eine der Voraussetzungen antisemitischer Stereotypen bis heute ist, erklärt Marx u. a. mit diesen Worten: »Da der entfremdete Charakter des Kapitals, sein Gegensatz zur Arbeit, jenseits des wirklichen Exploitationsprozesses [Ausbeutungsprozesses; d. A.] verlegt wird, nämlich ins zinstragende Kapital, so erscheint dieser Exploitationsprozeß selbst als ein bloßer Arbeitsprozeß, wo der fungierende Kapitalist nur andre Arbeit verrichtet als der Arbeiter. So daß die Arbeit des Exploitierens und die exploitierte Arbeit, beide als Arbeit, identisch sind.« Und ironisch: »Die Arbeit des Exploitierens ist ebensogut Arbeit, wie die Arbeit, die exploitiert wird.«[221]

Ähnlich wie bei der Mystifikation des Zinses verhält es sich bei der Fixierung auf das Geld als dem Übel, das im Antisemitismus mit den Juden und Jüdinnen als den angeblichen Träger*innen des Geldes assoziiert wird. Aber Geld ist nichts als eine besondere Ware. Sein Wert besitzt eine universelle Form, weil Geld diejenige Ware ist, die gegen jede andere Ware getauscht werden kann. Ohne die Ware besitzt das Geld nichts außer seinem Materialwert. Geld ist für das Funktionieren des Tausches auf höherer Stufe unabdingbar, denn im komplexen Zusammenspiel der verschiedenen Akteur*innen in der kapitalistischen Wirtschaft ist es unmöglich, dass Waren gegen Waren direkt getauscht werden.

Die verkürzte Sicht auf das Geld als das eigentliche Übel verstellt den Blick darauf, dass es der Tausch von Waren ist, durch den der vom Kapital den Lohnabhängigen entzogene Mehrwert realisiert wird und die Ausbeutung daher in den produzierten Waren und nicht im Geld steckt. Zum anderen verhindert diese Unfähigkeit, sich eine Gesellschaft vorstellen zu können, in der die solidarischen Wirtschaftsbeziehungen ohne Tausch auskommen, weil freiwillig genug für alle produziert und zur Verfügung gestellt wird.

In Zeiten der wirtschaftlichen Krise, in der die kapitalistischen Verhältnisse noch undurchschaubarer erscheinen als sonst, steigt die Tendenz zum Antisemitismus. Schon in der ersten großen Überproduktionskrise des beginnenden industriellen Kapitalismus 1815 wurden ältere judenfeindliche Konzepte zu einem antijüdischen Weltbild mit umfassenden verschwörungsideologischen »Erklärungs«-Mustern.[222] Diese Krisenhaftigkeit durch die Tendenz des Kapitalismus zur Überproduktion wurde Ende des 19. Jahrhunderts durch die rasche industrielle Entwicklung besonders deutlich und in ihrer Folge verbreitete und verfestigte sich der Antisemitismus. Jüdische Menschen wurden nicht mehr nur als Geldmenschen denunziert, sondern, wie früher für die Pest, nun für ökonomische Krisen und soziale Umbrüche und bald – in den Wahnvorstellungen der Antisemit*innen von der NSDAP bis zur palästinensischen Hamas – für Revolutionen und Krieg verantwortlich gemacht.[223]

Heute sind Begriffe wie »internationale Finanzoligarchie«, »USrael« oder »Ostküste« antisemitische Synonyme für »die Juden« und die »jüdische Weltverschwörung«. In der neuen deutschen antisemitischen Querfront seit 2014 und in der antisemitischen Fraktion der »Friedensbewegung« steht das »internationale Finanzkapital« für das internationale Judentum. Ein Markenzeichen des modernen Antisemitismus ist der Hinweis auf die für Kriege und Krisen verantwortliche US-amerikanische Notenbank Federal Reserve (FED).

Selten fehlt der Hinweis, dass diese »eine Privatbank« sei, wohinter sich traditionell das antisemitische Stereotyp des »reichen Juden« nur mühsam verbirgt. Vor allem deutsche Antisemit*innen heben seit der Gründung der FED im Jahr 1913 gern hervor, dass auch Juden wie Paul Warburg an ihrer Gründung beteiligt waren. Die FED werde, wie Nazis es auch von der Reichsbank der Weimarer Republik behaupteten, durch das »Finanzjudentum« gelenkt. Ein wichtiger Vertreter dieses Ansatzes war der NS-Propagandist Gottfried Feder.[224] Antisemitische Angriffe auf die FED finden sich auch in Flugblättern des Naziregimes aus der Zeit des Zweiten Weltkriegs. In der Propaganda der sogenannten Mahnwachen für den Frieden, maßgeblich betrieben von der neuen »Friedensbewegung« mit Lars Mährholz, Jürgen Elsässer und Ken Jebsen, tauchten sie Anfang 2014 erneut in der deutschen Öffentlichkeit auf.

So weit der klärende Exkurs zu den politökonomischen Aspekten des Antisemitismus. Zurück zur Situation nach dem Ende des Ersten Weltkriegs. In diesen Jahren verabscheuten viele Linke den Antisemitismus, aber nur die wenigsten verstanden sein Wesen. Vielen in der KPD galt Antisemitismus lediglich als bornierter Antikapitalismus, den sie auf ihre Mühlen zu leiten hoffte. Im Übrigen, so eine auch in der SPD verbreitete Ansicht, werde der Judenhass mit dem Sozialismus automatisch verschwinden, vermutlich so automatisch und »gesetzmäßig«, wie die SPD das Eintreffen der Revolution erwartete, der sie dann, als sie sich endlich ankündigte, gemeinsam mit Militär und Freikorps, den Kopf abschlug.

Im Mai 1923 war der ehemalige Freikorpskämpfer Leo Schlageter von der französischen Besatzungsmacht im Ruhrgebiet für einen Sprengstoffanschlag hingerichtet worden. Vom prompt entfachten Märtyrerkult in der völkischen Bewegung wollte auch die im Dezember 1918 gegründete KPD profitieren. Vor dem Exekutivkomitee der Komintern (Kommunistische Internationale) hielt Karl Radek, ihr

Deutschlandexperte, im Juni 1923 seine berüchtigte »Schlageter-Rede«. Er bezeichnete den NS-Faschisten als »Märtyrer des deutschen Nationalismus«[225] und als »mutigen Soldaten der Konterrevolution«, der es verdiene, »von uns Soldaten der Revolution männlich-ehrlich gewürdigt zu werden«.[226]

Radek distanzierte sich selbstverständlich von faschistischen Zielen, aber seine Taktik, auf diese Weise die Basis der KPD zu verbreitern und den erhofften baldigen bewaffneten revolutionären Aufstand in Deutschland zu befördern, sollte misslingen. Völkische und Antisemiten hassten ihn als »Sowjet-Juden«, in puncto Deutschnationalismus hatte er ihnen nichts anzubieten. Diese frühe Querfronttaktik musste nicht nur scheitern, sie bestärkte auch den nationalistischen, militaristischen Männlichkeitskult in den Köpfen seiner Zuhörer*innen und der *Rote Fahne*-Leser*innen.

Es kam in der kurzen »Schlageter-Periode« zu regelrechten Diskussionswettkämpfen zwischen KPD- und völkischen Rednern. Auf KPD-Veranstaltungen redeten Völkische wie Arthur Moeller van den Bruck und Ernst Graf zu Reventlow. Die Parteilinke Ruth Fischer entschied sich im August 1923 auf einer Versammlung mit völkischen Studenten in Berlin zu folgender Ansage: »Sie rufen auf gegen das Judenkapital, meine Herren? Wer gegen das Judenkapital aufruft, meine Herren, ist schon Klassenkämpfer, auch wenn er es nicht weiß. Sie sind gegen das Judenkapital und wollen die Börsenjobber niederkämpfen. Recht so. Tretet die Judenkapitalisten nieder, hängt sie an die Laterne, zertrampelt sie. Aber meine Herren, wie stehen Sie zu den Großkapitalisten, den Stinnes, Klöckner …?«[227]

Ruth Fischer, jüdischer Herkunft, zum linken Flügel der KPD gehörig, bestärkte aus taktischen Gründen antisemitische Diskurse ihrer Zeit. Der Grund für Ungeduld und Irrtum des »Schlageter-Kurses« lag in der Hoffnung auf eine baldige Revolution und der Absicht, dafür die eigenen »Truppen« zu vergrößern. Das musste misslingen. Indem die Anhänger*innen dieses Kurses die Sprache des völkischen Gegners übernahmen, verstärkten sie Nationalismus und Antisemitismus.

Die KPD wollte die Massen nicht durch zu viel *Anti*-Antisemitismus abschrecken und sie wollte aus wahltaktischen Gründen auch nicht als »Judenschutztruppe« angesehen werden.[228] Mitte der 1920er Jahre begann sie den Anteil von Menschen jüdischer Herkunft in der Parteispitze und in den Fraktionen abzubauen. Wie zufällig traf es auch die Anführer*innen des linken Flügels, von denen viele jüdischer Herkunft waren, wie Arkadij Maslow und Werner Scholem – und Ruth Fischer.

Fünf Jahre nach der Ermordung von Rosa Luxemburg und ein Jahr nach der »Schlageter-Periode« waren im Mai 1924 nur noch sechs von 62 KPD-Reichstagabgeordneten jüdischer Herkunft. In der letzten KPD-Reichstagsfraktion im Dezember 1932 gab es unter 100 Abgeordneten keinen Juden mehr. Thomas Haury fand im gesamten Zeitraum der Weimarer Republik nur drei grundsätzliche Stellungnahmen der KPD zum Themenkreis »Judenfrage« und Antisemitismus. Die Bilanz anderer Forscher wie Olaf Kistenmacher fällt nicht günstiger aus.[229]

Als die NSDAP 1929 die ersten Landtage eroberte, unterschied die KPD zwischen der Führung der NSDAP, in der sich »ausschließlich bewusste und skrupellose Agenten des Finanzkapitals« befänden, und den »irregeführten Massen ihrer werktätigen Anhänger«.[230] Das »Proletariat« wurde zum »Volk«, aus dem Klassenantagonismus »Proletariat« versus »Bourgeoisie« wurde »Werktätige« gegen »Schmarotzer«, »Schaffende« gegen »Nichtstuer«. Feinde des Volkes waren »Parasiten«. Die »Programmerklärung zur nationalen und sozialen Befreiung des deutschen Volkes« der KPD vom August 1930 sollte die Grundlage für die Regierungspolitik einer kommenden deutschen Sowjetmacht sein. – Diese Phase und das sowjetische Exil waren wesentlich Sozialisationsstationen für die Politiker*innen der 1949 gegründeten DDR.

Erst nach der Reichspogromwoche von 1938 verbreitete das Zentralkomitee der längst verbotenen und in Untergrund und Exil arbeitenden KPD in einer Sonderausgabe der *Roten Fahne* seine Erklärung »Gegen die Schmach der Judenpogrome«: Forderte Hilfe für die »gequälten jüdischen Mitbürger« sowie »eisige Verachtung für das Pogromgesindel« und Aufklärung der »missbrauchten Jugendlichen [...] über den wahren Sinn der Judenhetze«, den die KPD im »wachsenden Volkszorn gegen die nationalsozialistische Diktatur« sah. Aber den Volkszorn gegen die Nazis gab es nicht und die Erklärung kam um Jahre zu spät.[231]

Unter Stalins Herrschaft wurde der Antizionismus in der Sowjetunion zum Code für Antisemitismus. Stalin hasste die Juden. Er schürte den Antisemitismus, der in der kurzen Zeitspanne seit dem Ende des Zarenreichs natürlich nicht verschwunden war. In den 1930er Jahren ließ er Jüdinnen und Juden verfolgen und hunderte ermorden. Der sowjetisch-deutsche Pakt von 1938 (»Hitler-Stalin-Pakt«) stabilisierte den Judenhass in der Sowjetunion. Aber als Nazideutschland 1941 die Sowjetunion überfiel, brauchte Stalin alle jüdischen Kämpfer*innen an der Front. Deshalb wurde 1942 das *Jüdische Antifaschistische Komitee* für die internationale Unterstützung der Sowjetunion gegen Nazideutschland gegründet, das international auch von vielen jüdischen Prominenten, unter ihnen Albert Einstein und Chaim Weizmann, der spätere erste israelische Staatspräsident, unterstützt wurde.

Während die sowjetische Außenpolitik sich der Befürwortung eines jüdischen Staates in Palästina näherte, ging das faschistische Deutschland auf strikt antizionistischen Kurs. In einem Runderlass des Auswärtigen Amtes über *Die Judenfrage als Faktor der Außenpolitik* hieß es 1939: »Die Erkenntnis, dass das Judentum in der Welt stets der unversöhnliche Gegner des Dritten Reiches sein wird, zwingt zu dem Entschluss, jede Stärkung der jüdischen Position zu verhindern. Ein jüdischer Staat [in Palästina] würde aber dem Weltjudentum einen völkerrechtlichen Machtzuwachs bringen.«[232]

Der antizionistische Antisemitismus unter Stalin aus der Zeit vor dem Überfall der Wehrmacht auf die Sowjetunion sickerte nach 1945 in antiimperialistische Bewegungen in aller Welt ein und verband sich auch mit uraltem muslimischem Judenhass. Der Islam war als dritte monotheistische Religion im frühen 7. Jahrhundert entstanden und wie das Christentum vom Judentum inspiriert. Nachdem Religionsstifter Mohammed mit der Durchsetzung der neuen Religion in Mekka zunächst gescheitert war, fand er in Medina viele Anhänger*innen. Sie vertrieben dort Jüdinnen und Juden mit Gewalt, weil die sich weigerten, zum Islam überzutreten. Von Medina aus und nach der militärischen Eroberung Mekkas verbreitete sich der Islam.

Bis zum Ersten Weltkrieg arbeitete das Deutsche Reich mit dem Osmanischen Reich zusammen und wurde u. a. mitverantwortlich für den Genozid an den Armenier*innen. Nach dem Ersten Weltkrieg, als das Osmanische Reich aufgelöst wurde, entstand das britische Mandatsgebiet Palästina. Einen Staat Palästina hatte es nie in der Geschichte gegeben und auch keine Palästinenser*innen im heutigen Sinn. Das ist eine politische Konstruktion der 1960er Jahre. Eine Vielfalt an Menschen und Angehörige vieler Religionen hatten den kleinen Landstrich über Jahrhunderte durchquert und besiedelt, während er zum osmanischen Bezirk Syrien gehörte.

Noch unter der britischen Mandatsmacht kam es ab 1933 zu einem Bündnis zwischen dem NS-Regime und Mohammed Amin el-Husseini, dem Vertreter eines der einflussreichsten arabischen Clans. Er war 1921 von der widersprüchlich handelnden britischen Mandatsmacht zum Großmufti von Jerusalem bestimmt und 1936 als Präsident des muslimischen Oberrats eingesetzt worden. So wurde Husseini durch britische Entscheidung der »einflussreichste Araber in Palästina«.[233]

Zu den innerpalästinensischen Gegner*innen des Husseini-Clans gehörte beispielsweise der Nashashibi-Clan, der westlichen Moderne zugewandt, eine ebenfalls einflussreiche, aber gemäßigte arabische Großfamilie, die bereit war, mit Engländern und Zionisten zu verhandeln. Hätten sie sich gegen die islamistische Fraktion bei den Palästinensern durchgesetzt, gäbe es vermutlich seit 1948 einen Staat Palästina neben Israel.

Aber auch andere arabisch-palästinensische Fraktionen, die mit den jüdischen Gemeinschaften zusammenzuleben bereit waren, mussten seit 1920 unter dem Einfluss der Islamisten unter Husseini um ihr Leben fürchten. Husseini hintertrieb durch gezielte Morde an oppositionellen Araber*innen jede Annäherung und jede friedliche Kooperation mit Jüdinnen und Juden. Er war fasziniert vom Judenhass der Nazis. Früh bemühte er sich um Kontakte zur Führung des Deutschen Reichs. Heinrich Wolff, deutscher Generalkonsul in Jerusalem, telegrafierte am 31. März 1933 an das Auswärtige Amt in Berlin, der Mufti habe ausgeführt, »dass Mohammedaner innerhalb und außerhalb Palästinas neues Regime Deutschlands begrüßen, und Ausbreitung faschistischer anti-demokratischer Staatsführung auf andere Länder erhoffen. Jetziger jüdischer Einfluss auf Wirtschaft und Politik sei überall schädlich und zu bekämpfen. Mohammedaner, um Juden in ihrem Wohlstand zu treffen, auf Erklärung Boykotts in Deutschland hoffen, dem sie dann in der ganzen mohammedanischen Welt mit Begeisterung beitreten würden.«[234]

Die Massaker von Arabern an Jüdinnen und Juden in Palästina von 1920 ff. und 1936 bis 1939, letztere maßgeblich von NS-Deutschland finanziert, werden noch heute von manchen Linken als »antikoloniale arabische Revolten« verklärt. Sie waren in Wirklichkeit in erster Linie antijüdische Pogrome *und* zugleich vom Mufti und seiner Fraktion ausgehende Morde an der arabischen Opposition. Hunderte, wenn nicht tausende Araber*innen fielen ihnen zum Opfer. Das ist auch eine der Tatsachen, die die heutige vermeintlich »propalästinensische« Solidaritätsbewegung nicht interessiert.

1943 telegrafierte der Reichsführer SS Heinrich Himmler an Amin el-Husseini: »Die nationalsozialistische Bewegung Großdeutschlands hat seit ihrer Entstehung den Kampf gegen das Weltjudentum auf ihre Fahne geschrieben. Sie hat deshalb schon immer mit besonderer Sympathie den Kampf der freiheitsliebenden Araber vor allem in Palästina gegen die jüdischen Eindringlinge verfolgt.« Das sei die feste Basis »des natürlichen Bündnisses zwischen dem nationalsozialistischen Großdeutschland und den freiheitsliebenden Mohammedanern der ganzen Welt. [...] Grüße [...] für die glückliche Durchführung Ihres Kampfes bis zum sicheren Endsieg.«[235]

Auch Goebbels und Hitler waren begeistert vom Großmufti. Die Beziehungen entfalteten sich prächtig. El-Husseini kam oft zu Besuch nach Berlin und blieb lange, wohlversorgt vom NS-Regime mit Villa, Waffen, Geld. Die Nazis finanzierten nicht nur den arabischen Aufstand gegen die Juden und gegen die innerarabische Opposition in Palästina von 1936 bis 1939. Man verabredete darüber hinaus die vollständige Vernichtung der Juden im Nahen Osten, sobald der Weg für die Wehrmacht und die SS über den Kaukasus und von Nordafrika her frei war. Hätte Nazideutschland den Krieg gewonnen, hätten die Deutschen gemeinsam mit den arabischen Armeen, so war es fest vereinbart, den Nahen Osten, mindestens aber Palästina von allen dort lebenden Jüdinnen und Juden »befreit«. Glücklicherweise verlor Deutschland den Krieg.

Der Mufti, der SS-Divisionen in Bosnien aufgestellt, kommandiert und das Konzentrationslager Auschwitz-Monowitz besucht hatte, war persönlich mitverantwortlich für die Ermordung von tausenden von jüdischen Kindern. Noch zwei, drei Jahre nach dem Ende des Zweiten Weltkriegs blieb dieser Kriegsverbrecher der maßgebliche Vertreter der arabischen Palästinenser*innen. Hassan al-Banna, der geistige und politische Führer der islamistischen ägyptischen Muslimbruderschaft bewunderte ihn: »Der Mufti ist soviel wert wie eine ganze Nation. Der Mufti ist Palästina, und Palästina ist der Mufti«, er sei ein Held, »der mit der Hilfe Hitlers und Deutschlands ein Empire herausforderte und gegen den Zionismus kämpfte. Deutschland und Hitler sind nicht mehr, aber Amin el-Husseini wird den Kampf fortsetzen.« (1946)[236]

Der Teilungsplan wurde im November 1947 von der UN-Generalversammlung angenommen. Er gestand sowohl den Jüdinnen und Juden Palästinas als auch den Araber*innen Palästinas je einen eigenen Staat zu. Aber dafür einen jüdischen Staat akzeptieren und sei er noch so klein? Die arabische Seite lehnte den Plan ab. »Stattdessen betrieb el-Husseini eine Politik, die sein Volk in die Flüchtlingslager führte.«[237]

Der schwerreiche Amin el-Husseini wurde der politische Mentor des jungen, in Kairo geborenen Yassir Arafat (1929–2004), eines Verwandten des Mufti aus dem Husseini-Clan. Arafat war anfangs in der Muslimbruderschaft organisiert. Mehrfach erhielt er, auf Vermittlung des Mufti, »geheime Unterrichtsstunden von einem deutschen Offizier« für militärische Kommandounternehmen. Dieser deutsche Offizier war, wie viele Nazis, nach dem Zweiten Weltkrieg nach Ägypten geflohen. Vom Mufti kam auch der größte Teil des Geldes für die Gründung von Arafats Al Fatah 1959. Sie wurde die stärkste Fraktion der von Arafat 1964 mitgegründeten Palästinensischen Befreiungsorganisation (PLO). Erst ab jetzt hießen die arabischen Bewohner*innen des früheren osmanischen Bezirks und späteren britischen Mandatsgebiets *Palästinenser*innen*, was zuvor der Name *aller* Einwohner*innen des Bezirks Palästinas gewesen war – ob arabisch, jüdisch, christlich, drusisch oder atheistisch.

Der Einfluss des Mufti schwand allmählich. Seine Zusammenarbeit mit den Nazis galt als anrüchig und wurde vertuscht. Ein Teil der arabischen Welt, einschließlich der PLO, wollte sich in der Nachkriegsweltordnung und im Kalten Krieg im realsozialistischen Lager an der Seite der Sowjetunion sehen. Als Husseini 1977 beerdigt wurde, weinte Arafat an seinem Grab und pries ihn als seinen zärtlich geliebten Lehrer.

Die deutsche Niederlage im Zweiten Weltkrieg war auch eine Niederlage des reaktionären Teils der arabischen Welt. Durch das Bündnis zwischen dem Deutschen Reich und den reaktionären Teilen der arabischen Staaten waren moderne, demokratische Araber*innen unter die Räder von Regression und Repression geraten. Vor der Herrschaft des Mufti hatten sich moderne Palästinenserinnen an der Pariser Mode orientiert und moderne Palästinenser trugen zum Anzug den Tarbusch (Fez). Der bei deutschen Antizionist*innen heute so beliebte Palästinenserschal, die eigentlich irakische Kufiya, sowie die Verschleierung der arabischen palästinensischen Frauen, die vom Großmufti und seiner Fraktion mit Gewalt und Mord durchgesetzt worden waren, sind der ästhetische Ausdruck der Niederlage der arabischen Moderne gegen die reaktionäre Welt des Mufti.

Mit einer leidenschaftlichen Rede Andrej Gromykos, des sowjetischen Vertreters in der UNO, am 1. November 1947 in der Vollversammlung der UN, erkannte die Sowjetunion den künftigen Staat Israel an. Die sowjetische Stimme war maßgeblich. Gromyko, später Außenminister der Sowjetunion, sprach vom »unerhörten« und »unbeschreiblichen« »Leid und Unglück« des jüdischen Volkes, von »Massakern« und »faschistischen Henkern«, von hunderttausenden Juden ohne Zuflucht. »Die Tatsache, dass kein einziges westeuropäisches Land in der Lage war, die elementaren Rechte des jüdischen Volkes zu schützen und sie gegen die Gewalttätigkeiten der faschistischen Henker zu verteidigen, erklärt das Verlangen der Juden nach einem eigenen Staat. Es kann nicht rechtens sein, dem jüdischen Volk dieses Recht zu verweigern, vor allem, wenn man weiß, was es während des Zweiten Weltkriegs ertragen musste«.[238]

Die Sowjetunion *und* die USA verschafften 1948 dem Teilungsplan für Palästina in einen palästinensischen einerseits und einen israelischen Staat andererseits die Stimmenmehrheit. Nicht nur das: Ohne die Waffen, die die Tschechoslowakei im Auftrag Moskaus an den in Gründung befindlichen Staat Israel lieferte (sie waren in deutschen Arsenalen beschlagnahmt worden), hätte Israel seinen Unabhängigkeitskrieg 1948 nicht gewonnen. Hätte auch die arabisch-palästinensische Seite dem UN-Teilungsplan zugestimmt und ihn nicht, angestiftet und aufgehetzt von der Fraktion des Mufti, zurückgewiesen, wären 2018 die 70-jährigen Staatsjubiläen von Israel und von Palästina gefeiert worden.

Paradoxe Zeiten. Ehemalige Naziverbündete wie die Palästinenser warfen sich in das Bündnis mit der Sowjetunion. Stalin unterstützte Israels Staatsgründung, während er gleichzeitig begann, in der Sowjetunion Jüdinnen und Juden verfolgen und ermorden zu lassen. Seine innenpolitischen Interessen deckten sich nicht mit den außenpolitischen. Die arabischen Staaten standen noch auf der Seite

Großbritanniens. Die Schaffung eines jüdischen Staates in Palästina half Stalin, Großbritannien aus dem Nahen Osten zu verdrängen. Die UdSSR war am 14. Mai 1948 der erste Staat, der Israel offiziell anerkannte. Aber das Verhältnis der Sowjetunion zu Israel verschlechterte sich bald. Ein wesentlicher Grund war das sowjetische Bündnis mit den arabischen Staaten. Von der Haltung gegenüber Israel hing die Kooperationsbereitschaft der mächtiger werdenden arabischen Staaten ab.

Gleichfalls 1948 wurde das Jüdische Antifaschistische Komitee, 1942 für die Einheitsfront gegen die Deutschen gegründet, zwangsweise aufgelöst. Einige Mitglieder starben ungeklärte Tode, andere wurden Opfer von Schauprozessen. Eine neue Welle von Prozessen gegen den »Kosmopolitismus« (»Ärzte-Prozess«, Sowjetunion 1952; »Slansky-Prozess«, Tschechoslowakei 1952) rollte an.

Jean-Paul Sartre sagte im Januar 1952, dass der Antisemitismus es »künftig nicht mehr wagen werde, sich offen zu bekennen«. Unter Stalin fand der Judenhass seine Verkleidung im Antizionismus und drang weltweit in diejenigen antiimperialistischen Bewegungen ein, die sich unkritisch an die sowjetische Außenpolitik anlehnten. So kurz nach der Befreiung der deutschen Vernichtungslager und der Aufdeckung des millionenfachen Massenmords konnte Stalin nicht mit offenem Antisemitismus operieren. Typische Anklagepunkte in den Schauprozessen waren deshalb »trotzkistisch-titoistisches, zionistisches, bürgerlich-nationalistisches Verrätertum«. Ein überproportionaler Anteil der Angeklagten und der Hingerichteten waren Juden. Sie wurden öffentlich »Zionisten« oder mit ihren Nachnamen genannt, sofern diese von den Leser*innen der *Prawda* als jüdische gedeutet werden konnten.

Der kleine im Aufbau befindliche Staat Israel wurde, kaum ein Jahr alt, als »Anstifter des Dritten Weltkrieges« und als »internationales Spionagezentrum« diffamiert. Der als »Antizionismus« maskierte mörderische Antisemitismus dauerte bis zu Stalins Tod 1953. Danach wurden einige der Überlebenden rehabilitiert. Der Judenhass aber wucherte in Teilen der sowjetischen Gesellschaft weiter und breitete sich auch in den Moskau ergebenen politischen Führungsschichten der sozialistischen Bruderländer aus. Er vermengte sich, etwa in Polen, mit dem traditionellen katholischen Antisemitismus. Im Schatten der Zerschlagung des »Prager Frühlings«, der so viel Hoffnung auch im undogmatischen Teil der westdeutschen Linken geweckt hatte, kam es in Polen zu einer wütenden antisemitischen Verfolgung der winzigen Minderheit der polnischen Jüdinnen und Juden, die den deutschen Terror überlebt hatten.

Heute wird gern behauptet, die westdeutsche Linke habe bis zum Sechstagekrieg 1967 an der Seite Israels gestanden. Aber das stimmt nur für Linke, die kritische Distanz zur Sowjetunion hielten. Die DDR sowie die traditionskommunistische Fraktion der westdeutschen Linken um die noch immer illegale KPD, die 1968 neu gegründete DKP und die SEW (Sozialistische Einheitspartei Westberlins) vollzogen die Wendungen sowjetischer Politik autoritätsgläubig mit und standen fest und weitgehend kritiklos an der Seite der arabischen Staaten gegen Israel. Das Label »revolutionäre Bewegung« für die in verschiedenen arabischen Staaten lebenden Palästinenser*innen überdeckte die real existierenden feudalen gesellschaftlichen Strukturen, Demokratiefeindlichkeit, reaktionäre Religiosität, Frauen- und Homosexuellenhass, Abwesenheit von universellen Menschenrechten und den Antisemitismus.[239]

Im Sechstagekrieg vom 5. bis zum 10. Juni 1967 kämpfte das kleine Israel gegen die feindlichen Armeen von Ägypten, Jordanien und Syrien. An seiner Seite standen nur die USA, aber nicht mehr die Sowjetunion. Die zog aus geostrategischen und machtpolitischen Gründen den Pakt mit den sehr widersprüchlichen und sich befehdenden arabischen Staaten vor und stand jetzt auf der Seite von Israels Gegnern Irak, Kuwait, Algerien, Saudi-Arabien und der PLO.

Große bundesdeutsche Medien bejubelten Israels Sieg, als habe die deutsche Wehrmacht am Ende im Nahen Osten doch noch gegen die Alliierten gesiegt. »Blitzkrieg!«, schrien *Frankfurter Allgemeine*

Zeitung, *Zeit* und *Spiegel* im Chor.[240] Der israelische General Moshe Dayan wurde gefeiert, als sei er die Wiedergeburt von Wehrmacht-Generalfeldmarschall Erwin Rommel. Ich stand als 15-jährige Schülerin in Heidelberg vor dem Schaukasten der konservativen *Rhein-Neckar-Zeitung* und sah ihren Triumph über den Sieg Israels. Wie passte das zusammen? Ausgerechnet diejenigen, die gegen die außerparlamentarische Opposition hetzten, feierten den militärischen Sieg jenes kleinen Staates, der mir wegen seiner sozialistischen Kibbuzim so sympathisch war?

Drei Tage vor Beginn des Sechstagekriegs war am 2. Juni 1967 anlässlich des Besuchs des Schahs von Persien der Student Benno Ohnesorg in Westberlin von einem Polizisten durch einen Schuss in den Hinterkopf ermordet worden. Ich schrieb in mein Tagebuch: »Sie haben einen von uns ermordet.« Wie ich auf dieses »uns« kam, weiß ich nicht. Es gab niemanden, den ich bitten konnte, mir bei der Auflösung all dieser Widersprüche zu helfen. Den Mechanismus, der jetzt eintrat, beschrieb Lothar Menne sarkastisch: »Eine reaktionäre Gesellschaft, die vorher sechs Millionen Juden ermordet hat, befreit sich von ihrem schlechten Gewissen, indem sie den Faschismusvorwurf an diejenigen weitergibt, die in den letzten Jahren autoritäre Tendenzen in diesem Land aufgezeigt haben. Sie sind jetzt die Linksfaschisten, und alte PGs [NSDAP-Parteigenossen] werden zu Widerstandskämpfern.«[241]

Ulrike Meinhof schrieb in *konkret*, sie sehe »keinen Grund, ihre Solidarität mit den Verfolgten aufzugeben, sie reicht in die Gegenwart und schließt den Staat Israel ein, den britische Kolonialpolitik und nationalsozialistische Judenverfolgung begründet haben«. Sarkastisch kritisierte sie die Verbrüderung des Deutschnationalismus mit der Rückseite des Antisemitismus, dem Philosemitismus: »BILD gewann in Sinai endlich, nach 25 Jahren, doch noch die Schlacht von Stalingrad. [...] Hätte man die Juden, statt sie zu vergasen, mit an den Ural genommen, der zweite Weltkrieg wäre anders ausgegangen [...]. Nicht die Erkenntnis der Menschlichkeit der Juden, sondern die Härte ihrer Kriegsführung, nicht die Anerkennung ihrer Rechte als Mitbürger, sondern die Anwendung von Napalm, nicht die Einsicht in die eigenen Verbrechen, sondern der israelische Blitzkrieg, die Solidarisierung mit der Brutalität, der Vertreibung, der Eroberung führte zu fragwürdiger Versöhnung.«[242]

Fünf Jahre später, nach fünf Monaten vollkommener Isolation im Toten Trakt der Justizvollzugsanstalt Köln-Ossenheim, schrieb Ulrike Meinhof den Text »Die Aktion des Schwarzen September in München. Zur Strategie des antiimperialistischen Kampfes«. Die Journalistin hatte 1970 die Rote Armee Fraktion (RAF) mitgegründet. Jetzt begrüßte sie den mörderischen Anschlag der palästinensischen Organisation Schwarzer September auf das israelische Team bei der Olympiade in München 1972 als »gleichzeitig antiimperialistisch, antifaschistisch und internationalistisch«. Sie nannte Moshe Dayan den »Himmler Israels« und warf Israel vor, seine Sportler so »verheizt« zu haben »wie die Nazis die Juden«.

Für diesen antisemitischen Text in antiimperialistischer Absicht wurde sie scharf kritisiert, angeblich auch von Gudrun Ensslin. Axel Azzola (1937–2007), jüdischer Herkunft, damals Professor für Verfassungsrecht an der TU Darmstadt, Meinhofs Wahlverteidiger und der letzte Anwalt, der Ulrike Meinhof vor ihrem Tod 1976 sprach, erzählte mir, dass er mit ihr über den Text diskutiert hatte. Sie fand ihn längst selbst falsch und abscheulich. In Justizakten fand ich Meinhofs Bestellung für Bücher über Antisemitismus und Israel. Eine der Autor*innen war Margherita von Brentano, die sie Ende der 1960er im Republikanischen Club Westberlin kennengelernt hatte. So schließt sich ein Kreis. Menschen ändern sich.

Die Verwirrung in der deutschen Linken, Israel betreffend, reichte weit. Im Frühjahr 1969 lud die trotzkistische israelische Organisation Matzpen den 22-jährigen Daniel Cohn-Bendit nach Israel ein. Es war sein zweiter Besuch. Im Matzpen-Programm, geschrieben *vor* dem Sechstagekrieg, hieß es: »Der Staat Israel ist die Folge der Kolonisierung Palästinas durch die zionistische Bewegung auf Kosten des arabischen Volkes und unter der Schirmherrschaft des Imperialismus.«

1975 blickte Cohn-Bendit auf diese Reise zurück: »Die Genossen von Matzpen und ich hatten beschlossen, dass ich die traditionelle internationalistische Position vertreten sollte: Ich bin gegen den jüdischen Staat, gegen die arabischen Staaten, ich bin für einen sozialistischen und freien Nahen Osten«. Aber er hielt, nach eigener Aussage, nur »eine ziemlich opportunistische Rede« auf einer Veranstaltung und machte »Witze«. Israel überanstrengte ihn. Er reiste vorzeitig ab. Noch im späteren Rückblick auf diese Reise verglich er Israel mit dem NS-Regime: »Es ist manchmal schwierig, sich die Nazi-Ideologie von der Herrenrasse vorzustellen – hier in Israel ist sie ständig und überall gegenwärtig und greifbar. Eine ganze Generation von Jugendlichen hält sich für die Herrenrasse. Die Israelis als Herrenrasse und die Palästinenser als irrende Juden.«[243]

Anfangs repräsentierte Daniel Cohn-Bendit nur eine kleine bellizistische Minderheit bei den ursprünglich einmal pazifistischen und antimilitaristischen Grünen. Auf einer Bundesversammlung der Grünen im Oktober 1993 brüllte er in den Saal, man müsse Truppen nach Bosnien schicken, denn die bosnischen Muslime seien »Teil der europäischen Kultur« und »Menschen von *unserem Blut*«.[244] Auf einer Kundgebung der Grünen auf dem Frankfurter Römerberg im April 1994 folgte die nächste Holocaustrelativierung. Cohn-Bendit verglich die Situation im belagerten Goražde mit der Lage der Juden und Jüdinnen im Warschauer Ghetto und forderte eine militärische Intervention.[245]

Es herrschte wirklich große Verwirrung in Teilen der Linken und wenig Wissen über die Geschichte des Nahen Ostens. Die Linke hoffte und suchte nach sozialrevolutionären Bewegungen, mit denen sie sich verbinden konnte. Die binäre Logik der Welt im Kalten Krieg hemmte auf allen Seiten kritische historische Analysen und differenzierte politische Positionen.

Nach dem Sieg Israels im Juni 1967 finanzierten arabische Staaten den bewaffneten Kampf der Palästinenser*innen gegen Israel. Die PLO suchte internationale Verbündete. Im Dezember 1969 flog eine fünfköpfige Delegation des westdeutschen SDS zu einer internationalen PLO-Konferenz nach Algier. Sie saßen als Ehrengäste in der ersten Reihe des Palais des Nations, unter ihnen Joschka Fischer. Yassir Arafat, Chef der Al Fatah und seit kurzem der PLO, rauschte in voll bewaffneter Montur auf die Bühne der Konferenz und hielt eine kriegerische Rede. In der Schlussresolution hieß es: »Zionismus ist ein rassistisches, expansionistisches und kolonialistisches System, das untrennbar ist vom Welt-Imperialismus mit den Vereinigten Staaten an der Spitze [...]. Der Kongress ist zuversichtlich, dass der *Endsieg* dem Palästinensischen Volk gehört, in dem es erfolgreich die Befreiung ganz Palästinas erreicht«.[246]

Als die Sache 2001 herauskam, bestritt Außenminister Fischer die Reise zuerst, dann dichtete er sie um. Aber Fotos und Mitreisende widerlegten ihn.[247] Die Rechtfertigung des Nato-Kriegs gegen Jugoslawien durch einen Auschwitz-Vergleich hatte er da schon zwei Jahre hinter sich: »Ich habe nicht nur gelernt, nie wieder Krieg, sondern auch: Nie wieder Auschwitz. Die Bomben sind nötig, um die serbische SS zu stoppen.« (1999)[248] Skurril daran war, dass er bereits vorher, im Oktober 1998, noch vor seiner Vereidigung als Außenminister, bei einem Besuch in den USA einem möglichen Nato-Krieg gegen Jugoslawien zugestimmt hatte. Der Auschwitz-Vergleich war nur Mittel zum Zweck, die grüne Partei endgültig auf Kriegskurs zu bringen.

Aber zurück in die späten 1960er Jahre. Wo die Ostermarsch- und Friedensbewegung in Gestalt ihres Sprechers Andreas Buro, das Präsidium der Vereinigung der Verfolgten des Naziregimes (VVN) sowie die *Blätter für deutsche internationale Politik* während und nach dem Sechstagekrieg bestenfalls eine neutralistische Politik gegenüber Israel forderten, warnten bedeutende Vertreter der alten sozialistischen Linken vor der Entsolidarisierung mit Israel. Jean-Paul Sartre, Jean Améry, Herbert Marcuse und Ernst Bloch erklärten 1967 ihre unbedingte Solidarität mit Israel. Marcuse: »Der Staat ist da und die Verständigung mit der ihm feindlichen Umwelt muss gefunden werden:

das ist die einzige Lösung.«[249] Bloch verteidigte Israel als »ein kleines, tapferes, seine Wüsten bebauendes, sein erneutes Land verteidigendes Volk« und kritisierte den unter Linken populär werdenden Imperialismusvorwurf gegen Israel als »Bewusstseinsspaltung« und einen »Skandal [...] mit ungewolltem Pogromklang«.[250]

In Absprache mit dem Bundesvorstand des SDS, mit dem traditionslinken wie dem antiautoritären Flügel, ging Wolfgang Abendroth in einem offenen Brief weit über einen neutralistischen Standpunkt hinaus und empfahl die proarabische Parteinahme: »Im Weltmaßstab gesehen ist leider eine Situation entstanden, in der die Gesamtinteressen der kolonialen Revolution, der sozialistischen Länder und auch des revolutionären Flügels der internationalen Arbeiterbewegung in den kapitalistischen Ländern stärker mit denen der arabischen Staaten (nämlich Ägyptens, Syriens und Algeriens, nicht der Fürstenstaaten) als mit den Interessen Israels übereinstimmen.«[251]

Gab es wirklich nur zwei mögliche Positionen? Waren keine differenzierten gesellschaftlichen Analysen sowohl Israels als auch der arabischen Staaten sowie der palästinensischen Gemeinschaft möglich?

Verschiedene Gruppen, so die Deutsch-Israelischen Studiengruppen, deren Wurzeln im israelfreundlichen evangelischen Milieu lagen, wurden im Streit um den zunehmenden Antizionismus bis zur Auflösung aufgerieben. Der SDS ging schließlich auf seiner Bundeskonferenz im September 1967, drei Monate nach dem Sechstagekrieg, auf gänzlich antizionistischen Kurs. In einer Resolution zum jüdisch-arabischen Konflikt hieß es: »Der Krieg zwischen Israel und seinen arabischen Nachbarn kann nur auf dem Hintergrund des antiimperialistischen Kampfes der arabischen Völker gegen die Unterdrückung durch den angloamerikanischen Imperialismus analysiert werden«, Israel sei zugleich »zionistisches Staatsgebilde« und »imperialistischer Brückenkopf«.[252] Man schaue sich eine Karte Israels und der arabischen Welt an und erkenne das »Brückenköpfchen«. Die wesentlich größeren und mächtigeren »Brückenköpfe«, der Iran, Saudi-Arabien und die Türkei, blieben unerwähnt.

Um die Heftigkeit der Auseinandersetzung in der westdeutschen Linken zu beschreiben, ist in dieser Streitschrift nicht genug Platz. Es darf jedoch nicht unterschlagen werden, dass manche Protagonist*innen ihre Positionen reflektierten und veränderten. Und dass es politische Gruppen gab, in denen Israelfeindschaft und Antizionismus keinen Platz hatten.

Heute gibt es Konservative, meist trunken vor Totalitarismusideologie und Hufeisenphantasien, die behaupten, *die* Linke sei antisemitisch und habe sich nie mit der deutschen Vergangenheit auseinandergesetzt. Heinz Bude, vielfach preisgekrönter Professor für Soziologie, verkündete auf der Buchmesse in Leipzig 2018 allen Ernstes, »dass die 68er sich um den Völkermord relativ wenige Gedanken gemacht haben, Ausschwitz war kein großes Thema von 68«. Der Holocaust sei erst durch die TV-Serie *Holocaust* in den 1980er Jahren zum »großen Thema« geworden, »und das ist dann zurückprojiziert worden auf 68«.[253] Bude wurde für diesen sagenhaften Unsinn nicht einmal ausgelacht.

Die deutsche Linke kam am Ende des Zweiten Weltkriegs mit viel Glück aus den Vernichtungslagern, dem Exil, dem Krieg, dem Untergrund oder der »inneren Emigration« in das Land der Täter zurück. Viele kamen nicht mehr. Sie waren tot, erschlagen, vergast, verhungert. Die Linke nach dem Krieg war klein. Sie wurde erst wieder zu einer politischen Kraft, als die Kriegskinder heranwuchsen – in einer Gesellschaft voller Nazis in den Familien, Nachbarschaften, Schulen, in Behörden und Arztpraxen, in Kanzleien und auf Kanzeln und hinter Kathedern.

Nachdem die Kontrolle der Alliierten nachgelassen hatte, sprachen sich die kleinen und großen Täter*innen in den Entnazifizierungsausschüssen gegenseitig frei, jeder wusste zu viel vom anderen und man wollte ja morgen wieder Geschäfte miteinander machen. So begann das große Schweigen. Die dominierende Religion des Kalten Krieges wurde der Antikommunismus, der Hass auf diese Gruppe der Opfer des NS-Faschismus. 1951 verbot die Bundesregierung die kommunistische Jugendorganisation FDJ und fünf Jahre später die KPD. Nirgendwo sonst in Westeuropa außer noch in den Diktaturen Portugal und Spanien war Vergleichbares der Fall. Erneut strafte ein deutscher Staat Menschen mit kommunistischen Auffassungen mit Enteignung und mit Zuchthaus. Viele Verfolgte flohen in die DDR.

Die DDR hingegen beschloss, ein antifaschistischer Staat zu sein. Aber ihre Bevölkerung war genauso NS-sozialisiert wie die der BRD und Westberlins. Die Staatsführung der DDR bekam von der Sowjetunion die historische Chance, einen antifaschistischen deutschen Staat aufzubauen. Von oben. An der Leine der Sowjetunion. Aber wenn ein Staat die Existenz von Antisemitismus leugnet, die Auseinandersetzung tabuisiert und in der Erziehung autoritäre Charaktere produziert, verschwindet der eben nicht.[254] In der Bundesrepublik bedeutete das Verbot der KPD und die Verfolgung der Verdächtigen, dass es nicht möglich war, offen über Fehler in der kommunistischen Bewegung zu diskutieren, weder über die in der DDR noch über die in der KPD der Weimarer Republik.[255]

Im Westen galt die SPD den jungen Leuten noch als linke Partei, bis sie mit dem Godesberger Programm 1959 zeigte, wohin sie wollte: weg von antikapitalistischen und antimilitaristischen Positionen hin zu Kapitalismus, Bundeswehr, Nato und Volkspartei. Die SPD hatte sich nach dem Krieg entschieden, um Wählerstimmen zu kämpfen und nicht um Köpfe. Mit jeder offenen Auseinandersetzung gegen Nazis und gegen Antisemitismus stieß sie mögliche Wähler*innen vor den Kopf – und auch die nationale Fraktion in der Partei war nie zu unterschätzen. Die SPD musste, wenn es gegen alte Nazis ging, von jungen Linken zum Handeln getragen werden.

Ende der 1950er Jahre gab es hunderte von antisemitischen Aktionen in der Bundesrepublik, darunter viele Anschläge auf die wenigen Synagogen und auf jüdische Friedhöfe. Es tobte der Kampf um die Verjährung von NS-Verbrechen. Ohne den Druck der jungen gesellschaftlichen Linken hätte es vielleicht auch kein Mikroklima gegeben, in dem ein einsamer Generalstaatsanwalt wie Fritz Bauer sich im »Feindesland«

der westdeutschen Justiz an den Auschwitz-Prozess hätte heranwagen können. Und schon der erste Auschwitz-Prozess von 1963 bis 1965 beflügelte wiederum die außerparlamentarische Opposition.

Reinhard Strecker, 1930 geboren, SDS-Mitglied, nach dem Krieg aus den unerträglichen westdeutschen Verhältnissen noch einmal ins dänische Exil geflohen, aber 1954 wieder zurückgekehrt, arbeitete an der Ausstellung »Ungesühnte Nazijustiz«. In mühsamer Kleinarbeit, sich für den Rest seines Lebens verschuldend, unterstützt nur von wenigen politischen Freunden, durchforschte und fotografierte er schwer zugängliche NS-Sondergerichtsakten über Verbrechen von Nazirichtern und Staatsanwälten. Seine Ausstellung wurde zum ersten Mal im Mai 1959 auf dem »Kongress für Demokratie – gegen Restauration und Militarismus« gezeigt, welchen SDS, Falken, Jusos und Naturfreundejugend organisiert hatten. Auch der Liberale Studentenbund (LSD) und der Evangelische Studentenbund (ESG) unterstützten Strecker. (Das geschah 20 Jahre vor der TV-Serie *Holocaust*.) Die NS-Justiz-Ausstellung wurde von der SPD heftig bekämpft. Wahlstimmen zu gewinnen bedeutete nach Auffassung der Partei, weder die antisemitischen Einstellungen in den Köpfen der Wähler*innen zu problematisieren noch ihnen die Frage zu stellen, wer was von 1933 bis 1945 getan hatte. Die SPD warf sogar Gruppen aus der Partei, welche die Ausstellung unterstützten. In Westberlin verhinderte die regierende SPD die Vermietung öffentlicher Räume an die Ausstellung. Die Partei schwieg jedoch, als Heinz Galinski, der Vorsitzende der Jüdischen Gemeinde, die NS-Justiz-Ausstellung einlud.[256]

Die bereits erwähnte Philosophin Margherita von Brentano (1922–1995) war eine der Ersten, die die Vernichtung der europäischen Juden zum Thema von Radiosendungen machte. Sie leitete von 1950 bis 1956 den Schüler- und Jugendfunk des Südwestfunks (SWF). Im Februar 1960 veranstaltete der SDS Westberlin gemeinsam mit der Deutsch-Israelischen Studiengruppe (DIS) den Kongress »Überwindung des Antisemitismus«, den Margherita von Brentano und Manfred Rexin (SDS) leiteten. Das war 19 Jahre vor der Ausstrahlung der

TV-Serie *Holocaust.* Brentano war inzwischen wissenschaftliche Mitarbeiterin am Philosophischen Seminar der Freien Universität (FU) geworden. Der Tagung folgte das einjährige Seminar »Antisemitismus und Gesellschaft« von Margherita von Brentano und anderen. Hier wurde Adornos *Dialektik der Aufklärung* gelesen, bevor das Werk in der Bundesrepublik veröffentlicht wurde. Vermittelt über die Studierenden und den SDS entstanden enge Beziehungen zum Institut für Sozialforschung an der Frankfurter Universität. Während die meisten westdeutschen Historiker*innen das Thema großräumig umschifften oder mit der antikommunistischen Totalitarismusideologie ihr Karriereglück versuchten, »legten Brentano und [Peter] Furth ihr Hauptaugenmerk auf die Rolle ›der Volksgemeinschaft‹ und der Vernichtung der europäischen Juden als Kern des Nationalsozialismus.«[257] Sie waren ihrer Zeit damit weit voraus. Dem Brentano-Furth-Seminar entsprang die Studie *Antisemitismus und Gesellschaft*, sie stürzte den Mythos vom verführten und unschuldigen Volk.

1964 beobachtet die Journalistin Ulrike Meinhof in München den Prozess gegen den ehemaligen General der Waffen-SS Karl Wolff. Die SPD hatte sie 1959 aus dem SDS gedrängt. Meinhof schrieb: »Ich bin, weil ich zu jung war, der Gelegenheit entgangen, mitschuldig zu werden, sei es durch Bewunderung, sei es durch Mangel an Zivilcourage.« Nie zuvor habe sie »so viele ehemalige SS-Leute auf einmal gesehen wie im Zeugenstand«. Marcel Reich-Ranicki war Zeuge der Anklage gegen den SS-General. Meinhof interviewte ihn sehr lange. Reich-Ranicki sagte, Meinhof habe sich vielleicht deshalb so tief in sein Gedächtnis »eingeprägt«, weil sie »die erste Person in der Bundesrepublik war, die aufrichtig und ernsthaft wünschte, über meine Erlebnisse im Warschauer Ghetto informiert zu werden«.[258] Die erste, fast 20 Jahre nach dem Ende des Zweiten Weltkriegs – und 15 Jahre vor der Ausstrahlung von *Holocaust.*

In Teilen der Linken der alten Bundesrepublik blieb der als Antizionismus verkleidete Antisemitismus in vielen Köpfen wie ein Gewitter in der Wolke, so etwa in der RAF, den Revolutionären Zellen

(RZ), in verschiedenen K-Gruppen, in einseitig antiimperialistischen Organisationen, aber auch in einigen antiautoritären und anarchistischen Kreisen. Erst in den späten 1980ern begannen Teile der Linken ihr Verhältnis zu Israel neu zu reflektieren. Antiautoritäre Linke der Nach-1968er-Generation wie ich begannen den Antisemitismus in vermeintlich fortschrittlichen Bewegungen wie der Ökologiebewegung, der Frauenbewegung und in irrationalen Milieus wie der Esoterik zu untersuchen.

Als der Nationalismus durch die »Wiedervereinigung« explodierte, nahmen ein Dutzend Vertreter*innen verschiedener Strömungen der Linken diplomatische Beziehungen zueinander auf. Wir nannten unser Bündnis *Radikale Linke*, die Parole war »Nie wieder Deutschland«, unsere Haltung grundsätzlich antinational und kritisch israelfreundlich. Die Gruppe wuchs schnell, existierte nur von Ende 1989 bis 1991, beeinflusste jedoch neue Strömungen der Linken, darunter auch die späteren »Antideutschen«, deren *rechter* Flügel alsbald die unkritische Verteidigung Israels missbrauchte, um seinen Frieden mit dem Kapitalismus und den herrschenden Verhältnissen zu schließen. Ihr intellektueller Niedergang schließt Rassismus und Sexismus ein – personifiziert in Jürgen Elsässer, Sebastian Wertmüller und Thomas Maul (»Immer wieder erscheint die AFD objektiv als EINZIGE Stimme der Restvernunft im Deutschen Bundestag, zuweilen gar als parlamentarischer Arm materialistischer Ideologiekritik«[259]).

In den verschiedenen Phasen der westdeutschen Friedensbewegung seit den 1950er Jahren bis in die 1990er lassen sich alte Nazis, neue Nazis, Nationalrevolutionär*innen, Nationalist*innen und auch Antisemit*innen finden, und einflusslos waren sie nicht. Über einige von ihnen habe ich früher geschrieben: Werner Georg Haverbeck, Herbert Mochalski, Renate Riemeck und Franz Alt.[260] Es gab nie eine konsequente Auseinandersetzung mit ihnen und die Folgen zeigen sich bis heute, denn auch im explizit linken Mehrheitsflügel der sehr deutschen Friedensbewegung (»Keine Raketen auf *deutschem* Boden«) lassen sich Nationalist*innen finden.

Diese rechten Einflüsse wirken auch in andere vermeintlich fortschrittliche Kreise hinein. Der antisemitische Esoteriker Franz Alt[261] zum Beispiel ist Gründungsmitglied sowie ehemaliger Sprecher des Kuratoriums des SPD-nahen Instituts Solidarische Moderne (ISM) und, als alter Freund Herbert Gruhls, zugleich Mitglied im Kuratorium der ÖDP-nahen Stiftung für Ökologie und Demokratie. Es zeigt sich nicht nur hier, dass manche »progressive« Einrichtungen keinen Begriff von Ökologie haben und sich rechte und esoterische Ideolog*innen heranholen, wenn es um dieses Thema geht.

Einer der Strippenzieher des Mehrheitsflügels der Friedensbewegung war und ist der frühere Sozialdemokrat und jetzige Bundestagsabgeordnete der Linkspartei Diether Dehm, der dem Querfrontprojekt Aufstehen um Sahra Wagenknecht nahestand. Dehm fragte 1984 in einem Buchbeitrag: »Klebt da nicht ›Blut und Boden‹ an ›Heimat‹, ›Volk‹ und ›Volkslied‹?«, um sich zu antworten: »Nicht nur die Volkslieder wurden von den Nazis okkupiert [...], ja sogar das gute Wort nationaler Sozialismus wurde von den Mächtigen zackiger kopiert.« Nach 1945 seien »Volkslied und Volk wie ›volkstümlicher Geschmack‹ unverändert den Rechten ›kampflos überlassen‹« worden. Die Linke habe »sich fast nur als ästhetisch-modernistische Avantgarde« geübt. »Und dann noch Hollywood. Unser Volk – vom Volkslied enteignet war die bereitwilligste Manövriermasse für die Kulturmonopolisten aus den USA. Derart intensiv ist kein Volk in Westeuropa jemals kulturell fremdbestimmt worden als heute das unsere [...] heute bestimmt Hollywood, was wir schmecken, empfinden tanzen und singen.« Und weiter: »Und weil wir das Ende des nordamerikanischen Weltreichs erleben und weiter erleben wollen, singen wir heute neue und alte deutsche Volkslieder.« Man lebe in einer Zeit des »neuen nationalen Aufbruch[s]«, in der »die Tendenz nationaler Interessen und des Heimatschutzes sich an die Seite der Arbeiterschaft, ihrer organischen [sic!] Intellektuellen und Künstler stellt«.[262] Bei dieser nationalistischen »Linken« steht die Flanke ins rechte Lager weit offen.

Theodor W. Adorno hatte 1963 jedem derartigen Nationalismus den Boden entzogen: »Gesundes Nationalgefühl vom pathischen Nationalismus zu scheiden, ist so ideologisch wie der Glaube an die normale Meinung gegenüber der pathogenen; unaufhaltsam ist die Dynamik des angeblich gesunden Nationalgefühls zum überwertigen, weil die Unwahrheit in der Identifikation der Person mit dem irrationalen Zusammenhang von Natur und Gesellschaft wurzelt, in dem die Person zufällig sich findet.«[263]

Auf dem Ostermarsch 2009 in Kassel rief Dehm von der Kundgebungsbühne, man dürfe »nicht zulassen, dass man den Begriff des Antisemitismus für alles und jeden inflationiert«. So weit eine Binsenweisheit. Aber Dehm fuhr fort: »Antisemitismus ist Massenmord und muss dem Massenmord *vorbehalten* bleiben!«[264] Was dem Pogrom vorausgeht, was zum Mord an jüdischen Menschen erst aufhetzt, wäre demzufolge kein Antisemitismus. Jüdische Schüler*innen kränken. Männern die Kippa vom Kopf schlagen. Frauen mit Davidstern attackieren. Die »Protokolle der Weisen von Zion« verbreiten. Alles kein Antisemitismus. Folgerichtig landete Dehm 2014 bei der neuen antisemitischen Querfront, den sogenannten Montagsmahnwachen für den Frieden.

Ab Januar 2014 recherchierte ich wieder einmal über den Nazi Karl-Heinz Hoffmann, Chef der 1980 verbotenen Wehrsportgruppe Hoffmann. Ich stieß auf seine Zusammenarbeit mit dem schweizerischen Verschwörungsideologen Daniele Ganser und dem völkischen Antisemiten Jürgen Elsässer.[265] Elsässer, früher einmal Kommunist, förderte ein Projekt, das an die nationalistische Parole der Leipziger Montagsdemos von 1989/1990 anknüpfte sollte: »Wir sind ein Volk«.

Ab Anfang der 2000er war Elsässer nach rechts gewandert und wurde national. Er übernahm die antisemitische Unterscheidung in ein »gutes, schaffendes, produktives, deutsches Industriekapital« einerseits und ein »böses, raffendes, unproduktives, anglo-amerikanisches, jüdisches Finanzkapital« andererseits, ein antisemitisches Stereotyp, das er in den frühen 1990er Jahren selbst noch heftig bekämpft hatte. Elsässer sah die Ursache der Finanzkrise jetzt in einem »Angriff des anglo-amerikanischen Finanzkapitals« auf Deutschland, im »weltweiten Widerspruch [...] zwischen Spekulationsstaaten und Produktionsstaaten« und ließ auf Vorträgen im deutschsprachigen Raum kaum ein antisemitisches Klischee aus. Die NPD begrüßte 2009 Elsässers völkische »Volksinitiative gegen das Finanzkapital«.[266]

Sein Antisemitismus – ob ernst gemeint oder Geschäftsmodell – wurde immer ausgeprägter. Elsässer schloss sich dem völkischen, antisemitischen, rassistischen, homophoben und antifeministischen Netzwerk in Europa an und bewunderte großrussische Geostrategen wie den Moskauer Soziologen und Antisemiten Aleksandr Dugin. Er ließ sich zu Konferenzen von Holocaustleugnern in die Schweiz, nach Moskau und in den Iran einladen. Die Wahl des iranischen Präsidenten und Holocaustleugners Ahmadinedschad im Juni 2009 bejubelte er als »schöne Schlappe für den Imperialismus«. Mit den von Folter und Hinrichtung bedrohten iranischen Oppositionellen kannte er kein Mitleid: »Hier wollen Discomiezen, Teheraner Drogenjunkies und die Strichjungen des Finanzkapitals eine Party feiern. Gut, dass Ahmadinedschads Leute ein bisschen aufpassen und den einen oder anderen in einen Darkroom befördert haben.«[267] Für so viel Unterwerfung unter die Herrschaft wurde der autoritäre Charakter 2012 mit einer Audienz bei Ahmadinedschad und einem Erinnerungsfoto belohnt.

Seine Anhänger*innen bejubelten Elsässers Magazin *Compact*, 2010 gegründet, als ein Medium »fern von der gleichgeschalteten Judenpresse unserer Besatzungs-GmbH« und wünschten mir eine »Mossad-Bombe« auf den Kopf. Fast kein nationaler und rechtsradikaler Prominenter, der im Magazin oder auf dessen Konferenzen nicht redete, schrieb oder wenigstens rezensiert wurde – von Todenhöfer bis Gauland, von Sarrazin bis Höcke.

Es gibt inzwischen Fluten an Informationen über Elsässers Antisemitismus, deshalb hier nur noch seine bizarrste antisemitische Wahnvorstellung. Als das Bundesverfassungsgericht 2013 das Adoptionsrecht für gleichgeschlechtliche Paare erleichterte, verknüpfte Elsässer seinen Antifeminismus – der »Feminismus und dessen karzinogene Mutation, die Gender Mainstream-Ideologie« sind »die bösartigsten Früchte der 1968er Revolte«[268] – und seine Homophobie mit seinem Antisemitismus. Die »Ehe für alle« sei »ein Terminus der Neuen Weltordnung«, die »Institution der Ehe« werde »zerstört«, indem sie »von der biologischen Familie« gelöst werde, jener »Grundlage für die Reproduktion des Volkes«. Absicht sei die »massenpsychologische Konditionierung des Volkes«. Die Erde werde »tatsächlich angegriffen« und »wir Erdlinge werden von einer anderen Lebensform bedroht und aus unseren jahrtausendealten stofflichen und biologischen Grundlagen herausgerissen.« Geschlechter, »Völker« und »Rassen« würden geleugnet, die »Heterosexualität« durch »Pornographie, Homosexualität, Laborbefruchtung und Menschenzüchtung« bedroht. »Die ›andere Lebensform‹, die das menschliche Zusammenleben auf unsere [sic] Planeten bedroht, sind freilich keine Außerirdischen.« Der Motor der Entwicklung sei »eine winzige globale *Finanzoligarchie*, die mit neuen Reproduktions- und Gentechnologien ihr *tausendjähriges* Reich errichten will.«[269] [Hervorhebungen J. D.]

Als der Antisemit und völkische Rassist Jürgen Elsässer von mir nicht »glühender Antisemit« genannt werden wollte, ein Vorwurf, den ich umfassend belegte, zog er 2014 vor Gericht. Im Prozess Elsässer-gegen-Ditfurth befreite die Vorsitzende Richterin am Landgericht München I, Petra Grönke-Müller, Deutschland mit einem Schlag von der Mehrheit seiner Antisemit*innen. Sie definierte den Antisemitismus einfach um:

»Ein glühender Antisemit in Deutschland ist jemand, der mit Überzeugung sich antisemitisch äußert, mit einer Überzeugung, die das Dritte Reich nicht verurteilt, und ist nicht losgelöst von 1933 bis 45 zu betrachten vor dem Hintergrund der Geschichte.«[270] Entschwurbelt bedeutet das, dass jemand erst dann ein Antisemit sein kann, wenn er sich zugleich positiv auf das Naziregime bezieht. Sinngemäß stand es so auch im schriftlichen Urteil. Am ersten und einzigen Verhandlungstag vor dem Landgericht München im Oktober 2014 saß der Nazi Karl-Heinz Hoffmann, Chef der verbotenen Wehrsportgruppe Hoffmann, in der ersten Zuschauerreihe und verteilte an Journalist*innen seine Visitenkarte mit der Berufsangabe »Systemkritiker«.

In der nächsten Gerichtsinstanz kam es zu einem paradoxen Ergebnis: Ich bestand darauf, Elsässer weiter Antisemit zu nennen, verzichtete aber auf das nebensächliche Adjektiv »glühend«. Elsässer zögerte, stimmte dann aber zu, dass ich ihn als Antisemiten bezeichnen darf. Dennoch, ein paradoxer Fall in der Rechtsgeschichte, bürdete mir das Gericht sämtliche Kosten auf. Am Ende waren es rund 55 000 Euro, die ich nur mit Hilfe von Spenden und Darlehen bezahlen konnte, einen Rest tilge ich noch immer.[271] Der Antisemitismus kann sich weiter ausbreiten, deutsche Gerichte sind nicht vorbereitet.

Das Beleidigen und Verprügeln von Kippa- oder Davidstern-tragenden Menschen? Angriffe auf jüdische Kinder? Anschläge auf jüdische Restaurants und auf Synagogen? Die Verbreitung des Machwerks »Protokolle der Weisen von Zion«? Die Absicht der BDS-Kampagne, den Staat Israel auszulöschen? Der Verschwörungskomplex »jüdische Weltmacht«? Alles – in der Logik jenes Gerichtsspruchs – kein Antisemitismus! Das wäre erst der Fall, wenn die Täter*innen zeitgleich sagen: »Das NS-Regime war prima« und »Hitler war ein guter Mann, weil er sechs Millionen jüdische Menschen ermorden ließ«.[272] Aber das wäre strafbar. Kaum ein Antisemit riskiert das bisher.

2011 hatte Ken Jebsen, der dritte antisemitische Agitator der Mahnwachen von 2014, geschrieben: »ich weis wer den holocaust als PR erfunden hat. der neffe freuds. bernays. in seinem buch propaganda schrieb er wie man solche kampagnen durchführt. goebbels hat das gelesen und umgesetzt. ich weis wer die rassendatten im NS reich möglich gemacht hat. IBM mit hollerithmachinen. ich weis wer wärend des gesamten krieges deutschland mit bombersprit versorgt hat.standartoil also rockefeller.« [Originalschreibweise][273] Ein anderes Mal hatte er Angela Merkel gefragt: »Warum ist folgendes antisemitisch? Nationalzionisten haben Israel okkupiert wie Nazis 33 Deutschland okkupiert haben.« Der drängende Wunsch, Israel mit dem NS-Regime gleichsetzen, ist augenfällig. »Nationalzionisten« werden gleichsam wie von selbst »NaZis«. Ja, so war's: Die Nazis waren eigentlich Juden und haben 1933 das unschuldige Deutschland besetzt.

Als Rundfunk Berlin Brandenburg (RBB) ihn entließ, suchte Jebsen Leute, die ihm erklärten – er hatte sich bis dahin offensichtlich nie kritisch mit dem Israel/Palästina-Konflikt befasst –, warum Israel an allem schuld war. Er fand u. a. Ilan Pappé, einen der maßgeblichen Stichwortgeber der internationalen BDS-Kampagne gegen Israel, der die Leere im Kopf füllte. Zu ihm im nächsten Kapitel.

Eines der Resultate war Jebsens atemlose antisemitische Hassrede »Zionistischer Rassismus« vom April 2012. Ein Auszug: »die Propaganda-Maschinerie radikaler Zionisten« läuft »24 Stunden« und ist »eine mediale Massenvernichtungswaffe, die hilft, dass wir seit über 40 Jahren die Fresse halten, wenn im Auftrag des Staates Israel andere Menschen in Massen vernichtet werden. Araber im weitesten Sinne. Palästinenser im Speziellen.« Die Welt werde »gesteuert durch eine sehr kleine Elite. [...] Man muss die Drahtzieher dieser imperialen Politik nicht mit der Lupe suchen. Im Gegenteil. Sie treten immer dreister in der Öffentlichkeit auf und präsentieren sich als Verkünder einer Neuen Weltordnung, die sie bereit sind, für uns durchzuziehen. [...] Es sind allen voran radikale Zionisten mit US-Pass, deren Hobby Israel ist und deren Lieblingssport im Schlachten von Arabern besteht. [...] Wer eine alternative Meinung äußert zu Israel oder zur Israel-Politik der USA [...], für den hat dieses System nur eine Möglichkeit vorgesehen: Vernichtung. [...] Zionismus ist in seiner ganzen Radikalität zu Ende gedacht, ziemlich identisch mit der Rassenideologie der Nationalsozialisten. [...] Was Adolf Hitler mit den Juden während der Shoah nicht gelungen ist, hätten radikale Zionisten mit den Palästinensern dann erreicht. Die Endlösung.«[274]

Um über den Antisemitismus in den »Mahnwachen für den Frieden« aufzuklären, wählte ich das Mittel der Provokation und erklärte, dass ich alle Facebook-Freund*innen entfreunden würde, die auch mit

Elsässer oder Jebsen verbunden seien. Die Provokation entfachte heftige Diskussionen, in die ich meine Rechercheergebnisse einspeisen konnte, um über die neuen Codes und Masken des Antisemitismus aufzuklären. Ich wurde eingeladen, am 16. April 2014 in der TV-Sendung »Kulturzeit« beim Sender 3sat meine Position zu erklären.[275] Eine der Folgen waren digitale Hassstürme, in denen sich die Absender*innen an sexualisierten Schmähungen und detaillierten Mordbeschreibungen zu übertreffen suchten. Angriffe gab es auch im wirklichen Leben.

Mein Aktionsmittel funktionierte, weil es die Social-Media-Etikette verletzte und zur *Haltung* gegenüber einem antisemitischen Querfrontprojekt zwang. Bei nicht wenigen führte das zum politischen Offenbarungseid. Der Künstler Florian Kirner alias Donna San Floriante alias Prinz Chaos II. alias ... sprang am 28. April 2014 auf die Bühne der Mahnwachen. Er behauptete, mein Freund zu sein, um seine Kehrtwende angemessen zu dramatisieren (ich war ihm zwei- oder dreimal bei Veranstaltungen kurz begegnet). Er projizierte seine Vergangenheit als autoritärer Kader der trotzkistischen Organisation Linksruck und verglich noch 2016 meine Social-Media-Entfreundungen allen Ernstes mit »stalinistischen Säuberungen«. Meine Kritik am Antisemitismus sei eine »Dämonisierungsstrategie«. Später gehörte auch er zu Sahra Wagenknechts Querfrontprojekt Aufstehen.[276]

In der Unterstützung der sogenannten Mahnwachen für den Frieden verbanden sich Teile der alten Friedensbewegung, Mitglieder und Funktionär*innen der Linkspartei, Freidenker*innen, Rechtsesoteriker*innen, Reichsbürger*innen, Anhänger*innen von Chemtrail- und 9/11-Verschwörungsideologien und nicht zuletzt Nazis und Mitglieder der NPD. Aber auch einige Mitglieder von attac, der Interventionistischen Linken (IL) sowie der Deutschen Friedensgesellschaft – Vereinigte KriegsdienstgegnerInnen (DFG-VK) riefen zur Zusammenarbeit auf.

Zur Desorientierung trug eine Studie der Technischen Universität (TU) Berlin über diese Mahnwachen bei, die Mitte Juni 2014 erschien.[277] Die Studie hatte massive methodische Schwächen, wurde hastig verfasst und missverständlich vermarktet. Betont wurde beispielsweise, dass rund ein Drittel der Befragten sich als Wähler*innen der Linkspartei bezeichneten, daraus schlossen die Autor*innen fälschlicherweise, dass die Mahnwachenanhänger*innen eher im linken Spektrum zu verorten seien. Zudem war den Befragten nach wochenlanger Kritik nur zu bewusst, dass ihnen rechte Orientierungen, z. B. Nationalismus und mangelnde Abgrenzung zum Antisemitismus, vorgeworfen wurden. Die Befragungsmethode machte es ihnen leicht auszuweichen, gefällige Antworten zu geben. Dennoch enthüllte die Studie, der Auswertung widersprechend, dass 91 Prozent der Teilnehmer der Berliner Mahnwache (70 Prozent waren Männer) ganz oder teilweise glaubten, dass »Amerika bzw. das amerikanische Militär [...] nur der Knüppel der FED (US-Notenbank)« ist; dass 47 Prozent es ganz oder teilweise für möglich hielten, dass »die Zionisten an den Hebeln der Macht« sitzen, und eine Mehrheit wünschte sich, wenigstens zeitweilig, »einen Führer«.

Ende Mai 2014 distanzierte sich endlich der Bundesvorstand der Linkspartei von den Mahnwachen. Die nationale Fraktion der Partei kümmerte das nicht. Diether Dehm stieg am 9. Juni 2014 mit Gitarre auf die Mahnwachenbühne, stammelte etwas über Antisemitismus und verhunzte Brechts »Ballade von der Judenhure Marie Sanders«, die er einmal mehr als Schutzschild gegen Antisemitismusvorwürfe missbrauchte. Er half, den Niedergang des Querfrontprojekts zu verlangsamen.

Meine Kritik zog Kreise. Elsässer stellte sich an die Seite von Ken Jebsen (mit dem er seit 2012 zusammenarbeitete) und von Lars Mährholz. Elsässer wetterte: »darf man Rothschild nicht mehr kritisieren? [...] Gegen diese unglaubliche Hetze versichere ich Ken und Lars Mährholz meine ausdrückliche Solidarität! [...] Zeigen wir der Schreckschraube, dass wir uns nicht auseinander dividieren lassen! Wir sind das Volk!«[278]

Im Mai 2014 ließ sich Elsässer von Mario Rönsch zur Mahnwache nach Erfurt einladen.[279] Die beiden arbeiteten auch bei Elsässers

Magazin *Compact* jahrelang eng zusammen. Im Dezember 2018 wurde Rönsch für illegalen Waffenhandel zu 2 Jahren und 10 Monaten Haft verurteilt, das Urteil ist noch nicht rechtskräftig (Sommer 2019). Seine Firma Migrantenschreck hatte mindestens 177 illegale Schusswaffen verkauft, beworben mit: »60 Joule Mündungsenergie strecken jeden Asylforderer nieder«.[280]

2014, im Jahr des explodierenden Antisemitismus, verbanden sich christliche, traditionslinke und muslimische vermeintlich Friedensbewegte zum nächsten antisemitischen Projekt. Sie organisierten im Sommer 2014 antiisraelische Pro-Gaza-Demos in vielen Städten. In Essen meldete Niema Movassat, Bundestagsabgeordneter der Linkspartei, für den 18. Juli 2014 eine Demonstration »gegen die Bombardierung von Gaza« an. Organisatorin war die antizionistische Linksjugend Solid Ruhr, die Jugendorganisation der Linkspartei. Die erste Fassung des Demoaufrufs enthielt keine Kritik an der Hamas, nicht an palästinensischen Selbstmordattentaten oder Hamas-Raketen, sondern nur an Handlungen Israels. Antifaschistische und israelfreundliche Linke warnten davor, dass diese Einseitigkeit »Antisemiten, Islamisten und Nazis« zur Kundgebung locken würde.[281] So kam es.

Die Demonstration lief vollständig aus dem Ruder. Es dominierten antisemitische Sprechchöre, islamistische Fahnen und NS-relativierende Plakate.[282] Movassat und der Landesvorstandssprecher der Linkspartei Rolf Michalsky hielten vor etwa 3000 Menschen Reden. Transparente zeigten mit Hakenkreuzen verknüpfte Davidsterne. Dutzende von Teilnehmern hoben den rechten Arm zum Hitlergruß. Sie brüllten »Tod den Juden!«, »Hamas! Hamas! Juden ins Gas«, »Adolf Hitler, Adolf Hitler«, »Jude, Jude, feiges Schwein, komm heraus und kämpf allein!« und »Kindermörder Israel«. An diesem Tag verhaftete die Polizei 14 Personen, die einen Angriff auf die Essener Synagoge geplant hatten.

Am vorzeitigen Ende der Kundgebung am Weberplatz brachen etwa 1000 Demonstranten durch die Polizeiketten und stürmten auf die einen Kilometer entfernte winzige Pro-Israel-Kundgebung am Willy-Brandt-Platz zu. Sie brüllten »Free Palestine«, »Kindermörder Israel« und »Tod den Juden«! Einer rechtfertigte sich im Laufen in klassischer Täter-Opfer-Umkehr-Manier: »Hier ist 'ne jüdische Demo und die Leute wollen ihr entgegen … die Juden wollen Stress! Die haben uns hier auch beleidigt und so, voll krass.« Die schiere Anwesenheit von israelfreundlichen, vielleicht sogar jüdischen Menschen in der Stadt enthemmte und sollte ihre Raserei rechtfertigen. Sie wünschten ihren Tod und bewarfen sie mit Steinen. Nur mit Hilfe der Polizei gelang den angegriffenen Israelfreund*innen am Ende die Flucht.[283]

Die Linksjugend prahlte in einer ersten Bilanz: »Antisemitische, rassistische und antimuslimische Statements« seien auf der Kundgebung nicht geduldet worden. Aber Bilder und Videos beweisen das Gegenteil. Movassat gab schließlich zu, dass es »ein Fehler« war, »im ersten Aufruf zur Demonstration auf Kritik an den Hamas-Raketen« zu verzichten, er wies aber jede persönliche Verantwortung von sich und sein Landesverband schickte ihn 2017 erneut in den Bundestag.[284]

In München wehten am 26. Juli 2014 viele palästinensische, islamistische und Hamas-Fahnen, es gab auch eine der DFG-VK und eine der stalinistischen MLPD. Zu dieser Demo hatten auch Nazis aufgerufen: »Fuck USrael! Für ein freies Palästina und ein freies Deutsches Reich«. Zwei Journalisten gingen ihrem Beruf nach und filmten. Das ging so lange gut, bis die Demonstrantin Marion Schmidt, Bundestagskandidatin der MLPD von 2017, die Parteizeitung *Rote Fahne* in der Hand, die beiden Journalisten lauthals als »Zionisten« denunzierte. Den am Rand laufenden Polizisten rief sie zu: »Die sind von dieser zionistischen Vereinigung und haben kein Recht, hier zu sein!« Ein Mann, nahe am MLPD-Transparent laufend, rief: »Ihr seid Spitzel«, und schlug einem der Journalisten mit der Faust in die Kamera. Von da an waren die beiden Beobachter Freiwild, immer wieder wurden sie körperlich angegriffen und antisemitisch beleidigt. Schützte die Polizei sie? Nein, sie erteilte ihnen einen Platzverweis und lobte in einer Pressemeldung den »außerordentlich friedlichen« Verlauf der Demo.

Die Polizei vergaß auch zu erwähnen, dass sie in einigem Abstand zur Demo einen Mann gezwungen hatte, die einzige Israel-Fahne einzurollen.[285]

Am 10. Juli 2014 eskalierte eine Pro-Gaza-Demonstration in Frankfurt am Main. Unter den 2500 Demonstrant*innen befanden sich auch Mitglieder des SDS, des Studierendenverbandes der Linkspartei, Islamist*innen sowie Kader der Naziorganisation Nationale Sozialisten Rhein-Main. Hamas-Fahnen wehten, gerufen wurden Parolen wie »Allahu Akbar«, »Free Palestine«, »Kindermörder Israel« und Holocaust-Relativierungen. Nachdem Steine auf Polizisten geworfen worden waren und die Demonstranten eine Polizeikette durchbrochen hatten, erlaubte die Polizei – »zur Beruhigung der Lage« – den Hamas-Freund*innen die Nutzung des Polizeilautsprechers, aus dem dann mitten in Frankfurt die Parole »Kindermörder Israel« schallte.[286]

Während Richter*innen in Deutschland Mühe hatten, antisemitische Sprachcodes zu verstehen, klatschten bei Mahnwachen und später bei Pegida-Demonstrationen auch ungebildete Zuhörer*innen immer dann, wenn es gegen Juden ging, mochte die Sprache auch noch so verschlüsselt sein. Der Journalist Deniz Yücel lief Mitte Dezember 2014 als Beobachter bei Pegida in Dresden mit. Im Gegensatz zu einigen anderen Berichterstatter*innen begriff er, was er sah. Ein Pegida-Demonstrant sagte ihm: Bei den Nazis war auch »nicht alles so […], wie es immer heißt. […] Wir Deutschen waren immer die Gearschten, beim Ersten Weltkrieg, beim Zweiten und heute wieder.« Aber wenn nicht Hitler und die Deutschen schuld waren am Krieg, wer dann? Der Mann antwortete: »Es gab eine bestimmte Interessengruppe. Die war damals mächtig und ist es heute auch. Du musst nur ein bisschen nachforschen, dann wirst du es selber herausfinden. Ich sag nur: Jeder kennt sie.«[287] Gegen Juden musste man 2014 nur noch raunen.

Weil die Mahnwachen sich mit allzu offenem Antisemitismus, mit völkischem Nationalismus und durch die Beteiligung von Verschwörungsideologen und Nazis allmählich diskreditiert hatten, schufen die Friedensbewegung und der nationale Flügel der Linkspartei ein neues

Querfrontprojekt, den »Friedenswinter«. Für die Linkspartei dabei waren die Bundestagsabgeordneten Sahra Wagenknecht, Diether Dehm, Andrej Hunko, Wolfgang Gehrcke, Kathrin Vogler, Sabine Leidig und andere. Anführer der Friedensbewegung war auch diesmal Reiner Braun, chronischer Redner auf Mahnwachen-Bühnen, Sprecher der Kooperation für den Frieden (Friedenskooperative), eines Dachverbandes von angeblich mehr als 50 Friedensinitiativen, mit dabei auch die katholische Gruppe Pax Christi, die Ärzte gegen den Atomkrieg (IPPNW) und die Deutsche Friedensgesellschaft – Vereinigte KriegsdienstgegnerInnen (DFG-VK). Mit Antisemiten hatte Braun keine Probleme: »Ken Jebsen formuliert eine relativ scharfe Israelkritik – aber auch nicht mehr.«

Der Auftakt des »Friedenswinters« war die Demonstration am 13. Dezember 2014 in Berlin. Als Hauptrednerin war Sahra Wagenknecht angekündigt, die selbst über Wochen in Verlautbarungen und Anzeigen für das Ereignis warb. Als aber die Kritik zu laut wurde und sogar *Der Spiegel* anrief, floh sie wenige Tage vor dem Ereignis in die Terminnot. Sie sagte ihre Teilnahme plötzlich ab, blieb aber Unterstützerin und Aufruferin.[288] Bei der Friedenswinter-Demonstration marschierten Jebsen, Dehm und Mährholz Arm in Arm in der ersten Reihe. Jebsen hielt eine Rede. Hauptredner war der Theologe Eugen Drewermann, der seit vielen Jahren gegen Israel ins Feld zieht.[289] Reiner Braun verlas eine kurze Erklärung gegen rechts, wovon sich die Antisemit*innen in den eigenen Reihen nicht angesprochen fühlten und was die mitdemonstrierenden Reichsbürger*innen und andere Nazis nicht störte.[290] Mit dabei auch DKPler und Mitglieder der Gewerkschaft GEW, obwohl die Vorstände von DKP und GEW Berlin damals klare Gegenbeschlüsse gefasst hatten.

Der Friedenswinter wurde, obgleich von den Veranstalter*innen zum »erfolgreichen« Projekt erklärt, im Frühjahr 2015 beerdigt. Die mahnwachenskeptischen Teile der Friedensbewegung kamen zurück und alle zusammen machten weiter, als habe es das Jahr 2014 nicht gegeben. Es gab keine Selbstkritik wegen der Bündnisse mit

Antisemit*innen, Nazis, Neurechten, esoterischen und verschwörungsideologischen Kreisen. Deshalb ist von der deutschen Friedensbewegung auch weiterhin nichts Gutes zu erwarten. Sie verfügt nach wie vor über offene Flanken zu Nationalismus, großrussischen Geostrategien und zum Antisemitismus, verkleidet als »Antizionismus« und »Israelkritik«. Bei jedem Vortrag über Antisemitismus *in Deutschland* seit 2014 konnte ich sicher sein, dass in der Diskussion alte Männer aus »der Friedensbewegung« aufstanden, »aber Israel ...!« sagten und entrüstet Israel die alleinige Schuld für alles zuschoben. Bestand ich auf der Diskussion der *deutschen* Verhältnisse, wussten sie nicht weiter.

Die Friedensbewegung hat nicht nur offene rechte Flanken zu Nationalismus und Antisemitismus, sie arbeitet auch weiter mit Rechten und Nazis zusammen. Bei der Initiative »Bautzner Frieden« wirkt Mario Groebe mit. Im Mai 2014 hatte er in Bautzen die Mahnwache für den Frieden moderiert, sich die »unterschwellige Kritik gegen rechts« verboten und »Peter« ans Mikro geholt, der sich vorstellte: »Ich bin bekennender Nationalsozialist«.[291] Von dieser »Friedensgruppe« ließ sich der zentrale Friedenskoordinator Rainer Braun 2016 mit dem Bautzner Friedenspreis auszeichnen. Die Laudatio hielt Mario Groebe.[292]

Um einen Spinnenfaden des Querfrontnetzwerks, das sich hinter »Friedensbewegung« verbirgt, nur anzudeuten – ich will keine Leserin mit dem ganzen Geflecht verwirren –, sei als winziges Beispiel Willy Wimmer erwähnt, der Träger des Bautzner Friedenspreises von 2019. Für ihn war der Erste Weltkrieg ein »Vernichtungskrieg« gegen Deutschland, an dem »internationale und nationale jüdische Interessen« schuld waren.[293] Willy Wimmer ist z. B. gern gesehener Referent und auch Autor beim Frankfurter Westend Verlag, der sich leider entschieden hat, zu einem Tummelplatz von Verschwörungs- und Querfrontideologen zu werden.[294]

Die Mahnwachen hatten in Occupy einen Vorlauf.[295] Schon hier hatten sich rechtsesoterische und verschwörungsideologische Strömungen wie die Zeitgeistbewegung breitmachen können und vor allem auch Vertreter*innen der Wirtschaftstheorie des antisemitischen Ideologen Silvio Gesell (Geld, Zins, Freiland) fanden hier ein reich bestelltes Rekrutierungsfeld. Dabei half, dass Medien und Öffentlichkeit Occupy als linkes Projekt missverstanden und den Antisemitismus mal wieder nicht erkannten oder nicht benennen wollten.[296] Die Folgen der unreflektierten Geschichte von Teilen der Linken und die mangelnde Auseinandersetzungen und Aufklärung nachfolgender Generationen zeigen sich heute bei der internationalen Kampagne BDS (Boykott, Desinvestment, Sanktionen).

8. Die BDS-Kampagne
Die Verschmelzung von christlichem, muslimischem und antizionistischem Antisemitismus

Die internationale BDS-Kampagne ist eine politische Strategie, um den Staat Israel zu dämonisieren, zu delegitimieren, zu destabilisieren und ihn am Ende abzuschaffen. »BDS« steht für »Boykott, Desinvestment, Sanktionen«. Die ideologischen Wurzeln sind christlicher Antijudaismus, stalinistischer Antizionismus und muslimisch-arabischer Antisemitismus. Die drei Konzepte unterscheiden sich nach Geschichte und Erscheinungsform, aber in ihrem Antisemitismus sind sie inzwischen miteinander verschmolzen. Ziel der BDS-Kampagne ist die Auslöschung des kleinen jüdischen Staates Israel und an seiner Stelle die Installierung eines muslimischen Staates Palästina »vom Jordan bis zum Mittelmeer«.

Was fordert die BDS-Kampagne offiziell von Israel? Laut ihrem Gründungsaufruf von 2005 sind es drei zentrale Forderungen:

Erstens: das Ende der Besetzung und der Kolonisation allen arabischen Landes und den Abriss der Mauer.

Zweitens: die Anerkennung des Grundrechts der arabisch-palästinensischen Bürger*innen Israels auf völlige Gleichheit.

Drittens: das Recht der palästinensischen Flüchtlinge, in ihre Heimat und zu ihrem Eigentum zurückzukehren, wie es in der UN-Resolution 194 vereinbart wurde.[297]

Was bedeutet »allen arabischen Landes«? Geht es um die Westbank, um den Gazastreifen und um Ostjerusalem? Israel hat 2005 den 1967 eroberten Gazastreifen geräumt, er ist in palästinensischer Hand und unter der Herrschaft der Hamas. Israel bot den Palästinenser*innen seit Jahrzehnten die Westbank (1967 von Jordanien erobert) und Ostjerusalem an. Dafür sollte die palästinensische Führung aber Selbstmordattentate und Raketenangriffe auf Israel beenden und den Staat Israel anerkennen. Das will sie nicht.

Eine der beliebtesten Parolen bei BDS-Aktionen ist: »From the river to the sea, Palestine will be free«. Vom Jordan (»river«) bis zum Mittelmeer (»sea«) schließt ganz Israel ein. Es ist eine Parole, die zur Auslöschung Israels aufruft und nicht zur Einrichtung eines palästinensisches Staates *an der Seite* eines israelischen Staates.

Die zweite BDS-Forderung nach »völliger Gleichheit« würde sicher auch viele jüdische und nichtarabische Bürger*innen Israels entzücken, wenn soziale Gleichheit gemeint wäre, also die Aufhebung auch ihrer Armut und sozialen Diskriminierung sowie der Kampf gegen Rassismus auch gegenüber schwarzen Jüdinnen und Juden und die Beseitigung von jedwedem Antisemitismus auch dem von Hamas, PLO und BDS. Arabische und andere nichtjüdische israelische Staatsbürger*innen aber sind in Israel den jüdischen gleichgestellt, soziale Diskriminierungen und Rassismus gibt es leider, wie in allen anderen kapitalistischen Staaten auch.[298] Aber nur gegen Israel gibt es eine Boykottkampagne. Der vermeintlich revolutionäre Eifer ist kein sozialrevolutionärer, sondern ein nationaler, manchmal ein völkischer, befeuert von antisemitischer Besessenheit.

Die dritte BDS-Forderung (»right of return«) kommt am harmlosesten daher und zielt doch direkt auf die Beseitigung Israels. Jeder Mensch versteht, wenn ein Mensch, der wegen eines Krieges flüchten musste, dorthin zurückkehren möchte, von wo er vertrieben wurde. Als Deutschland im Mai 1945 kapitulierte, befanden sich auf seinem Territorium zehn bis zwölf Millionen »Displaced Persons« (DP), die Mehrheit waren Überlebende von Arbeits-, Konzentrations- und Vernichtungslagern. Sie sprachen 35 verschiedene Sprachen. Als die Westalliierten fünf Jahre später die Verantwortung für die DP an die Bundesrepublik abgaben, lebten nur noch 150 000 Menschen in Lagern. Millionen waren in ihre Herkunftsländer zurückgebracht oder in die Bundesrepublik aufgenommen worden oder in dritte Staaten ausgewandert.[299]

Das Pech der arabischen Flüchtlinge aus Palästina von 1947/48 war, dass sie den strategischen Plänen der arabischen Führungen ausgeliefert wurden, die kein Interesse hatten, die Flüchtlinge zu integrieren. Stattdessen brachten und bringen sie die Menschen gegen Israel in Stellung. Israelische Historiker wie Benny Morris[300] haben über Jahrzehnte umfassend erforscht, ob, wie und von wem die Araber*innen 1947/1948 aus der Region Palästina vertrieben wurden. Es ist ein kompliziertes Bild. Viele wurden von jüdischen Militärs und Paramilitärs vertrieben. An vielen Orten verjagte die arabische Führung die eigenen Leute, um das Schlachtfeld frei zu haben, und versprach ihnen, dass sie bald in ein judenfreies Palästina zurückkehren würden. Deshalb nahmen viele ihren Hausschlüssel mit. Der Kriegsverbrecher Hadsch el-Husseini, der immer noch Großmufti von Jerusalem war, veranlasste Anschläge auf jüdische Menschen. In manchen Regionen baten jüdische Bewohner*innen ihre arabischen Nachbar*innen zu bleiben, für eine gemeinsame Zukunft in Israel. Ihre Nachfahren gehören heute zu den arabischen Israelis (20 Prozent der Bevölkerung). Die britische Mandatsmacht ließ die UN-Kommission, die den UN-Teilungsplan für Palästina vollziehen sollte, nicht ins Land, händigte aber bei ihrem Abzug viele Waffen an arabische Einheiten aus. Mit dem Abzug brach die britische Verwaltung zusammen, was noch mehr arabische Flucht auslöste. Die palästinensischen Jüdinnen und Juden aber hatten sich eine eigene Verwaltungsstruktur aufgebaut. Wider Erwarten verteidigten sie den neu gegründeten Staat Israel auch militärisch erfolgreich.

Als Folge des israelisch-arabischen Krieges von 1947/48 wurden rund 750 000 arabisch-palästinensische Flüchtlinge registriert.[301] Als palästinensischer Refugee galt, wer vom 1. Juni 1946 bis zum 15. Mai 1948 im Mandatsgebiet Palästina gelebt hatte und in Folge des Krieges vertrieben worden war. Nur knapp zwei Jahre an einem Ort gewohnt haben zu müssen, um ein Rückkehrrecht in die »Heimat« beanspruchen zu können, ist weltweit einzigartig. Von den arabisch-palästinensischen Flüchtlingen von 1947/48 leben heute noch etwa 30 000 Menschen. Die UNRWA[302], die UN-Hilfsorganisation ausschließlich für palästinensische Flüchtlinge, zählt aber 5,3 Millionen. Die Zahl wächst, weil die (arabischen) Palästinenser*innen ein *vererbbares* Rückkehrrecht beanspruchen, was sonst für keinen Flüchtling auf der Welt gilt und weder in der vom BDS ständig erwähnten UN-Resolution 194 noch in anderen völkerrechtlichen Bestimmungen enthalten ist. Man stelle sich vor, Millionen deutsche »Vertriebene« würden es noch in der vierten Generation erzwingen, nach Ostpreußen (Russland), Schlesien (Polen) oder ins Sudetenland (Tschechien und Slowakei) »zurückzukehren«. Kriege wären unvermeidlich. »Das Rückkehrrecht ist eine Beschönigung für die Vernichtung Israels. Selbst für eine Taube wie mich ist das indiskutabel«, sagte Amos Oz, der Ende 2018 verstorbene israelische Schriftsteller.[303]

Israel ist so klein wie Hessen und hat etwa 8,9 Millionen Einwohner*innen (2018), rund 6,7 Millionen sind jüdisch (rund 75 Prozent), etwa 1,8 Millionen arabisch (rund 20 Prozent), die restlichen etwa 4 Prozent sind christlich, drusisch usw. Kämen zu den 1,8 Millionen arabischen Einwohner*innen 5 bis 6 Millionen palästinensische »Flüchtlinge« hinzu, wäre Israel kein jüdischer Staat mehr. Die harmlos erscheinende Forderung nach dem (vererbbaren) Rückkehrrecht entpuppt sich als demografischer Hebel zur Beseitigung Israels und als verkappte Einstaatenlösung.

Die Palästinenser*innen verfügen über ihre eigene UN-Flüchtlingsorganisation (UNRWA), während alle anderen Geflüchteten auf dieser Erde sich eine Flüchtlingsorganisation mit sehr viel geringerer Pro-Kopf-Finanzierung teilen müssen: die UNHCR.[304] Allein in der palästinensisch verwalteten Westbank leben laut UNRWA angeblich 800 000 palästinensische Flüchtlinge (je höher die Zahl, desto mehr Geld). Sie wären, ohne sich bewegen zu müssen, »zurück« in Palästina, wenn die palästinensische Führung sich auf ernsthafte Friedensverhandlungen einließe.

Die überwiegende Mehrheit der zwei Millionen palästinensischen »Flüchtlinge« in Jordanien wurde dort geboren und sie sind als jordanische Bürger*innen mit gleichen Rechten integriert. Die UNRWA betreibt im Gazastreifen, in der Westbank, in Ostjerusalem, im Libanon, in Syrien und Jordanien 58 Flüchtlingslager für etwa 1,5 Millionen Palästinenser*innen. Kaum einer der arabischen Anrainerstaaten integrierte die arabisch-palästinensischen Flüchtlinge. Sie sind staatenlos, besitzen keine staatsbürgerlichen Rechte und werden diskriminiert. Es gibt keine Boykottkampagne gegen diese arabischen Länder, die doch durch ihre Nichtanerkennung des Staates Israel und ihre Kriege gegen Israel die Flucht und, durch die schäbige Behandlung der palästinensischen Flüchtlinge auf ihrem Staatsgebiet, deren unmenschliche Situation produziert haben. Die Arabische Liga[305] wies ihre Mitglieder sogar an, palästinensischen Flüchtlingen die Staatsbürgerschaft zu verweigern, um deren »Identität nicht zu verwässern und ihr Recht auf Rückkehr in ihr Heimatland zu schützen«.[306] So wurden die palästinensischen Flüchtlinge zur Waffe der arabischen Welt gegen Israel geschmiedet.

Woher kommt der BDS? 1973 war Israel von Ägypten und Syrien und anderen arabischen Staaten angegriffen worden, aber Israel gewann auch den Jom-Kippur-Krieg. Seine Gegner entschieden sich für Anschläge und Attentate in Israel und für die Zuspitzung im Propagandakrieg mit der neuen Parole »Zionismus gleich Rassismus«. In der UNO hatten die arabischen und muslimischen Staaten mit den anderen blockfreien Staaten sowie den realsozialistischen Staaten um die Sowjetunion damals die Mehrheit.

1975 beschloss die UN-Generalversammlung die berüchtigte Resolution 3379.[307] Die bestimmte willkürlich, »dass Zionismus eine Form des Rassismus und der Rassendiskriminierung« sei und in eine Reihe zu stellen mit »Kolonialismus und Neokolonialismus, ausländischer Besatzung, Apartheid und Rassendiskriminierung in all ihren

Formen«.[308] Der Beschluss war, wenige Jahre nach dem Sechstagekrieg, eine Kriegserklärung an Israel: »Das rassistische Regime im besetzten Palästina und das rassistische Regime in Simbabwe und Südafrika haben einen gemeinsamen imperialistischen Ursprung, bilden ein Ganzes, haben dieselbe rassistische Struktur«.[309]

Was für »Imperialist*innen« sollten das in Israel sein, deren Vorfahren hier doch schon vor mehr als 3000 Jahren gelebt hatten? Was für eine Art »rassistische Kolonialisten«, die immer wieder zurückgekehrt und auch im 19. Jahrhundert vor Europas Pogromen in den osmanischen Bezirk Syrien, dessen Teil der Landstrich Palästina war, geflohen waren, wo sie zumeist unfruchtbares und unbesiedeltes Land zu überteuerten Preisen von arabischen Großgrundbesitzern kauften, die in Damaskus, Kairo oder den USA lebten und an dem unwirtlichen Land kein Interesse hatten?

Am Ende des Ersten Weltkriegs war den palästinensischen Jüdinnen und Juden und den palästinensischen Araber*innen von der britischen Mandatsmacht Großbritannien je ein eigener Staat versprochen worden. 1947/1948 beschloss die UNO entsprechend. Die palästinensischen Jüdinnen und Juden nahmen ihren Staat an, aber die palästinensischen Araber*innen den ihren nicht. Stattdessen griffen sie, verstärkt von Armeen der umliegenden arabischen Staaten, das junge Israel militärisch an, sie wollten das ganze ›judenfreie‹ Palästina, einen Staat, den es noch nie gegeben hatte. Es endete in ihrer Niederlage. Seit mehr als 70 Jahren schieben sie für alles die Schuld auf die Juden, für ihren Verzicht auf einen eigenen Staat und für alle Kriegsniederlagen seither.

Der Traum der israelischen Linken von einer klassenlosen jüdischen Gesellschaft in Israel ist ausgeträumt. Die meisten Kibbuzzim sind ganz oder teilweise privatisiert. Israel ist ein kapitalistischer Staat mit einer bürgerlich-demokratischen Ordnung und demzufolge auch leider ein rassistischer und ein sozial ungleicher, wie Deutschland, Großbritannien, Frankreich, die USA, wie Italien, Österreich und Ungarn sowie alle anderen kapitalistischen Staaten, gegen die es allesamt keine Boykottbewegungen gibt.

Ein Apartheidstaat ist Israel nicht. Diese Gleichsetzung ist eine bösartige Relativierung des südafrikanischen Apartheidstaates (1908–1994). Schwarze Einwohner*innen galten als minderwertige »Rasse« und besaßen in jenem Südafrika bis 1994 weder ein Wahl- noch ein Rederecht, weder Pressefreiheit noch Arbeitsrechte. Das alles besitzen arabische Menschen in Israel. Nichtweiße Menschen waren in Südafrika von öffentlichen Arbeitsplätzen ausgeschlossen. Sie wurden in Townships und Homelands gepfercht. Alles war getrennt: Rathauseingänge, Sitzbänke in Bussen, Schwimmbäder, Strände, Krankenhäuser. Für schwarze Kinder gab es primitive Schulen. »Gemischte« Liebesbeziehungen und Heiraten waren strafbar, Kinder aus solchen Beziehungen galten als Beweis für ein Verbrechen. Schwarze Menschen konnten gegen Diskriminierung und Unterdrückung nicht vor Gericht ziehen und waren so auch polizeilichen Übergriffen hilflos ausgeliefert. Nichts davon gibt es in Israel. Hier dürfen arabische Israelis natürlich auch Abgeordnete, Richter*innen oder Offizier*innen werden.[310]

Durchgesetzt hatten die schäbige UN-Resolution 3379 von 1975 (»Zionismus ist Rassismus«) die Delegationen der Sowjetunion, der DDR, anderer »realsozialistischer« Staaten, der Blockfreien sowie der arabischen und muslimischen Staaten. Manch ein »blockfreier« Delegierter verlangte damals, was andere noch nicht offen aussprachen: »die Ausrottung Israels als Staat« (Idi Amin, Uganda). Mitverantwortlich für die antiisraelischen Beschlüsse war UN-Generalsekretär Kurt Waldheim (im Amt von 1972 bis 1981). Noch als er 1985 in Österreich für das Amt des Bundespräsidenten kandidierte, verschwieg er, dass er einst in der SA und als Wehrmachtsoffizier auf dem Balkan im Einsatz gegen Partisanen gewesen war. Ob er dort dem Mufti und seinen bosnischen SS-Divisionen begegnete, ist nicht überliefert.

Mit der Perestroika in der Sowjetunion verschoben sich die Mehrheiten auch in der UNO. Die UN-Generalversammlung hob 1991 den schändlichen antiisraelischen Beschluss von 1975 mit großer Mehrheit auf.[311] Die noch existierende Sowjetunion stimmte für die Aufhebung so wie viele afrikanische Staaten, darunter Ägypten, Tunesien, Marokko.

Aber fast alle sonstigen arabischen und muslimischen Staaten stimmten für dessen Beibehaltung (Afghanistan, Algerien, Indonesien, Iran, Irak, Jordanien, Libanon, Libyen, Pakistan, Katar, Saudi-Arabien, Somalia, Sudan, Syrien, Vereinigte Arabische Emirate, Jemen u. a.).

Dem Osloer Friedensprozess der 1990er Jahre folgten die Verhandlungen von Camp David II (USA) im Juli 2000. Der israelische Ministerpräsident Ehud Barak legte dort Yassir Arafat, dem Präsidenten der palästinensischen Autonomiegebiete, den Vorschlag für einen Friedensvertrag und für einen eigenen palästinensischen Staat vor: Die Palästinenser*innen sollten 97 Prozent der von Israel besetzten Westbank (Kritiker*innen behaupten nur 80 Prozent), den Gazastreifen, Ostjerusalem als palästinensische Hauptstadt und 30 Milliarden US-Dollar Entschädigung für die Flüchtlinge erhalten. Das abzulehnen, sagte Prinz Bandar bin Sultan, saudischer Botschafter in den USA, Vermittler zwischen Arafat und Barak, wäre nicht nur »ein tragischer Fehler, sondern ein »wirkliches Verbrechen« an den Palästinenser*innen.[312] Aber Arafat stellte nicht einmal eine Gegenforderung, er sagte nein und reiste ab. Noch auf dem Rückflug verriet er in Paris, dass er jetzt eine weitere Intifada vorbereiten werde.[313]

Arafats Verhalten über all die Jahre ergibt am Ende nur unter zwei Voraussetzungen einen Sinn: Erstens, wenn sein Ziel ein palästinensischer Staat auf dem Boden ganz Israels war, neben dem kein jüdischer Staat zu existieren hatte, nicht einmal von der Größe einer Briefmarke. Zweitens, wenn er um sein Leben fürchtete. Nicht selten wurden »judenfreundliche« arabische Politiker von islamistischen Hardlinern ermordet. Das hatte nicht erst mit den vom Großmufti angestifteten Morden in den 1920er und 1930er Jahren begonnen und mit der Ermordung des ägyptischen Präsidenten Anwar as-Sadat 1980 nicht aufgehört. Sadat hatte die Existenz Israels akzeptiert und einen Friedensvertrag abgeschlossen. Israel hat bis 1982 den Sinai vollständig an Ägypten zurückgegeben. Auch heute hetzen Hamas und BDS verächtlich gegen jede »Normalisierung«, also gegen Gespräche und Zusammenarbeit zwischen Israelis und Palästinenser*innen.

Arafats zweite Intifada dauerte vier Jahre und kostete tausende von jüdischen und arabischen Menschen das Leben, darunter auch 365 Palästinenser*innen, die von Palästinenser*innen getötet wurden, weil sie der Zusammenarbeit mit Israel verdächtigt wurden. Die Intifada heizte das politische Klima gegen Israel auf. Aber nicht das tatsächliche Versagen der palästinensischen Führung in Camp David, sondern die Bilder unbestreitbarer Brutalität des israelischen Militärs dominierten die Wahrnehmung in der deutschen Öffentlichkeit.

Die UN-Weltkonferenz gegen Rassismus 2001 im südafrikanischen Durban und vor allem das NGO-Forum in Durban fanden zum alten Judenhass zurück. Mehrere tausend Delegierte aus 775 NGOs[314] drängelten sich hier. Der israelischen UN-Delegation sowie jüdischen NGO-Delegationen war die Teilnahme an der regionalen Vorbereitungskonferenz in Teheran (Iran) verweigert worden. Israel wurde dort beschuldigt, »Holocausts zu begehen«. Keine einzige NGO protestierte dagegen.

Die Mehrheit der NGOs in Durban wurde großzügig finanziert von christlichen US-Stiftungen wie der Rockefeller Foundation, der MacArthur Foundation, der Charles Stewart Mott Foundation – aber vor allem von der Ford Foundation.[315] Die Ford Foundation, gegründet vom seit 1919 aktiven Antisemiten Henry Ford, dem Autokonzernchef in Dearborn/Michigan, hatte Dutzende von Millionen in die Vorbereitung der antisemitischen und antiisraelischen Propaganda und der antiisraelischen Beschlüsse in Durban gesteckt, auf direktem Weg und auf indirektem.[316] Sie finanzierte mehr als 100 palästinensische und internationale NGOs mit klarer Agenda gegen Israel, Reisekosten, Programme, Veröffentlichungen, vorbereitende Schulungen.[317] Die Ford Foundation war vermutlich der größte Einzelfinanzier aller NGOs in Durban.

Antisemitische Besessenheit deformierte den Kampf gegen den Rassismus. Das NGO-Forum in Durban 2001 mutierte zum antisemitischen Hassfestival. Plakate setzten Davidstern und Hakenkreuz gleich sowie Zionismus mit Rassismus. Das Palästinensische

Solidaritätskomitee Südafrika verteilte die »Protokolle der Weisen von Zion«. Plakate zeigten Hitler: »Was, wenn er gewonnen hätte?« Zufriedene Antwort: »Dann gäbe es kein Israel.«

Die NGO-Schlusserklärung wurde die Blaupause für den angeblichen Aufruf (»Call«) der »palästinensischen Zivilgesellschaft« für die BDS-Kampagne vier Jahre später. Man rief in Durban zum Start einer internationalen Bewegung auf, deren Ziel die vollständige und totale Isolierung Israels als ein Apartheidstaat war. Die Erklärung überschüttete den jüdischen Staat mit Hass.[318]

Das NGO-Forum verlangte von der kurz darauf gleichfalls in Durban tagenden UNO die Wiederinkraftsetzung der Resolution 3379 von 1975. Das lehnte die UN-Konferenz zwar ab, aber in ihrem Beschluss (Punkt 63) war die Rede vom »unter ausländischer Besatzung stehenden palästinensischen Volk«, was Israel als imperialistische Kolonialmacht denunzierte. – Zwei Tage nach Ende der Konferenz flogen zwei Flugzeuge in die Türme des World Trade Center in New York und die Folgen überschatteten fast alles. Die organisierte Verbreitung jener Antisemitismen – Israel sei »ein Apartheidstaat wie Südafrika« und »Zionismus sei Rassismus« – in Bewegungen und Köpfen weltweit unterflog den Radar öffentlicher Aufmerksamkeit.

Als zwei Jahre später durch die Recherchen des investigativen Journalisten Edwin Black präzise Details der »Finanzierung des Hasses« herauskamen, geriet die Ford Foundation unter Druck. Die Intransparenz ihrer Finanzierungswege, der offene Antisemitismus und die Korruption vieler Empfänger sowie die Nähe einiger Geldempfänger zur Hamas erzwangen eine öffentliche Debatte und schufen politischen und steuerrechtlichen Druck. Die Ford Foundation war gezwungen, Teile ihres Programmes einzustellen.

An ihre Stelle in der antiisraelischen Agenda trat der Rockefeller Brothers Fund (RBF), der mit Millionen US-Dollar eine Vielzahl von palästinensischen NGOs und auch die BDS-Kampagne kofinanziert.[319] Seine Mitarbeiter*innen treten sich in den palästinensischen Gebieten vermutlich auf die Füße. Viele dieser sogenannten Hilfsprogramme

»für Palästina« heizen gezielt die Konflikte zwischen Israelis und Palästinenser*innen an, aber auch unter den Palästinenser*innen. Sie machen ganze palästinensische Gemeinden ökonomisch abhängig.[320]

Die Zerstörungswut des BDS gegen Israel speist sich nicht nur aus einem pervertierten »linken« antizionistischen Antiimperialismus, der nur die USA und historisch vielleicht noch Großbritannien als Imperien begreift. Der sowjetische bzw. der russische, der deutsche, der chinesische sowie der japanische Imperialismus sind blinde Flecken in den Analysen von *Teilen* der Linken. Karl Marx, Rosa Luxemburg und Herbert Marcuse sind dort vergessen, Stalin triumphiert.

Der muslimische Antisemitismus mit seiner judenfeindlichen Tradition seit Gründung des Islam ist die zweitälteste Wurzel des Judenhasses: Ab 624 hatte Mohammed, der Religionsgründer des Islam, die Juden von Medina ermorden lassen, Frauen und Kinder in die Sklaverei verkauft. Sie wollten sich seiner neuen Religion und seiner Macht so wenig unterwerfen wie ihre Vorfahren dem Christentum. Die nachfolgenden Jahrhunderte im islamisch gewordenen Teil der Welt enthielten zwar lange friedliche Phasen zwischen Muslimen und Juden, aber die historische Realität blamiert moderne Mythen vom *grundsätzlich* judenfreundlichen Islam als interessengeleiteten Orientkitsch.

Der muslimische Judenhass im Osmanischen Reich, dessen dünn besiedelter, weitgehend unfruchtbarer Bezirk Palästina über hunderte von Jahren war, wurde in Wellen geschürt. Nach dem Ersten Weltkrieg, als das Osmanische Reich aufgelöst und britisches Mandatsgebiet wurde, führte der Großmufti von Jerusalem – wie im 7. Kapitel geschildert – die Front gegen die Jüdinnen und Juden im ganzen Nahen Osten. Heute sind Gruppen wie F.O.R. Palestine in Deutschland der militante palästinensische Arm des BDS. Die »Rückkehr« zu den israelischen Grenzen von 1967 genügt dieser Gruppe nicht. Sie wollen »das ganze historische Palästina«: die vollständige »Rückkehr der Vertriebenen«, die »Abschaffung des Staates Israel« und die »Wiedergründung« eines Staates, den es noch nie in der Geschichte gab:

Palästina – »vom Jordan bis zum Mittelmeer«. Dort dürften dann, sagt F.O.R. Palestine gnädigerweise, auch »nicht-zionistische Jüd*innen« leben.[321] Da aber alle Juden, die für den Erhalt des Staates Israel sind, in den Augen von F.O.R. Palestine Zionisten sind, bleiben nur jüdische BDS-Unterstützer*innen übrig.

Bei der Revolutionären 1.-Mai-Demo 2016 in Berlin wurden die Autorin und einige Freunde von der Ökologischen Linken (ÖkoLinX) nur wegen des Verteilens eines BDS-kritischen Flugblattes von F.O.R. Palestine Anhänger*innen und von der maoistisch-stalinistischen Gruppe Jugendwiderstand über längere Zeit geschlagen, getreten und angespuckt.[322] Am weiten Straßenrand der Demo saßen drei Menschen mit einem topflappengroßen Israel-Fähnchen, auch sie wurden überfallen, mit langen Stöcken geschlagen und mit Flaschen beworfen. Die Angreifer*innen, die unbehelligt in die Demo zurückkehren konnten, brüllten das Motto von 1975: »Zionismus ist Rassismus« und »Es lebe die Hamas!«.[323]

2018 entriss die BDS-Unterstützergruppe Jugendwiderstand dem feministischen Block der Mai-Demo das Transparent »Den antisemitischen Konsens brechen! Jugend gegen Antisemitismus und Rassismus!«.[324] Der »antiimperialistische« Jugendwiderstand, der auch Nazis aufnimmt und die Gürtelschläge auf einen kippatragenden Mann im April 1018 im Prenzlauer Berg feierte, sagt gern »Zionistenfotze« und sprüht »9 mm für Zionisten« an Mauern. Im Juni 2019 löste sich die Gruppe offiziell auf.[325] Wer sie näher kennt, vermutet, dass es eine taktische Auflösung war, um strafrechtlichen Ermittlungen zu entgehen, und dass die Beteiligten wieder auftauchen werden, in welchen autoritären Formationen auch immer.

Es wundert nicht, dass der Jugendwiderstand 2018 als Schlägertruppe gebucht wurde, als es galt, eine BDS-nahe Veranstaltung mit der Palästinenserin Manal Tamimi gegen Kritiker*innen abzuschotten.[326] Manal Tamimi kommt aus der gleichnamigen Großfamilie im Dorf Nabi Saleh nicht weit von Ramallah. Es ist eine entzückende Familie, deren »gewaltfreier Widerstand« seit Jahren von internationalen

NGOs unterstützt, wenn nicht sogar erst möglich gemacht wird.[327] Für Manal Tamimi sind Juden »Vampire«, die Palästinenser*innen deren »pures und köstliches« Blut aussaugen wollen. Sie postete Fotos von durch Messerstiche schwer verletzten Juden und wünschte den Tätern Gottes Segen. Nizan Tamimi ermordete gemeinsam mit seinem Cousin Said Tamimi 1993 den 30-jährigen Israeli Haim Mitzrachi. Sie stachen mit dem Messer auf ihn ein und verbrannten ihn bei lebendigem Leib im Kofferraum seines Autos. Nizars Frau Ahlam Tamimi half 2001 bei einem Anschlag auf eine koschere Pizzeria und freute sich, als 15 Menschen starben, unter ihnen eine schwangere Frau und sieben Kinder. Es gab 130 Verwundete. Bassem Tamimi teilte während seiner US-Tour 2015, die von Amnesty International und Jewish Voice for Peace unterstützt wurde, in deren Beirat wiederum Judith Butler sitzt, via Facebook eine Neuauflage der Ritualmordlegende: »When Israelis arrest Palestinian CHILDREN, what is the purpose? To STEAL THEIR ORGANS. The same #Zionists doing this control the #media. So don't expect to be told this by the #BBC. [...]« [Originalschreibweise].[328] (»Was ist die Absicht, wenn Israelis KINDER verhaften? Ihre ORGANE ZU STEHLEN. Die gleichen #Zionisten, die das tun, kontrollieren die Medien. Also erwartet nicht, dass die #BBC darüber berichtet [...]«.)

Die älteste Wurzel des Judenhasses aber ist die christliche. Sie treibt immer neue giftige Früchte, sosehr sich auch andere Teile der christlichen Kirchen um Aufklärung und gelegentlich sogar um einen wirklichen Kampf gegen den Antisemitismus in ihren eigenen Reihen bemühen. Fünf große und mitgliederstarke protestantische Kirchen der USA tragen die Spitze des Speers gegen Israel: Presbyterian Church (USA: 1,4 Millionen Mitglieder)[329], die United Church of Christ (USA: ca. 1 Million)[330], die United Methodist Church (USA: 6,8 Millionen)[331], die Episcopal Church (USA: 2,3 Millionen)[332] sowie die Evangelical Lutheran Church (USA: ca. 3,5 Millionen)[333]. Dazu kommen christliche Kirchen in Kanada und in Großbritannien, Teile der Church of England[334] (25 Millionen Mitglieder, weltweit rund 85 Millionen) und Teile der christlichen Kirchen in Deutschland. Christliche Einrichtungen finanzieren maßgebliche Unterstützergruppen des BDS, NGOs, Hilfs- und Wohlfahrtsorganisationen und die Mehrheit von Pilgerreisen nach Israel und in die palästinensischen Gebiete. Hier erleben junge Christ*innen aus aller Welt das Leiden der Palästinenser*innen, welche in der antijüdischen christlichen »Substitutionstheologie« (Supersessionismus) an die Stelle des jüdischen Jesus treten. Was die Pilger*innen selten erleben, sind der israelische Alltag und Projekte, in denen Juden und Muslime, jüdische Israelis und Araber*innen friedlich zusammenarbeiten. Sie reisen in einem Tunnel der Indoktrination.

Der Rockefeller Brothers Fund (RBF) spendete allein im Jahr 2014 30 Millionen US-Dollar für Stipendien, die mit dem Israel/Palästina-Konflikt zu tun haben.[335] Der RBF finanziert christliche Organisationen wie die Quäker-Organisation American Friends Service Committee (AFSC), die eine führende Rolle in der BDS-Kampagne spielt.[336] Das AFSC ist mit der BDS-Unterstützerorganisation Jewish Voice for Peace verbunden und mit den Students for Justice in Palestine, die Verbindungen zur islamistischen Muslimbrüderschaft haben. Der AFSC trainiert BDS-Aktivist*innen für ihre Auftritte an US-Universitäten.[337] Der Rockefeller Brothers Fund (RBF) finanzierte neben Jewish Voice for Peace und Breaking the Silence weitere 50 Organisationen, von denen die meisten den BDS unterstützen.

Im Beirat von Jewish Voice for Peace sitzen z. B. Judith Butler, Naomi Klein und Noam Chomsky. Judith Butler, Professorin an der Universität Berkeley, Kalifornien, war eine der ersten prominenten Intellektuellen, die der Durban-Strategie ab 2002 unter dem Banner der »akademischen Freiheit« Raum an US-Universitäten eroberten. Sie argumentiert allen Ernstes, es sei nicht antisemitisch, Israels Existenzrecht in Frage zu stellen, aber Zionismus sei antisemitisch. 2003 trat sie mit Omar Barghouti gemeinsam auf – zwei Jahre vor der offiziellen Gründung des BDS, an der Barghouti maßgeblich beteiligt war.[338]

Noch 2006 sagte sie: »Ja, es ist extrem wichtig, Hamas, Hisbollah als soziale Bewegungen zu verstehen, die progressiv sind, die links stehen, die ein Teil der globalen Linken sind. Das hält uns nicht davon ab, kritisch bezüglich bestimmter Dimensionen beider Bewegungen zu sein.«[339] Sie hat das nie zurückgenommen, auch wenn ihre Verteidiger*innen es so lesen wollen. Sie ist eine Meisterin im Verbergen zentraler Aussagen in Bergen von Wortmüll. Butler reproduziert die Mythen des BDS: Die BDS-Kampagne sei die bisher größte »gewaltfreie« palästinensische Kampagne. 2013 verglich sie diejenigen, die gegen den Auftritt des BDS protestierten, mit Nazis. Sie bestritt, dass sich der BDS auf eine Einstaatenlösung festgelegt habe, und leugnete rundweg, dass der BDS auf irgendeine Weise das Existenzrecht Israels in Frage stelle.[340]

Zum Mythos des BDS gehört, dass er 2005 von 170 »zivilgesellschaftlichen« palästinensischen Organisationen gegründet worden sein soll, eine vermeintliche Grassroots-Bewegung von unten.[341] Eine kritische Untersuchung entlarvt das als Propaganda.

Der Historiker Ilan Pappé arbeitete an der Universität von Haifa, bis er allzu oft beim Fälschen historischer Fakten auffiel, und als er gar den internationalen Boykott israelischer Universitäten propagierte, empfahl ihm der Dekan seiner Universität, diesen doch selbst zu vollziehen.[342] Pappé kündigte, die Universität von Exeter (Großbritannien) nahm ihn auf. Der israelische Historiker Benny Morris sagte über Pappé, er sei »im besten Fall einer der schlampigsten, im schlechtesten Fall einer der unehrlichsten Historiker der Welt«.[343] Pappés Buch *Die ethnische Säuberung Palästinas* – ein zentrales Buch für die deutsche BDS-Unterstützerszene – sei »eine große Lüge«, die Quellen »unecht, verzerrt, teils erfunden«, da sei »kein einziger Satz, dem man trauen könne«.[344]

In einer Diskussion an der Universität von Westminster im Jahr 2016 bemängelte Pappé die fehlendenden Perspektiven der palästinensischen Führung. Seine Diskussionspartnerin Ruba Salih widersprach:

»Nun, die Palästinenser haben den BDS gestartet!« Ilan Pappé verzog das Gesicht, zögernd: »Ja … eigentlich nicht, aber ja. Für die historischen Akten – ja.« Ruba Salih lächelte charmant, berührte seinen Arm und sagte eindringlich: »Es ist wichtig!« Ilan Pappé gab nach: »Es ist nicht wahr, aber es ist wichtig.«[345] Dann wechselte er rasch das Thema. Das ist »akademische Freiheit« auf der Höhe der Zeit.

Wie viele Briefkastenorganisationen »zivilgesellschaftlicher« BDS-Gründungsgruppen gibt es in Ramallah? Manche scheinen nur für den Zweck des Aufrufs gegründet worden und dann wie Seifenblasen geplatzt zu sein. Andere sind eindeutig zu identifizieren. Ganz vorn auf der Liste der unterstützenden Organisationen steht heute die Hamas (»Islamische Widerstandbewegung«). Auf der Liste der Unterstützerorganisationen des BDS verbirgt sie sich unter dem Mantel »National and Islamic Forces in Palestine«. Ziel der Hamas seit ihrer Gründung 1987 ist nicht nur die Beseitigung Israels und die Errichtung eines judenfreien palästinensischen Staates »vom Jordan bis zum Mittelmeer«, sondern auch die Ermordung aller Juden weltweit. Friedliche Lösungen und internationale Verhandlungen, sagt die Hamas, die sich »als Speerspitze in der Auseinandersetzung mit dem Weltzionismus« betrachtet, widersprechen ihren Prinzipien.

In ihrer Gründungscharta von 1988 heißt es: »Die Stunde wird kommen, da die Muslime gegen die Juden solange kämpfen und sie töten, bis sich die Juden hinter Steinen und Bäumen verstecken. Doch die Bäume und Steine werden sprechen: ›Oh Muslim, oh Diener Allahs, hier ist ein Jude, der sich hinter mir versteckt. Komm und töte ihn‹« (Artikel 7). »Die Pläne der Zionisten sind in den ›Protokollen der Weisen von Zion‹ nachzulesen« (Artikel 32). Und: »Das Ausscheiden aus dem Konflikt mit dem Zionismus ist Hochverrat« (Artikel 32).

2017 wurde die Charta für die westliche Welt zwar geglättet, aber ob die arabische Fassung überhaupt verbreitet wurde, ist unklar. Der antisemitische Kern ist derselbe geblieben: »Wir erkennen den zionistischen Staat nicht an. Alle Arten von Besatzung, Siedlungen, Judaisierung und Fälschung der Wahrheit sind illegal. Diese Rechte verlieren durch den Lauf der Zeit nicht an Gültigkeit« (2017, Artikel 18).[346] »Wir verlassen keinen Teil des palästinensischen Landes, unter keinen Umständen, Bedingungen oder unter Druck, solange die Besatzung besteht. Die Hamas lehnt jegliche Alternative ab, die etwas anderes ist als die vollständige Befreiung Palästinas, *vom Fluss bis zum Meer.*« (Neue Charta 2017, Artikel 19.)[347] Womit also erneut die Beseitigung ganz Israels gemeint ist.

Die Hamas ist nicht die einzige offen menschenfeindliche Organisation hinter dem BDS. Dabei ist auch der »Islamische Dschihad in Palästina«, vom Iran finanziert, mit Sitz in Damaskus. Zu seinen Spezialitäten gehört das Anwerben Jugendlicher für Selbstmordattentate.

Die Shoah bleibt auf immer deutsche Schuld. Aber BDS und Hamas leugnen die palästinensisch-arabische Kollaboration mit den Nazis in den 1930er und 1940er Jahren. Die Hamas schreibt: »Die Hamas sieht, dass das jüdische Problem und der ›Antisemitismus‹ und die Ungerechtigkeit gegen das jüdische Volk ein Phänomen ist, das mit der europäischen Geschichte zu tun hat, nicht mit der Geschichte der Araber und Muslime oder deren Erbe.«[348] Omar Barghouti, Sprecher und Mitgründer des BDS, sieht das ähnlich:

»In diesem Kontext betonen wir nochmal, dass die Palästinenser – und allgemeiner die Araber – keinerlei irgendwie geartete Verantwortung am Holocaust zu tragen haben, ein europäischer Völkermord, der an den zumeist europäischen Gemeinschaften der Juden, der Sinti und Roma und der Slawen usw. begangen wurde. Es ist daher nicht Sache der Palästinenser, mit unseren Leben, Land und Lebensquellen den Preis für das kollektive schlechte Gewissen der Europäer wegen des Holocaust zu bezahlen.«[349] Das verlangt ja aber niemand.

Omar Barghouti stammt aus dem arabisch-palästinensischen Barghouti-Clan. Er wurde in Katar geboren und ist in Ägypten aufgewachsen. Israel ließ ihn in Tel Aviv studieren, heute lebt er offiziell in Ramallah/Westbank. Zu seinem Studium in Israel befragt, sagte er, für ihn gälten die Boykottregeln nicht, denn Ureinwohner (»indigenous people«) hätten das Recht, alle Dienstleistungen »des Systems«

zu nutzen. Omar Barghouti ist auch Mitgründer der Palästinensischen Kampagne für den Akademischen und Kulturellen Boykott Israels (PACBI), der Kulturabteilung des BDS.

Wo immer Barghouti auftritt, verbreitet er Hass auf jüdische Menschen und er dämonisiert Israel. Israel sei ein »Apartheidstaat«. Israel handele wie Nazideutschland. Palästinenser*innen, die sich mit Israelis auf intellektuellen oder künstlerischen Austausch einlassen, begingen »Verrat«. Das Ziel sei nicht das Ende der Besatzung, sondern das »Rückkehrrecht für alle palästinensischen Flüchtlinge« auch ins Kernland Israels: Ihre Rechte am Land seien »unveräußerlich«, die der Juden nur »erworben«. Kein Jude dürfe dann mehr einwandern. Die Einstaatenlösung sei »das letzte Kapitel des zionistischen Projekts«.[350] Und an anderer Stelle: »Wenn die Flüchtlinge zurückkehren, gibt es keine Zwei-Staaten-Lösung, sondern Palästina neben Palästina.«[351] Barghouti lässt keinen Zweifel daran, dass der Sieg der BDS-Kampagne die Auslöschung Israels bedeuten würde. Und mit dieser Position wurde er 2018 von der Vereinigten Europäische Linken (European United Left/Nordic Green – GUE/NGL) als »Menschenrechtler« ins EU-Parlament eingeladen.

In Deutschland ist der BDS später angetreten als in Großbritannien oder den USA – und vorsichtiger. Schuld und Erinnerung an Auschwitz und die Shoah erschweren in Deutschland (noch) jedem allzu offenen Antisemitismus den unbefangenen Auftritt. Der BDS musste sich hier besondere Strategien ausdenken. Eine dieser Taktiken ist »faith based«, »glaubensbasierte PR« gewissermaßen. Die Gründe sind einleuchtend: »Religiöse Einrichtungen gelten als Verkörperung wichtiger moralischer und ethischer Prinzipien« und die Kirchen haben viel Geld.[352]

Die offiziellen Erklärungen der katholischen und der protestantischen Kirche, ihrer Leitungen, Fachkommissionen und Fakultäten, sind meist gegen den Antisemitismus gerichtet.[353] Die empirischen Befunde in der gesamten Gesellschaft weisen jedoch, sagt der aktuelle Antisemitismusbericht des Bundestages, auf eine »offensichtliche

Diskrepanz« hin zwischen den offiziellen Verlautbarungen beider Kirchen und den Einstellungen an der Kirchenbasis, bei Pfarrer*innen, im Gemeindealltag und im Religionsunterricht.[354] Antisemitische Einstellungen an der Kirchenbasis sind aktuell nicht erforscht.

An der kirchlichen Basis in Deutschland hat der Weltkirchenrat großen Einfluss. Er ist eine für den Verlauf des antisemitischen NGO-Forums in Durban 2001 mitverantwortliche NGO. Eines seiner Hauptprojekte ist das Programm EAPPI (Ecumenical Accompaniment Programme in Palestine and Israel), 2002 vom Weltkirchenrat gegründet. Es steht hinter dem BDS und pflegt Kontakt zu palästinensischen Christen mit Nähe zur Hamas. EAPPI funktioniert als »Durchlauferhitzer für christliche Boykottbefürworter« (Sebastian Mohr). Menschen aus Australien, Dänemark, Deutschland, Finnland, Großbritannien, Irland, Norwegen, Österreich, der Schweiz, Schweden und den USA werden drei Monate als »ökumenische Begleiter« ausgebildet, um dann in den palästinensischen Gebieten als »Zeugen der Besatzung« israelische Sünden zu beobachten (»a biblical model for acting justly in the way of Christ«).[355] Sie reisen mit einem Touristenvisum ein. Ihre Organisation ist nicht als Hilfsorganisation registriert. Ihre politische Aktivität ist illegal. In ihrer Ausbildung lernen sie, wie sie sich bei der Einreise nach Israel verhalten müssen. Mit ihren Fotos und Berichten, so der Auftrag, sollen sie das gesellschaftliche Klima in ihren Herkunftsländern beeinflussen. Jüdische Menschen aus diesen Ländern berichten, wie rabiat die EAPPI-Christ*innen nach ihrer Rückkehr gegen sie auftreten. Kirchen, UNICEF und staatliche Einrichtungen geben Millionen US-Dollar für dieses Programm aus.[356] Mit der deutschen EAPPI-Sektion arbeiten das Evangelische Missionswerk, Pax Christi, der Jerusalemverein des Berliner Missionswerks sowie Brot für die Welt.[357]

Das zweite antiisraelische und antijüdische Projekt des Weltkirchenrates ist das sogenannte Kairos-Palästina-Dokument mit dem schaurigen Titel *Die Stunde der Wahrheit: ein Wort des Glaubens, der Hoffnung und der Liebe aus der Mitte des Leidens der Palästinenser.* Das

Dokument wurde 2009 von einer Gruppe palästinensischer Christen veröffentlicht, vom Ökumenischen Rat der Kirchen (ÖRK; dem Weltkirchenrat) als Hilferuf der Palästinenser*innen an die Christenheit überhöht, übersetzt und an weltweit mehr als 300 Mitgliedskirchen verschickt.

Das Kairos-Palästina-Dokument orientiert gegen Israel und für den BDS. Der Name Kairos sollte an das gleichnamige Anti-Apartheid-Dokument von 1985 erinnern, Israel also wieder einmal mit dem südafrikanischen Apartheidsystem gleichsetzen. Das Dokument legt alle Schuld am Nahostkonflikt auf Israels Schultern, es lobt Selbstmordattentäter*innen (»hohe Wertschätzung«) und entwertet durch seinen substitutionstheologischen Charakter das Judentums als solches. Es ist antisemitisch. Es spricht, zu Ende gedacht, dem Staat Israel politisch wie theologisch das Existenzrecht ab.[358]

2012 gründete vor diesem Hintergrund der evangelische Theologe Ulrich Duchrow das sogenannte KAIROS Palästina-Solidaritätsnetz, das sich gleichfalls der BDS-Strategie verschrieben hat. In klassisch sekundär-antisemitischer Manier verlangt es, dass »die Erinnerung an den Holocaust« nicht »dazu missbraucht [wird], die Vertreibung und Unterdrückung des palästinensischen Volkes zu rechtfertigen«.[359] Duchrow ist ein umtriebiger Israelhasser in deutschen Kirchenkreisen und in den palästinensischen Gebieten.

Für Ulrich Duchrow ist Israel ein verkommener Staat: »Südafrika war ausbeuterisch und unterdrückerisch. Das reicht nicht für die Beschreibung Israels. Dessen Intention ist es, die Menschen minderen Rechts komplett loszuwerden und die Übrigbleibenden zu gettoisieren wie in Gaza.«[360] Geldgierig, wie Juden nun mal so sind, sei es den Juden, die in Palästina »eindrangen«, um Geld gegangen, sagt der »Kapitalismus-Kritiker«, ihr Landkauf war »reines Profitinteresse«.[361] Die jüdischen »Kolonisten« kamen »mithilfe einer terroristischen Untergrundarmee und auf den Flügeln kolonialistischer Mächte, um die Bewohner aus dem Land zu treiben und sich später mit der einzigen verbleibenden Supermacht zu verbinden, um auch weiterhin der schwächeren Gruppe das Land zu stehlen.«[362] Israel braucht die Palästinenser*innen nicht, »außer als Versuchskaninchen beim Testen von Waffen«. »Das Land einzuzäunen und zu stehlen, wenn möglich es gänzlich ethnisch zu säubern [...] ist die rationalste Strategie eines zionistischen Israel«.[363]

Im Schatten der Machenschaften der jüdischen Weltverschwörung verschwinden Kapitalismus, Imperialismus, zwei Weltkriege und die Shoah, wenn Duchrow wütet: »Im westlichen Imperium ist Israel also das Extrem der kolonialistischen, kapitalistischen, imperialen, wissenschaftlich-technischen, gewalttätigen Eroberungskultur der letzten 500 Jahre.«[364]

Duchrow praktiziert NS-Relativierung auf Jesuslatschen: Bei der Aufarbeitung der Schuld gegenüber den Juden wurde »die Wirkung der deutschen Verbrechen an die Palästinenser ausgeblendet«. »Beide Traumata« müssten ernst genommen werden: der »Holocaust und die ethnische Säuberung Palästinas, die mit [...] der Nakba« begann.[365] Nakba ist der Name für die palästinensische Katastrophe der Vertreibung 1947/48, im palästinensischen Narrativ gibt es keinen Begriff für die Vertreibung von etwa 850 000 Jüdinnen und Juden aus allen arabischen und muslimischen Staaten etwa zur gleichen Zeit. Duchrow kennt auch keine arabischen Pogrome, keinen Mufti, keine Bombenanschläge und Raketenangriffe auf die israelische Zivilbevölkerung.

Karl Marx schrieb: »Hegel bemerkte irgendwo, dass alle großen weltgeschichtlichen Tatsachen und Personen sich sozusagen zweimal ereignen. Er hat vergessen, hinzuzufügen: das eine Mal als Tragödie, das andere Mal als Farce.«[366] Das gilt auch für politische Konzepte. Duchrow nennt sich »Befreiungstheologe«. Aber ihm geht es nicht, so wie den Befreiungstheologen Lateinamerikas der 1960er und 1970er Jahre, um die umfassende Befreiung und Emanzipation aller Menschen und um den Aufbau einer basisdemokratischen, sozialistischen oder kommunistischen Gesellschaftsordnung. Die sozialrevolutionäre Befreiung aller Menschen schrumpft bei Duchrow zur »Befreiung« leidender Palästinenser*innen vom Judentum.

Bei Duchrow verschmilzt antijudaistische Substitutionstheologie – die Abtrennung des jüdischen Alten Testaments von der Bibel und die Entwertung des Judentums – mit einer reaktionären Farce von Befreiungstheologie: Der leidende Palästinenser ersetzt Jesus. Der Staat der Juden verliert seine Berechtigung zugunsten der Palästinenser*innen. Duchrow: »Die Verheißung des Landes ist konstitutiv an den Bund mit Gott gekoppelt«[367], »wenn aber das Volk notorisch den Bund der Gerechtigkeit bricht, dann verliert es das Land, denn dieses ist nur gegeben, um die befreiende Alternative Gottes in der Welt sichtbar zu machen.«[368]

Das Kairos-Palästina-Netzwerk habe das Ziel, sagt Ulrich Duchrow, die »bedingungslose Unterstützung des Staates Israel und seiner Politik zu problematisieren«.[369] Viele christliche Befreiungstheologen seien »noch zu sehr in »langjährige Loyalität« mit »jüdischen Partner*innen« verstrickt, die den Staat Israel unterstützen.[370] »Grundlegend« sei es, »die symbolische Macht des zionistischen Narrativs zu brechen«.[371] Und: »Die effektivste gewaltfreie Strategie, um die Glaubwürdigkeit und darum die Wirtschaft Israels weiter zu schwächen [...], ist zweifellos BDS«.[372]

Ulrich Duchrow ist Mitglied im wissenschaftlichen Beirat von attac. Dort sitzt auch Michael Brie, Philosoph, Sohn eines DDR-Diplomaten, zeitweilig informeller Mitarbeiter des Ministeriums für Staatssicherheit der DDR und von 2008 bis 2013 Direktor des Instituts für Gesellschaftsanalyse der Rosa-Luxemburg-Stiftung, die der Linkspartei nahesteht. Die Rosa-Luxemburg-Stiftung und Kairos Europa sind »langjährige Kooperationspartner«.[373]

Duchrow und Brie, die Rosa-Luxemburg-Stiftung und Kairos Europa traten bei Evangelischen Kirchentagen und bei Sommeruniversitäten des Evangelischen Studienwerks auf.[374] Die Rosa-Luxemburg-Stiftung kofinanzierte das antisemitische Netzwerk: allein in den Jahren 2010, 2015, 2016, 2017 und 2018 mit mindestens 20 000 Euro für die Jahrestagungen bzw. größere Veranstaltungen.[375] Dazu kommen Festschriften – etwa zum 80. Geburtstag Ulrich Duchrows[376] –, von der Rosa-Luxemburg-Stiftung mitherausgegebene Bücher, diverse Abendveranstaltungen und Seminare zu Themen wie »Zins und Wucher« und »geldgetriebene Zivilisation« (Duchrow).[377]

Auf dem Evangelischen Kirchentag im Juni 2019 sollte eine Veranstaltung der Rosa-Luxemburg-Stiftung stattfinden, ein Workshop mit dem schaurigen Titel »Imperien des Mammons oder Wege der Gerechtigkeit«.[378] Unter dichtem antiaufklärerischem Schleier liegt der strukturelle Antisemitismus des Titels verborgen, der sich nur wenig polemisch vielleicht so übersetzen lässt: »Raffendes Finanzkapital oder BDS«, denn ansonsten könnte die vermeintlich linke Veranstaltung ja auch einfach heißen: »Über Kapitalismus und soziale Gleichheit«. Aber das würde keine antisemitischen Bilder abrufen. Zwei der Referenten waren aktive BDS-Unterstützer: der islamische Theologe Farid Esack und der evangelische Theologe Ulrich Duchrow.

Am 22. und am 24. Mai 2019 hatte ich bei Twitter ein erstes kurzes Ergebnis meiner Recherchen über Duchrow, Brie und die Rosa-Luxemburg-Stiftung aus diesem Buch veröffentlicht.[379] Die Onlinezeitschrift *Ruhrbarone* kritisierte den Kirchentag[380], der bestritt den geplanten Auftritt zweier BDS-Referenten, aber das konnte widerlegt werden. Der Druck auf die Kirchentagsleitung wuchs. Schließlich erklärte die Generalsekretärin des Kirchentags, Julia Helmke: »Wir haben hier eine klare Haltung als Kirchentag und haben die Rosa-Luxemburg-Stiftung aufgefordert, die Referenten auszuladen oder die Veranstaltung abzusagen«.[381] Die Stiftung sagte den Workshop ab. – Kurz zuvor hatte der Bundestag einen schwachen und ungenauen Beschluss gegen den BDS gefasst, der auf falsche und auf richtige Kritik stieß. Die Debatte würde hier zu weit führen.

Als Referent für Kairos Palästina ist auch Andreas Zumach im Einsatz, *taz*-Korrespondent und Beirat des »Bündnisses zur Beendigung der israelischen Besatzungspolitik« (BIB). Zumach rief kürzlich dazu auf, gegen »diese organisierte israelische Regierungslobby« vorzugehen, zu der angeblich die »Antideutschen«, »Teile der grünen Jugend«, der »Jugendorganisationen der Linkspartei« und der »Deutsch-Israelischen Gemeinden« gehörten, außerdem »Charlotte Knobloch«, die Vorsitzende der Israelitischen Kultusgemeinde München, aber auch der »Mossad« in Gestalt eines Journalisten der *Jerusalem Post*.[382] Diese alle seien, so Zumach, »Teil einer Lobby, die systematisch wie nie zuvor« versuche, jede Kritik an israelischer Regierungspolitik zu unterbinden.

Andreas Zumach behauptet, »kritisch zu BDS« zu stehen. Aber er vertritt wesentliche Forderungen des BDS (»Rückkehrrecht der Flüchtlinge«), rechtfertigt »Angriffe palästinensischer Attentäter und die Raketen aus dem Gaza-Streifen« als »Ausdruck der Verzweiflung und Ohnmacht« und behauptet wahrheitswidrig, der BDS stelle die Existenz Israels nicht in Frage und richte »sich nur gegen Produkte, Unternehmen und Institutionen, die von der völkerrechtswidrigen israelischen Besatzung und der Unterdrückung der palästinensischen Bevölkerung profitieren«. Zumach ist Beiratsmitglied von BIB (Bündnis zur Beendigung der israelischen Besatzung e. V.), gegründet u. a. von expliziten BDS-Unterstützern wie dem Antizionisten Rolf Verleger und dem Gaza-Flottillisten und ehemaligen Linkspartei-Bundestagsabgeordneten Norman Paech.

Andreas Zumach ist auch Vorsitzender der Jury des Göttinger Friedenspreises. Die entschied, den Preis im März 2019 ausgerechnet an die BDS-Unterstützerorganisation Jüdische Stimme für einen gerechten Frieden in Nahost zu vergeben. Es gab Auseinandersetzungen. Universität, Stadt und Sparkasse zogen ihre Unterstützung für die Preisverleihung zurück, die an einem anderen Ort dennoch stattfand.

Zumach trat im November 2018 bei einer Vorlesungsreihe von Michael Meyen auf, Professor an der LMU München, der wiederum »KenFM«, Ken Jebsens TV-Kanal bei YouTube, Interviews gibt[383] sowie für das verschwörungsideologische Portal *Rubikon* schreibt, in dessen Redaktionsbeirat der schweizerische Verschwörungsideologe Daniele Ganser sitzt. Dass Zumachs Vortrag bei einer Tagung des Kairos-Palästina-Netzwerks 2017 in Berlin-Marzahn vom Querfrontkanal Weltnetz TV veröffentlicht wurde, fällt da schon fast nicht mehr auf.

Jeder Name dieses antiisraelischen Netzwerks, den man antippt, entfaltet neue Verbindungen. Im Februar 2014 versuchte der schweizerische Verschwörungsideologe Daniele Ganser auf Einladung des Antisemiten Jürgen Elsässer (Herausgeber des völkisch-rassistischen AfD-nahen Magazins *Compact*) im Gespräch mit dem Nazi Karl-Heinz Hoffmann (Wehrsportgruppe Hoffmann) zu klären, wer denn nun die Verantwortung für das mörderische Oktoberfestattentat von 1980 trage. Die Interessen in der Runde waren klar: Hoffmann (ich war's nicht), Ganser (die Nato war's) und Elsässer (eine höhere Auflage).

Der Historiker Ganser, der inzwischen alle Lehraufträge an Universitäten wegen Unwissenschaftlichkeit verloren hat,[384] füllt Säle zu hohem Eintrittsgeld mit intellektuell außerordentlich schlichten Vorträgen u. a. über die vermeintlich »wahren« Hintergründe der Anschläge gegen die Twin Towers am 9. September 2001 in New York. Antonio Loprieno, bis 2015 Rektor der Universität Basel, misst »Gansers Thesen zu 9/11 dieselbe empirische Wahrscheinlichkeit bei wie der Theorie, dass Außerirdische die ägyptischen Pyramiden gebaut haben könnten«.[385]

Ganser sieht überall geheime Mächte am Werk, vor allem die Nato und die USA, und dahinter schimmert das Phantom der »jüdischen Weltmacht«. Auch den islamistisch-antisemitischen Anschlag auf die französische Satirezeitschrift *Charlie Hebdo* im Januar 2015 in Paris hielt Ganser zynischerweise für eine mögliche »false flag-operation«. Verdächtig früh [!] sei der Terroranschlag aufgeklärt worden: »Sicher ist, dass der militärisch-industrielle Komplex davon profitiert.«[386]

Ab 2006 wurden die antisemitischen Bezüge in Gansers Äußerungen immer auffälliger. Ganser raunte über das Profitinteresse des (jüdischen) Pächters Larry Silverstein am Einsturz der Twin Towers.[387] Er bezog sich häufig auf Antisemiten als Quellen für seine Verschwörungsthesen: Auf Kevin Barret zum Beispiel, der einmal sagte, dass »Zionisten absichtlich, als Teil ihrer offiziellen Politik, palästinensische Kinder abschlachten«; die USA seien ein »von Israel besetztes

Land«.[388] Auf James Fetzer, der beim Massenmord an der Sandy Hook Elementary School »Todesschwadrone des Mossad« im Einsatz sah. Auf Rudy Dent, der glaubt, dass die Zionisten die US-Mainstreammedien in der Hand haben und Israel »unser schlimmster Feind« ist. Und nicht zuletzt bezieht sich Ganser auf den »Forscher« Elias Davidsson (»Ich bin radikaler Antisemit und stolz darauf«), der im Mai 2018 erklärte: Der »Zionismus« habe mit »Südafrikas Apartheid [...] bestimmte Ähnlichkeiten, meines Erachtens [aber] größere Ähnlichkeiten mit dem Nazitum.«[389]

Ganser hielt Vorträge auf Konferenzen des Holocaustleugners Ivo Sasek (2014), beim rechtsradikalen und verschwörungsideologischen Kopp Verlag (2016) und er ließ sich vom Mittelstandsforum der AfD Nordrhein-Westfalen einladen (2017).[390] Die Medien, die er seinen Fans ans Herz legt, haben allesamt Querfront-Schlagseite: Bei *Rubikon* ist er im Beirat, bei *KenFM* Dauergast, die *Nachdenkseiten* stützen sich auf ihn sowie das von Diether Dehm mitgegründete Querfrontmedium *Weltnetz TV*.

Kein Wunder, dass die deutsche Friedensbewegung Daniele Ganser willkommen hieß. Aus den antisemitischen Mahnwachen für den Frieden war über den Zwischenschritt »Friedenswinter« (2014) das Projekt »Stopp Air Base Ramstein 2017« geworden. Querfront-Strippenzieher Reiner Braun (Multifunktionär in Friedensgruppen) stand stolz an der Bühne der Versöhnungskirche in Kaiserslautern, die Querfront-Onlinepostille *NRhZ* machte Fotos, als Daniele Ganser auf die Bühne trat und deutschen Nationalismus und Schuldabwehr-Antisemitismus bediente: »Deutschland wird immer niedergedrückt mit dem Stichwort ›Hitler – Nationalsozialismus‹. Das ist eine psychologische Kriegsführung, die sie schon seit vielen Jahren erleiden. [...] diese Verbindung ›Deutschland – Hitler‹, die müsste man kappen und man müsste machen: ›Deutschland – Goethe‹«.[391] Das friedensbewegte »linke« Publikum jubelte.

Vor Ganser hatte Eugen Drewermann gesprochen, der ehemalige katholische Priester ist einer der beliebtesten Redner in dieser Szene.

Er erwähnt in seinen Reden oft Hiroshima, selten Auschwitz.[392] Er beklagt die Bombardierung Hamburgs, aber selten den deutschen Massenmord an Millionen jüdischer Menschen. Für den Zweiten Weltkrieg und den NS-Faschismus zieht er die Alliierten des Ersten Weltkriegs zur Verantwortung: »Mir scheint, dass Adolf Hitler uns erspart geblieben wäre, hätten die Nationen 1920 nicht einfach einem einzelnen Volk die Schuld an allem [...] aufgebürdet«.[393] Der »Kriegsgrund« liege in den »Demütigungen« und der Verletzung der »nationalen Ehre« der Deutschen durch die Sieger im Ersten Weltkrieg.[394]

Und Drewermann geht noch weiter: Die Wurzel des Bösen im Christentum liege im Judentum. Das Christentum besäße »aufgrund seiner spezifisch semitischen, jüdischen Geistesart einen außerordentlichen gewalttätigen und rücksichtslosen Charakter«.[395] Gott habe seinem auserwählten Volk den »Befehl zur Ausrottung aller anderen Völker« erteilt.[396] Die jüdische Religion zeichne sich durch »rohe Aggressivität« und »fanatischen Sadismus« aus.[397] Auch die Haltung gegenüber Tieren zeige, hier stimmt Drewermann Schopenhauer zu, »eine empörende Rohheit und Barbarei des Occidents, deren Quelle im Judentum liegt.«[398] Drewermanns Texte belegen tiefste Menschenverachtung. Statt Tierversuchen empfiehlt er Menschenversuche, denn Tiere empfänden »totaler und vitaler Glück und Schmerz [...], weit mehr jedenfalls, als jeder Mensch es je könnte«.[399] »Überbevölkerung« müsse »eingedämmt« werden.[400] Die Menschheit als Ganze wolle und müsse »beschützt« werden »vor zuvielen Menschen.«[401] Wie wenig Drewermann von der »marxistischen Menschenrasse« hält (»Selektion des Schlechtesten am Menschen«), möchten seine »linken« Bündnispartner*innen vermutlich lieber nicht wissen.[402]

Am nächsten Tag, bei der Abschlusskundgebung »Stopp Ramstein«, hielt Ken Jebsen eine wirre Rede und Oskar Lafontaine sprach von der Bühne: »Wir haben nach wie vor eine unsichtbare Regierung, die in Wirklichkeit die Geschicke dieser Welt bestimmt.«[403] Die deutsche Friedensbewegung, wie sie leidet und halluziniert.

Bei der Konferenz »50 Jahre israelische Besatzung« des KoPi (Deutscher Koordinationskreis Palästina Israel) im Juni 2017 in Frankfurt am Main kamen viele »linke« BDS-Unterstützer*innen zusammen. »Nein, wir sind keine BDS-Konferenz«, behaupteten die Veranstalter. Aber von 13 Referent*innen und Moderator*innen waren 12 Unterstützer*innen des BDS.[404] Unter ihnen war der Frankfurter Arzt Matthias Jochheim (IPPNW), seit Jahren pro-BDS. Er war im Mai 2010 ein ziemlich blinder Passagier (»alles gewaltfrei«) auf der »Mavi Marmara« gewesen, eines von sechs Schiffen der »Gaza-Flottille«, organisiert von der türkischen Internationalen Humanitären Hilfsorganisation (IHH). Die gilt als humanitär verkleidete islamistische Gruppe und steht unter dem Verdacht, die Hamas zu finanzieren. Nach der Fahrt wurde sie in Deutschland verboten. Zusammen mit Jochheim auf der Mavi Maramar waren die damaligen Bundestagsabgeordneten der Linkspartei Annette Groth und Inge Höger sowie der frühere Abgeordnete Norman Paech. Beim Ablegen des Schiffes in Istanbul riefen Anhänger Parolen der Hamas: »Intifada bis zum Sieg« und »Tod allen Juden«. Der eine oder andere türkische Passagier soll verkündet haben, als Märtyrer sterben zu wollen.

Der Zweck war angeblich, Gaza mit Hilfsgütern zu versorgen. Das erklärte Ziel aber war es, die israelische Seeblockade zu durchbrechen, was vielleicht erklärt, warum die Hilfsgüter ziemlicher Schrott waren und bei den meisten Medikamenten das Haltbarkeitsdatum abgelaufen. Eine Seeblockade zu durchbrechen ist eine militärische Ansage und keine Aufforderung zum Ententanz im Robinson Club. Die israelische Marine warnte die Schiffe mehrmals. Einem Funkmitschnitt ist zu entnehmen, dass Flottillisten den Israelis zuriefen: »Shut up, go back to Auschwitz« und »Don't forget 9/11«.[405] Dann ließ die israelische Armee (IDF) aus Helikoptern Soldaten auf die Schiffe herab.

Kenneth O'Keefe, ein ehemaliger US-Marine, entwaffnete einen oder zwei IDF-Soldaten. Er soll mit der gekaperten Waffe herumgelaufen sein und Schüsse abgefeuert haben.[406] Die israelischen Soldaten schossen. Am Ende waren zehn Menschen tot und einige verletzt. Ein

Jahr später enthüllte O'Keefe als Referent des Freiburger Cafe Palestine »die Wahrheit« über 9/11 (»Das Finanzsystem wird fast vollständig von jüdischen Bankiers kontrolliert«) und 2017 die verschwiegenen Heldentaten eines gewissen Adolf Hitler (Hitler habe Deutschland aus Dekadenz und Elend zurück an die Macht gebracht).[407]

Die deutschen Flottillisten Paech, Groth, Höger und Jochheim wollten von all dem nichts gesehen haben. Zurück in Berlin ließen sie sich von Christine Buchholz, der hessischen Bundestagsabgeordneten der Linkspartei (»unterstütze Euer Anliegen aus vollem Herzen«), und der Parteivorsitzenden Gesine Lötzsch (»Wir sind sehr stolz auf ihren Einsatz«) feiern.

Eine der ersten größeren Aktionen des BDS in Deutschland fand ausgerechnet am 9. November 2010 in Berlin statt, dem 72. Jahrestag der Reichspogromnacht.[408] Neben sechs Bundestagsabgeordneten der Linkspartei (Annette Groth, Wolfgang Gehrcke, Inge Höger, Andrej Hunko, Ulla Jelpke und Sabine Stüber) beteiligten sich Nahostarbeitskreise und Verbände der Partei. Dazu kamen Palästina-Solidaritätsgruppen, Vertreter*innen kirchlicher Gruppen, EAPPI, der »radikale Antisemit« Elias Davidsson, die DKP Berlin. Mit dabei auch das einschlägige Cafe Palestine Freiburg. Dort würde ein Jahr später der britische Referent Gilad Atzmon sagen – anstandslos übersetzt von der Vorstandsvorsitzenden Gaby Weber –, bei den Zionisten habe man es mit einer »völkischen, rassistischen und expansionistischen Identität« zu tun. Die Nazis hätten »Rassismus und Expansionismus von den Zionisten gelernt«, Israel sei schlimmer als Nazideutschland«.[409]

Die am 72. Jahrestag der Pogromnacht in Berlin Versammelten verlangten nicht etwa die Einstellung aller deutschen Rüstungsexporte oder wenigstens der in Kriegsgebiete, wie man das von Pazifisten und Antimilitaristen erwarten sollte, sondern nur nicht an Israel. Das Feindbild von Antisemit*innen bleibt der jüdische Mensch, der sich wehrt.

Politische Gruppen, die den BDS unterstützen, teils verdeckt, teils offen, gibt es in mehr als 30 deutschen Städten.[410] Zu den wichtigsten gehören: BDS-Gruppen (in etwa 10 Städten), F.O.R. Palestine und andere Free-Palestine-Initiativen, diverse Palästinakomitees und Nahost-Arbeitskreise, etliche antiimperialistische Gruppen, Teile von attac, Teile der Linkspartei und ihrer Jugendorganisation linksjugend solid, Cafe Palestine (in Deutschland und der Schweiz), einige Tierrechtsgruppen, der Deutsche Friedensrat, die Deutsch-Palästinensische Gesellschaft (mit mindestens 13 Ortsgruppen), Teile der Palästinensischen Gemeinden, das Palästina Portal, Deutsch-Palästinensische Frauenvereine, diverse Friedensgruppen und Frauen-Friedensgruppen, Teile der IPPNW, des EAPPI und von Pax Christi, Teile von Misereor und Brot für die Welt sowie Teile der evangelischen Landeskirche Baden-Württemberg. Hinzu kommen die Jüdische Stimme für gerechten Frieden in Nahost und die Jüdisch-Palästinensische Dialoggruppe.

Evangelische Akademien veranstalten Tagungen zum Israel-Palästina-Konflikt, und wenn allzu vielen auffällt, dass die (nötige) Kontroverse mehrheitlich von BDS-Sympathisant*innen untereinander ausgetragen wird, wird die Tagung hastig abgesagt, wie 2017 in Bad Tutzing. Die Evangelische Akademie Bad Boll zeigte sich 2018 besorgt um »Shrinking space im Israel-Palästina-Konflikt« und lud für den »Aufbruch zu einem konstruktiven Miteinander« mehrheitlich BDS-freundliche, also israelfeindliche Referent*innen ein: Annette Groth, Christine Buchholz (die 2006 auch ihre Solidarität mit der Hisbollah erklärt hatte), Ingrid Rumpf mit ihrer einseitigen Nakba-Ausstellung, Marius Stark (KoPI), Nirit Sommerfeld und Rolf Verleger (BIB) und als »kritische Stimme gegen Menschenrechtsverletzungen in Nahost« Abraham Melzer. Der BDS war wieder einmal fast unter sich. Melzer darf man laut Landgericht München einen Antisemiten nennen. Das Urteil hat Charlotte Knobloch, die Vorsitzende der Israelitischen Kultusgemeinde München, Anfang 2018 durchgesetzt. Melzer hatte im Rückblick auf die Gaza-Demonstrationen des Sommers 2014 Parolen wie »Jude, Jude feiges Schwein, komm' heraus und kämpf' allein!«, »Scheiß-Juden, wir kriegen euch!« und »Hamas,

Hamas, Juden ins Gas« als »verständlich« gerechtfertigt.[411] Melzer verglich auch schon mal die israelische Armee mit der Waffen-SS.[412] Als die Kritik an der Zusammensetzung in Bad Boll zu laut wurde, wurden wenige Tage vorher noch hastig Kritiker*innen des BDS gesucht.

Die Partei MLPD bezieht sich auf Lenin und Mao, verteidigt Stalin[413] und steht offen auf Seiten des BDS. Von ihrer antizionistischen Praxis war schon im vorangegangenen Kapitel die Rede. Die DKP verdeckt ihre Unterstützung lieber, hilft aber, wo sie kann, bei der »Solidarität mit dem gerechten Kampf des Volkes Palästinas«. Aufs »Volk« bezieht sich, wer keine Klassenanalyse mehr hat. In ihrem Umfeld tummelten sich der Frankfurter Ex-Pfarrer Hans Christoph Stoodt[414], der schon vor Jahren mit seinem Israelhass die Frankfurter Anti-Nazikoordination (ANK) sprengte, Aitak Barani, Sprecherin von Free Palestine Frankfurt, die gern Israel-Tage stört, und Kerem Schamberger, BDS-Propagandist und Wissenschaftler an der Universität München, der den Apartheid-Vergleich feiert.

Aus dem Umfeld der DKP kommt auch Susann Witt-Stahl, Gründerin der Tierrechtsaktion Nord (TAN) und Chefredakteurin von *Melodie & Rhythmus* im *junge Welt*-Verlag 8. Mai. Witt-Stahl interviewt chronisch den israelischen Historiker Moshe Zuckermann, dessen intellektuellen Niedergang zu beobachten trostlos ist. Bei der erwähnten KoPi-Tagung in Frankfurt am Main referierte er vor gefälschten Palästina-Landkarten. Er gibt am laufenden Band Querfrontmedien wie KenFM, *Rubikon* u. a. Interviews, als habe er sich als kritischer Mensch aufgegeben. Er setzt sich mit keiner Kritik sachlich auseinander. Er spricht von Israel als dem Land, »das jedes Recht verwirkt« habe, sich noch auf die »›Lehren von Auschwitz‹ zu berufen«. Israel sei ein sich zunehmend »faschisierender« Staat.[415]

Dass Israel sich politisch nach rechts entwickelt und eine Regierung hat, die auch ich kritisiere, wie ich das überall auf der Welt nach vergleichbaren Kriterien tue, ist das eine. Mir hat aber noch niemand erklären können, warum eine wie auch immer scharfe Kritik an der israelischen Regierung die Zusammenarbeit mit Antisemit*innen in

Deutschland und anderswo rechtfertigt, deren Ziel die Vernichtung der Existenz des Staates Israel ist.

Als Claude Lanzmann, Regisseur des Meisterwerks *Shoah,* im Oktober 2009 nach Hamburg kam, um im Programmkino B-Movie seinen Film *Warum Israel* (1973) zu zeigen, wurde die Veranstaltung gewaltsam verhindert. Angehörige des benachbarten antiimperialistischen Zentrums B5, der Tierrechtsaktion Nord (TAN) und anderer antiimperialistischer Gruppen versperrten mit Gegenständen, Faustthieben und antisemitischem Gebrüll (»Judenschweine«) den Zutritt zum Kino. »Es ist noch nie irgendwo auf der Welt die Vorführung eines meiner Filme verhindert worden«, sagte Lanzmann erschrocken.[416]

Patrik Köbele, der Vorsitzende der DKP, stellte kürzlich fest, »dass die Kommunisten die einzige Kraft sind, die in diesen hundert Jahren immer auf der richtigen Seite gestanden haben. Das gilt für die KPD, die SED, die SEW und die DKP.« – Lassen Sie uns ausnahmsweise kurz die Schlageter-Periode der KPD, den Stalin'schen Antisemitismus, die katastrophale Wende der Sowjetunion in ihrer Haltung zu Israel 1967 und 1975 und anderes beiseiteschieben. Manchmal sind es schon die kleinen Dinge, welche die Lüge entlarven.

Im *Kleinen politischen Wörterbuch* der DDR von 1988 findet sich kein Eintrag zu »Antisemitismus«, nur ein Verweis auf »Rassismus«, dort einer auf »Zionismus«. Da steht dann: »Zionismus: die chauvinistische Ideologie, das weitverzweigte Organisationssystem und die rassistische, expansionistische politische Praxis der jüdischen Bourgeoisie.« Mit »Unterstützung großkapitalistischer Kreise (Rothschild) organisierte Einwanderung jüdischer Siedler«. 1942 sei »die Einordnung des Zionismus in die Pläne des USA-Imperialismus im Nahen Osten« erfolgt. Über die maßgebliche Unterstützung der Sowjetunion bei der Gründung Israels 1947/48 kein Wort, aber: »Der Hauptstoß des politischen Z.[ionismus] richtet sich gegen die arabischen Völker und Staaten, ihre anti-imperialistisch-demokratische Profilierung und ihr Bündnis mit der sozialistischen Staatengemeinschaft. Auf der XXX. UNO-Vollversammlung (1975) wurde mit der Resolution 3379 der Z. als eine Form des Rassismus und der rassistischen Diskriminierung verurteilt.« (S. 1116)[417]

Haben Kommunist*innen keine Fehler gemacht? Patrik Köbele: »Natürlich haben wir auch Fehler gemacht, aber eben Fehler im Rahmen des prinzipiell Richtigen.«[418] Und die Fehler »im Rahmen des prinzipiell Richtigen« hören einfach nicht auf.

Die 94-jährige Musikerin Esther Bejarano hat die Hölle von Auschwitz überlebt. Ihre Auftritte mit der Band Microphone Mafia sind schön. Was politische Freunde mit ihr machen, ist weniger schön. 2016 wurde sie ohne ihre Zustimmung von ihrer Partei, der DKP, auf Platz 1 der Hamburger Landesliste gestellt. Noch ein halbes Jahr später empörte sie sich darüber in einem Interview mit der österreichischen *kleinen zeitung*.[419] Ich wies darauf hin, die Sache wurde in Deutschland öffentlich. Kurze Stille, Rumoren hinter den Kulissen und dann war alles angeblich nur ein Missverständnis gewesen, wie Bejarano plötzlich in einer gestanzten Parteisoldatinnen-Erklärung verkündete, die so gar nicht nach ihr klang.[420]

In Sachen BDS gibt der Schauspieler Rolf Becker die Funktionalisierung der Auschwitz-Überlebenden Bejarano unverfroren zu. Früher sei es leichter gewesen, Veranstaltungen mit Moshe Zuckermann und sich selbst zu organisieren. Dann sei Kritik aufgekommen. Grinsend sagt Rolf Becker in die Kamera von Weltnetz TV: »Deswegen machen wir jetzt was Einfaches. Wir treten auf mit Moshe Zuckermann *und* Esther Bejarano. Das stellt die [Kritiker] vor ein großes Problem. Esther Bejarano sollen sie mal, als Überlebende von Auschwitz und Ravensbrück, die sollen sie mal anfassen!«[421]

Rolf Becker ist Mitglied der Gewerkschaft ver.di – wie ich. Seine BDS-Genossin Witt-Stahl konnte in der ver.di-Zeitschrift *Kunst und Kultur* wüste (von der Redaktion ungeprüfte) Lügen gegen mich aufschreiben. Ver.di schweigt dazu. Auch die Gewerkschaft Erziehung und Wissenschaft (GEW) ist mancherorts Kompagnon des BDS: in Hamburg, in Oldenburg[422] und in Teilen von Hessen beispielweise. Der Deutsche Koordinationskreis Palästina Israel (KoPi) wirbt für

Studienreisen »Palästina und Israel«, die von lea, der hessischen GEW-nahen Bildungsgesellschaft veranstaltet werden. Bei diesen 14-tägigen Reisen (12 Tage, 2070 Euro) betreten die Teilnehmer*innen fast nur bei Ankunft und Abflug israelischen Boden. Leiter der Studienreise im April 2019 ist BDS-Aktivist Fuad Hamdan, Geschäftsführer des »Eine-Welt-Hauses« in München. Er stützt sich auf Ilan Pappé, redet von »ethnischer Säuberung Palästinas« und verlangt das »Rückkehrrecht«. – Ein weiterer lea-Referent ist inzwischen ausgerechnet Abraham Melzer.[423]

Bei den Protesten gegen den G20-Gipfel in Hamburg 2017 prallten die innerlinken Konflikte in Sachen Israel/Palästina aufeinander – unverstanden und unbemerkt von der breiten Öffentlichkeit. Erfreulicherweise prangte auf der Hausfassade der Roten Flora das Riesentransparent »Gegen jeden Antisemitismus« – eine Klärung und klare Botschaft gegen antizionistischen Antisemitismus und BDS.

Da viele linke Gruppen die Auseinandersetzung aus Feigheit oder Bequemlichkeit nicht führen, sich nicht abgrenzen und einige dem BDS sogar nahestehen, konnten in der Woche der G20-Proteste in Hamburg zwei Dinge passieren: Der »Internationalistische Block« von BDS und F.O.R. Palestine lief auf einer großen von Linkspartei-Mitgliedern organisierten Demonstration mit. Es gelang der Linken auch nicht, im Camp im Altonaer Volkspark das Zelt der BDS-Anhänger*innen zu entfernen, in dem die Veranstaltung mit dem Titel »Intifada bis zum Sieg« abgehalten wurde (kein Erfolg, 50 Besucher*innen, etwa die Hälfte Beobachter*innen).

Der BDS ist *kein* gewaltfreies Projekt. Überall dort, wo er auftaucht, wie etwa schon seit Jahren an US-amerikanischen Universitäten, erleben jüdische Studierende und andere junge Linke, die Israel nicht vernichtet sehen wollen, signifikant mehr antisemitische Angriffe, Schmähungen, Sachschäden, körperliche Angriffe. Sie werden von BDSlern gezielt und aggressiv aus antirassistischen und internationalistischen Bündnissen gedrängt. Teil der BDS-Strategie ist es, die akademisch gebildete Jugend in den USA, Kanada und Europa, die morgen in einflussreichen Positionen arbeiten könnte, gegen Israel in Stellung zu bringen.

Was in den USA passiert, schwappt auch nach Deutschland, beispielsweise die Denunziation, dass alles Positive, was über Israel berichtet werde, nichts als zionistisches »Branding« sei. Israel ist das einzige schwulen- und queer-freundliche Land im Nahen Osten? »Pinkwashing!«, sagt der BDS, nur ein schlauer PR-Schachzug der Juden, um die »Marke Israel« reinzuwaschen (»Brand Israel Campaign«). Israel trug im Mai 2019 den Eurovision Song Contest aus? »Artwashing« schimpfte der BDS. Die US-amerikanische Gender-Dozentin und BDS-Unterstützerin Jasbir Puar spricht sogar von »Israel's gay propaganda war«. Sie legt die theoretische Rechtfertigung für Hardcore-Antisemit*innen bereit: Das Selbstmordattentat sei die »äußerste Form des Widerstands« und »subversiv«. »Der Selbstmordattentäter wird zum legitimen Widerstandskämpfer und der Mord an Unbeteiligten zum subversiven Akt, der die westlichen Kategorien von Subjekt und Vernunft in Frage stelle. Die Subversion besteht im realen Mord des Anderen und in der Aufgabe des eigenen Lebens.« »Täter und Opfer« verschmelzen »zu ebenjener terroristischen ›Assemblage‹«.[424]

Internationale BDS-Unterstützer*innen wie Naomi Klein behaupten, es gehe dem BDS nicht um den Boykott einzelner Künstler*innen oder Wissenschaftler*innen. Das ist schlicht nicht wahr. Während der frühere Pink-Floyd-Musiker Roger Waters bei seinen Konzerten aufgeblasene Schweine mit Davidstern aufsteigen lässt und Künstlerkolleg*innen attackiert, die sich dem BDS nicht unterwerfen wollen, werden immer mehr Künstler*innen, Wissenschaftler*innen und Aktivist*innen vom BDS-Netzwerk bedroht.

Schon 2009 musste Leonard Cohen, vor einer Israel-Tournee vom BDS bedroht, einen Auftritt in Ramallah absagen. 2015 wurde der US-amerikanische Sänger Matisyahu auf das Rototom Sunsplash Reggae Festival in Benicàssim bei València, Spanien eingeladen. Der BDS Valencia und der BDS Catalonia drohten und erpressten. Man solle den Sänger ausladen, wenn er sich nicht in einer Videobotschaft für die Palästinenser*innen und gegen Israel erkläre. Sie verlangten es nur von ihm. Er ist nicht einmal Israeli, er ist ein Jude aus Brooklyn. Matisyahu lehnte ab. Man lud ihn aus. Der Skandal wurde öffentlich. Man lud ihn wieder ein. Sein Auftritt wurde vom BDS mit Riesentransparenten und Flaschenwürfen massiv gestört.

Als ich im Frühjahr 2014 im Rahmen einer Lesereise über mein Buch über die Geschichte des adligen Antisemitismus *Der Baron, die Juden und die Nazis* an Universitäten in Tel Aviv, Jerusalem und Haifa referierte, wurde ich mit Hassmails überschüttet. Ein gewisser Chris Sedlmair, damals Linkspartei-Mitglied, schrieb auf der Facebook-Seite »Linke [!] Zeitungsleser«: »Lügen-Jutta hat die Tel Avier Lizenz zur Menschenvernichtung« erhalten. [Originalschreibweise]

2017 lud mich die katalonische linke Partei Candidatura d'Unitat Popular (CUP) als Referentin zur »Internationalen Konferenz: Souveränität und Selbstbestimmung. Politischer Wandel in der Euro-Mittelmeerregion« ein: Wir möchten, dass Sie als »Feministin, Radikalökologin und Anti-Atom-Aktivistin und als Mitgründerin der Grünen sowie der Ökologischen Linken […] Ihre Erfahrungen und Positionen bezüglich zivilem Ungehorsam als gewaltfreiem Mittel für sozialen Wandel erläutern […]. Wir möchten Theorie, Analyse und Praxis kombinieren […]. Es wäre uns eine große Ehre, wenn Sie an unserer Internationalen Konferenz teilnehmen.« Die CUP sei »nicht homogen« und man wolle »von Erfahrungen anderer lernen«. Mit der Konferenz war eine Lesereise für die katalonische Ausgabe meiner Ulrike-Meinhof-Biografie verbunden.

Drei Tage vor der Konferenz wurde alles abgesagt. Man habe von meinen »politischen Positionen und Aktivitäten gegen den BDS« erfahren. Für ein Round-Table-Gespräch sei auch ein Vertreter der BDS-Kampagne eingeladen und ich war ihm nicht zuzumuten. Vorbei war es mit »nicht homogen« sein und »von Erfahrungen anderer lernen« wollen.

Auffällig ist, auf wessen Solidarität sich Jüdinnen und Juden nicht mehr verlassen können. Teile der antirassistischen und der feministischen Szene stehen auf der Seite der Israelfeind*innen. Es sind junge Feministinnen wie Laurie Penny aus England, die den BDS unterstützen und den Kampf gegen den Antisemitismus für eine deutsche Spinnerei halten. Es sind alte Feministinnen wie Angela Davis, deren BDS-Bezogenheit sicher auch mit ihrer KP-Mitgliedschaft und der alten engen Verbindung zur Sowjetunion und der DDR zu tun hat.

Martin Luther King stand auf Seiten Israels, begrüßte 1948 die Gründung des Staates Israel und war ein erklärter Gegner des Antisemitismus. Von 1954 bis zu seiner Ermordung 1968 dauerte die Allianz von fortschrittlichen Schwarzen und fortschrittlichen Juden in den USA. Unterdessen hatte die Black Panther Party Kontakt zur PLO aufgenommen. Huey Newton, Mitgründer der Black-Panther-Bewegung, sagte aber, »der revolutionäre Internationalismus richte sich gegen die weiße Vorherrschaft, aber nicht gegen die Juden«.

Eine nationalistische, muslimische und antisemitische US-Strömung ist die Nation of Islam. Mitglied der Nation war bis 1964 Malcolm X, der im Gefängnis zum Islam konvertiert war. 1965 wurde Malcolm X nach seinem Austritt vermutlich von Angehörigen der Nation of Islam ermordet, es ist ungeklärt, ob das FBI in den Mordauftrag verwickelt war. Die Nation of Islam paktierte zeitweilig sogar mit US-Faschisten, um sich über einen eigenen schwarzen Staat in den USA zu verständigen. Seit 1977 wird die Nation von Louis Farrakhan geführt, für den Israel ein »outlaw state« ist. Die Schuld an der jahrhundertelangen Unterdrückung der »überlegenen schwarzen Minderheit« gibt er »jüdischen Blutsaugern«, und »satanischen Juden« und ihrer weltumspannenden Macht.[425]

Als Linda Sarsour, die palästinensische Ko-Vorsitzende des US-amerikanischen Women's March, kürzlich mit antisemitischen Äußerungen auffiel, war das nicht das erste Mal. Sie unterstützt den BDS und sagte einmal: »Nichts ist gruseliger als Zionismus«.[426] Ihre weitere Ko-Vorsitzende Tamika Mallory hat enge Beziehungen zu Louis Farrakhan und bewundert ihn. Es gab Ende 2018 heftige Auseinandersetzungen und Women's March spaltete sich in vielen Städten.

When I see them I see us ist ein kurzer Film von 2015[427] über die Solidarität US-amerikanischer Schwarzer mit den Palästinenser*innen. Es treten auf die BDS-Verteidiger*innen Angela Davis, Cornel West, Danny Glover, Lauryn Hill, Alice Walker und – Omar Barghouti. Antizionistischer Antisemitismus scheint in schwarzen glamourösen US-Kreisen Mode geworden zu sein und der Pakt mit Organisationen, die Israel vernichten wollen, kein Problem mehr.

Angela Davis tritt regelmäßig auf BDS-Veranstaltungen in England auf. Sie warb in London für den Boykott der internationalen Securityfirma G4S, weil diese bzw. ihre Produkte in Israel an Repressionen und Folter gegen Palästinenser*innen beteiligt seien. Aber G4S-Techniken sind in 120 Ländern im Einsatz, auch in England, den USA und Mexiko, und es gibt aus mehreren Ländern grauenhafte Berichte über Menschenrechtsverletzungen durch G4S. Warum richtet sich der Boykott ausschließlich gegen G4S in Israel? Angela Davis sagt: »Boykottiert G4S, unterstützt BDS, und am Ende wird Palästina frei sein.«[428] Denn die Palästinenser*innen sind für sie die Ureinwohner*innen Israels (»indigenous people«), sagt Davis, die Juden sind es nicht. Die Verbrechen Israels seien denen der Nazis ähnlich, das sagt sie auch.

All das kam hoch, als ihr Anfang 2019 ein Preis des Birmingham Civil Rights Institute in Birmingham Alabama, einer angesehen Bürgerrechtsinstitution, wieder aberkannt wurde. Als Gründe nannte man ihre Feindseligkeit gegenüber Israel, ihre Unterstützung der Palästinenserin Rasmea Odeh, die 1969 in einem Supermarkt in Jerusalem zwei jüdische Studenten ermordet hatte, und Davis' Solidarität für Marwan Barghouti, der vier israelische und einen griechischen Zivilisten auf dem Gewissen hat. Die Absage des Preises kommentierte der BDS in Verkehrung aller Maßstäbe so: »Angela Davis ist das neueste schwarze Ziel der Israel-Lobby«.[429]

Die internationale BDS-Kampagne mit all ihren Unterkampagnen bewirkt, dass die palästinensische Führung Verhandlungen mit Israel als »Normalisierung« und »Verrat« verweigert, Verhandlungen, in denen es ja auch darum gehen müsste, zu welchen Bedingungen die Siedlungsgebiete endlich aufgelöst werden. Der BDS folgt damit der Logik der Hamas. Der BDS nützt der israelischen Rechten um Ministerpräsident Netanjahu. Je mehr die Bedrohung durch Hamas und BDS zunimmt, umso mehr Israelis werden ins rechte Lager getrieben. Die israelische Linke kann durch den BDS nur verlieren.

Kurz nach dem Sechstagekrieg im Juni 1967 sagte der 42-jährige Vietnamkriegsgegner, Theologe und baldige Rektor der Universität Heidelberg Rolf Rendtorff auf einer Kundgebung an der Universität Frankfurt: Die politische Landschaft biete ein »höchst sonderbares Bild. [...] Das ›Neue Deutschland‹ und die ›Deutsche Nationalzeitung‹ verbünden sich, indem sie Israel als Aggressor bezeichnen. Der Sozialistische Deutsche Studentenbund entfaltet an vielen Orten eine anti-israelische Kampagne, derselbe Sozialistische Deutsche Studentenbund, der – was hier in Frankfurt noch in Erinnerung sein dürfte – vor wenigen Jahren die treibenden Kräfte in den Deutsch-israelischen Studentengruppen stellte.«[430]

Der 82-jährige Philosoph Ernst Bloch, der jungen radikalen westdeutschen Linken gleichfalls wohlgesonnen, registrierte auf derselben Kundgebung eine »Bewusstseinsspaltung der sozialistischen Linken, das rumorende Gewissen in ihr selbst, wenn sie solche Ungeheuerlichkeiten teils mitbrüllt, teils verlegen mitseufzt: auch dieser Skandal, ein kuschender Zynismus, doch mit ungewolltem Pogromklang, ist in der sozialistischen Linken noch nicht dagewesen.«[431]

In den nachfolgenden 50 Jahren gab es Kämpfe, die der außerparlamentarischen Revolte nachfolgten: Bewegungen von Schüler*innen und Lehrlingen, die feministische Bewegung, die Anti-AKW-Bewegung, Hausbesetzungen, eine Vielfalt sozialer Projekte und Initiativen. Der Israel-Palästina-Konflikt stand eher selten auf der Tagesordnung. Es ging, für jüngere Leute heute vielleicht schwer nachzuvollziehen, um radikale, emanzipatorische gesellschaftliche Veränderungen inmitten der und gegen die alten Nazis und Antisemit*innen, die uns umgaben und die wir verachteten. Später galt der Nahostkonflikt in

Teilen der Linken aber auch als heiße Herdplatte, auf der eine sich schnell die Finger verbrennen konnte. In den 1980ern gab es gelegentlich Konflikte über Delegationsreisen der Grünen nach Israel oder um ein Wandgemälde in der Hamburger Hafenstraße: »Boykottiert Israel! / Waren, Kibbuzim + Strände / Palästina – das Volk wird dich befreien / Revolution bis zum Sieg«.

Die antiautoritäre Linke segelt heute zwischen den scharfkantigen Felsen linker Antizionismus und rechter Philosemitismus auf der Suche nach Bündnispartner*innen für eine Politik, der wirklich an einem Frieden im Nahen Osten gelegen ist. Nichts anderes kann das Ziel sein. Für diesen Kurs müssen Konflikte ausgetragen und die Vergangenheit, aber auch diese seltsame antiisraelische Besessenheit bearbeitet werden, die den Verdacht nährt, hier seien unbearbeitete deutsche NS-Familiengeschichten nicht unmaßgeblich. Für das Ziel müssen sich alle, die universelle Menschenrechte verwirklichen und die Befreiung jedes Menschen wollen, mit der Hamas und ähnlichen Organisationen entsolidarisieren. Für dieses Ziel muss politischer Druck auf die palästinensische Führung und ihre arabischen Unterstützer*innen aufgebaut werden. Für dieses Ziel muss die Kooperation mit demokratischen und linken Palästinenser*innen vorangetrieben werden, aber auch mit Israelis, die noch nicht aus Verzweiflung über ihre Regierung im Zynismus ertrunken sind. Für dieses Ziel müssen Stiftungen und Staaten, Europäische Union, Deutschland und Teile der Kirchen aufhören, die palästinensische Unmündigkeit zu finanzieren und Selbstmordattentate zu prämieren. Freiheit für Palästina heißt auch Freiheit von paternalistischer Bevormundung und unkritischer Solidarität. Israel verteidigen heißt, Israel auf Basis von empirischen Fakten zu kritisieren und nicht auf Basis antisemitischer Obsession. Die emanzipatorischen Teile unterschiedlicher linker und kritischer Strömungen können sich dieser Verantwortung nicht länger entziehen.

9 Schöne Aussicht
Epilog

Die Neue Rechte ist die Alte Rechte. Es gibt unterschiedliche Erscheinungsformen. Die SA hörte keinen Rechtsrock. Gauleiter trugen keine Hundekrawatten. NSDAP-Frauen wurden nie Reichstagsabgeordnete. Aber neue Erscheinungsformen verändern das *Wesen* der Rechtsradikalen und Nazis nicht. Heute sitzen sie zu hunderten in Parlamenten. Was speist die Zustimmung zur Neuen alten Rechten? Wer wählt ihre Konzepte, die große Menschengruppen ausgrenzen und entwerten? Wer nimmt an Demonstrationen mit menschenfeindlichen Scharfmacher*innen teil? Wer jubelt bei antisemitischen Anschlägen und rassistischen Morden? Woher kommt in der bürgerlichen Mitte das zerstörerische Bedürfnis, mit Rechtsradikalen »den Diskurs zu pflegen«, ihnen in Talkshows und auf Bühnen größere Reichweiten zu verschaffen? Was ist in der deutschen Gesellschaft geschehen?

Die gesellschaftlichen Verhältnisse haben sich verändert. Die deutsche Gesellschaft ist zwar soziologisch objektiv nach wie vor eine Klassengesellschaft, aber subjektiv, in den Köpfen der Menschen, gibt es diese früher so eindeutige (Zu-)Ordnung – hier Arbeiter*innenklasse dort Bourgeoisie – anscheinend nicht mehr. Die Sinus-Studie[432] beschreibt die Auflösung der Gesellschaft in etwa zehn sich überschneidende Milieus, die durch normative Grundorientierung und soziale Lage verbunden sind.

Hinter diesen Milieus verborgen bleibt der tiefere Klassengegensatz zwischen Lohnarbeit und Kapital, der bestimmende Widerspruch im Kapitalismus. In Wirklichkeit sind es keine eigenständigen Schichten oder Milieus, die die Arbeiter*innenklasse in der allgemeinen Wahrnehmung abgelöst haben, sondern nur verschiedene Segmente der Klasse der Lohnabhängigen. Weil sich mit der Entfaltung der Produktivkräfte in den kapitalistischen Zentren solch vielfältige Milieus gebildet haben, fällt es Lohnabhängigen so schwer, sich gegenseitig als grundsätzlich in gleicher Lage befindlich zu erkennen, solidarisch zu sein und zugleich das Bewusstsein über sich selbst als Klasse wiederzuerlangen. Sie besitzen ein verschwommenes oder verzerrtes Bild voneinander und damit selbstverständlich auch von der gesellschaftlichen Wirklichkeit. Meinungen haben sie viele, aber eine politische *Haltung* nicht, denn die beruht auf kritischer Selbstreflektion und politischem Bewusstsein über die soziale Realität in der Gesellschaft, in der sie leben, und auf Entscheidungen.

Die Entwicklung der kapitalistischen Produktion mit ihren durch Automation veränderten Arbeitsformen, die Aufsplitterung von Lohnarbeitenden in Stammbelegschaften einerseits und in Millionen Niedriglohnjobber*innen andererseits hat das Bewusstsein der arbeitenden Menschen ge- und verformt. Manch eine, die sich für eine »freie selbstständige Unternehmerin« hält, ist doch nur ein ausgelagerter, isoliert und abhängig arbeitender rundherum unfreier Mensch, dessen Fesseln bestenfalls unsichtbarer sind als die anderer, weil sie z. B. über ihre Arbeits- und Freizeit (die Ordnung ihrer Selbstausbeutung) selbst entscheiden kann.

Die vielfältig Lohnabhängigen befinden sich, mit fließenden Übergängen, an bestimmten gesellschaftlichen Stellen und in einem jeweils spezifischen Verhältnis zum wertschaffenden Prozess. Die Individualisierung der Lebensstile hat die Entwicklung der Produktivkräfte zur Basis. Die ausgelagerte Lohnarbeiterin verfügt mit ihrem Computer über ein eigenes Produktionsmittel, das noch vor Jahrzehnten auf ewig seinen festen Standort in Industriebetrieben,

Forschungseinrichtungen, Behörden oder beim Militär zu haben schien. Die Flexibilisierung der Produktion durch die Mikroelektronik schleppt die vorgespiegelte Möglichkeit zur Individualität mit sich, die doch nur Fassade bleibt. Das Individuum kann sich aufgrund der Vielfältigkeit der konsumierten elektronischen Produkte individuell ausstaffieren und dabei an seine einzigartige Individualität glauben. Aber das macht es nicht frei.

Mit der Aufklärung und in Revolutionsversuchen (in Deutschland gab es nie eine erfolgreiche Revolution) erkämpften sich Menschen trotz Scheiterns Rechte, die sie zu freien Individuen machen sollten. Der Traum von dieser Freiheit ist im Kapitalismus umgeschlagen in eine reaktionäre Vielfalt von individuellen und oft dünkelhaften Abgrenzungen gegenüber anderen Menschen, die nicht gekoppelt sind an soziale Grundorientierungen und menschenfreundliche Werte, sondern an Lohnhöhe, Egoismus, Konsum und Konkurrenz. Die errungene »Freiheit« wurde im Kern nicht in der ökonomischen Sphäre durchgesetzt, der Kapitalismus also nicht abgeschafft. Der Zwang, sich ausbeuten zu lassen, um leben zu können und konsumierend Komplizin bei der Ausbeutung der Natur zu werden, wuchs.

Ein Mensch in einer kapitalistischen Gesellschaft hat nur begrenzte Freiheiten. Sie und er können diese oder jene Partei wählen. Sie können sich vor Gericht verteidigen (sofern sie einen guten Anwalt bezahlen können). Sie können, meist folgenlos, ihre Meinung sagen und zwischen unendlich vielen Konsumgütern wählen. Aber die Kaufentscheidung über die Farbe der Kaffeemaschine enthält nicht das Recht, darüber mitzuentscheiden, was produziert wird, wie die Rohstoffe abgebaut werden, wie gesundheitsschädlich oder demütigend die Arbeitsorganisation ist und wie demokratisch organisiert der Betrieb und welche sozialen und ökologischen Folgen die Produktion hat. Die erkämpfte bürgerliche Freiheit reicht nicht an die Substanz der herrschenden Verhältnisse.

Die politische Auseinandersetzung mit den demokratischen, sozialen und ökologischen Bedingungen und Folgen der kapitalistischen

Produktion ist, im Gegensatz zu den bundesdeutschen 1970er und 1980er Jahren, heute fast vollkommen verschwunden. Das rächt sich, denn die Klimakatastrophe ist nur mit Produktionsumstellungen, -einstellungen und Konversion in zentralen Industriebetrieben sowie weltweit gewaltigen Aufforstungen zu bremsen. Dazu müssten massive Umstrukturierungen etwa der Organisation des Verkehrs und der Landwirtschaft kommen. Aber die CDU/CSU/SPD-Koalition und ihre bürgerliche Konkurrenz von Grünen und FDP versuchen um jeden Preis zu verhindern, dass die Freiheit des Kapitals beschränkt wird, denn dort liegt die ökonomische Macht, von der sie abhängen.

Wirkliche soziale Gegenmacht kann nur aus dem unduldsamen kritischen Teil der Gesellschaft kommen, der bereit ist, sich auszubilden, eine Haltung zu entwickeln und sich verbindlich zu organisieren, um möglichst klug und reflektiert Widerstand zu leisten.

Zur Abwehr dieser Bedrohung – die Herrschenden haben ihre Lektion aus der 68er Revolte gelernt: schlage nie einer ganzen Generation gleichzeitig mit dem Polizeiknüppel auf den Kopf, sondern differenziere das Repressionsinstrumentarium je nach Subkultur – setzen Staat und Kapital auf Antiaufklärung, Desorientierung, Integration und Repression. *Antiaufklärung*: Während ich dies schreibe, sind die NSU-Akten des hessischen Landesamtes für Verfassungsschutz noch immer auf 40 Jahre gesperrt und die NSU-Morde, Aufbau und Finanzierung der Netzwerke des NSU und die Deckung der Mörder*innen durch den tiefen Staat wurden nicht aufgeklärt. *Desorientierung und Integration*: die junge, schwungvolle, naiv-idealistische Bewegung Fridays for Future läuft in die Falle der CO_2-Steuer und vermeidet mehrheitlich, wie gewünscht, die Forderung nach Eingriffen in die kapitalistische Produktionsweise. Sie ist dafür empfänglich, weil große Teile der Jüngeren aus der Mittelschicht, durch Propaganda und Erziehung in einer langen neoliberalen Phase des Kapitalismus geprägt, an die positive Steuerung der Marktlogik glauben und an einen möglichen Ausgleich von Profitinteressen einerseits und sozialen und ökologischen Interessen andererseits. *Repression*: Wo die einen integriert werden sollen, sollen die Rebellischeren abgeschreckt werden. Um politischen Widerstand im Keim zu ersticken, werden vor allem junge Leute drangsaliert und eingeschüchtert, die sich zu Protesten gegen Gipfeltreffen, Mieterhöhungen und Räumungen, gegen Polizeigesetze, Kohleabbau und -verbrennung und gegen Nazis organisieren.

Seit Jahrzehnten treibt in Medien, Betrieben und Ausbildungsstätten die »Selbst schuld«-Ideologie ihr Unwesen. Sie unterstellt, der individuelle Erfolg oder Misserfolg eines Menschen innerhalb der kapitalistischen Verhältnisse hinge von seinen Fähigkeiten, seiner Leistungsbereitschaft, seiner Selbstoptimierung und seinem Konkurrenzverhalten ab. Wenn ein Mensch scheitere, müsse er sich das selbst ankreiden. Aber dieses »Jeder ist seines Glückes Schmied« fand seinen Weg nicht zufällig als Parole »Jedem das Seine« auf das Haupttor des Vernichtungslagers Buchenwald.

Statt der durch Fabriken und Fließbänder geschaffenen »Zwangsgemeinschaft« der lohnarbeitenden Klasse existieren heute in den Produktionsstätten fragmentierte, entsolidarisierte Milieus. Da sind die durch Automatisierung zahlenmäßig schrumpfenden tariflich oder übertariflich bezahlten Facharbeiter*innen, da sind auf der anderen Seite die in ihrer Existenz andauernd bedrohten Leiharbeiter*innen, Millionen Menschen im Niedriglohnsektor, Teilzeitarbeitende, Minijobber*innen und Mitarbeiter*innen, deren Arbeit – etwa die von Putzkolonnen, Küchen- oder Lagerhilfen – gänzlich ausgelagert und privatisiert ist. Mit der (oft unsichtbaren) Klassengesellschaft ist das Gemeinschaftsgefühl der lohnarbeitenden Klasse verschwunden und dieses veränderte Bewusstsein schwappt in alle Submilieus.

In den Submilieus der Gesellschaft – Fußballvereinen, Kleingärtner*innen, Lehrer*innenkollegien, Alternativbetrieben, Karnevalsvereinen, Stiftungsvorständen, Kulturbetrieben, freiwillige Feuerwehr, Gewerkschaftsuntergliederungen, Antifa usw. usf. – wird, auf sehr verschiedene Weise, aufgenommen, verarbeitet, akzeptiert, verworfen oder verformt, was Regierung, Parteien und Medien produzieren. Submilieus sind identitätsbildend für die Anforderungen, welche die

Gesellschaft stellt. Fördern sie Konkurrenz? Machen sie empathielos gegenüber Außenstehenden und Marginalisierten? Schüren sie den Hass gegen Geflüchtete, Migrant*innen, jüdische Menschen und selbstbestimmte Frauen?

Die einst scharfe Grenze zwischen Lohnarbeit und Freizeit ist verschwommen. Der kleine Vorgarten zum Reich der Freiheit zugeschüttet mit Zwängen von Selbstverwaltung (Hartz-IV-Anträge, Bewerbungen, Steuern usw.) und Konsumption (Vergleich von Handyverträgen und Versicherungstarifen usw.). Der technologische Fortschritt in seiner dialektischen Widersprüchlichkeit zieht die Menschen in umfassende Konsumwelten von Elektronik und Internet. So erfreulich der rasche wissenschaftliche digitale Austausch ist, so sehr frisst der alltägliche Konsum aber zugleich die Zeit für Begegnungen und Erfahrungen im wirklichen Leben. Spiele und mythische Welten saugen reale Sinnlichkeit auf und simulieren Glück und Befriedigung. Wenn Flucht so leicht ist, wozu sich für eine bessere Welt anstrengen?

Die gesellschaftliche Aufspaltung in oben und unten wirkt übermächtig, weil eine massenwirksame emanzipatorische Perspektive noch fehlt. Je nach dem Grad ihrer Selbstreflektion und ihren Wertvorstellungen empfinden Menschen diese Übermacht als immensen Druck, den sie – nach unten tretend und nach oben buckelnd – »Anderen« und Ausgegrenzten aufhalsen. Für wieder andere Menschen ist das Gefühl des Unterworfenseins ein Grund für Resignation und Erstarrung. Sie sind lebende Tote.

Verwirrtes Bewusstsein, Obrigkeitsdenken und Ohnmachtsgefühle, negative Merkmale der Sozialisation (Egoismus, Konkurrenzverhalten, autoritärer Charakter) führen zu stärkerer Anfälligkeit für Faschismus, Rassismus, Antisemitismus, Nationalismus und Antifeminismus. Leo Löwenthal (1900–1993), Mitbegründer der Kritischen Theorie, untersuchte im US-amerikanischen Exil Wesen und Erfolg faschistischer Agitation. Der Agitator aktualisiere »diffuse Gefühle von Unbehagen« bei den Zuhörer*innen, erwecke in ihnen Gefühle des »ewig Betrogenen«. Die Themen des Agitators seien »entstellte

Versionen echter sozialer Probleme«, er manipuliere echte und begründete Ängste. »Wenn er sie auffordert, sich auf ihn zu verlassen, nutzt er damit sowohl ihre Auflehnung gegen Zwänge der Zivilisation aus als auch ihre Sehnsucht nach einem neuen Autoritätssymbol. Ihre geheimsten Gedanken, die sie kaum sich selbst einzugestehen wagen, werden zu den aufreizendsten Agitationsthemen.« Des faschistischen Agitators Parolen beinhalten, schreibt Löwenthal, »die Forderung nach bedingungsloser Unterwerfung unter die gesellschaftlichen Machtverhältnisse«. Der falsche Prophet verlange »die charismatische Glorifizierung des ›Führers‹, das Auslöschen bürgerlicher Freiheiten, den Polizeistaat, die Entfesselung des Terrors gegen Minoritäten.« Seine Strategie sei objektiv auf die Fortsetzung »der Verhältnisse ausgerichtet, die dieses Unbehagen gerade verursachen.«[433] – Nicht die umfassende Emanzipation und Befreiung des Menschen ist das Ziel, sondern seine Zurichtung für noch menschenfeindlichere, barbarischere kommende Verhältnisse.

In seine Musterrede »Was der Agitator meint« lässt Löwenthal den Agitator, der sich anhört wie Björn Höcke, sagen: »Meine Freunde, wir leben in einer Welt der Ungleichheit und Ungerechtigkeit. Wer immer glaubt, daß dieser Zustand sich je ändern wird, je geändert werden könnte, ist ein Narr oder Lügner. Unterdrückung und Ungerechtigkeit sind – wie Krieg und Hungersnot – die Begleiterscheinungen der menschlichen Existenz.« »Humane Brüderlichkeit« sei nur »ein Köder für Einfaltspinsel und Dummköpfe, die sich dadurch von ihrem rechtmäßigen Anteil an der heutzutage vorhandenen Beute abhalten lassen. […] Die Welt ist die Arena eines erbarmungslosen Überlebenskampfes. Warum solltet ihr nicht auf der Seite derer sein, die profitieren? Anstatt mit den Unterdrückten und Leidenden gemeinsame Sache zu machen, schließt euch mir an«, dann verbündet ihr euch »mit Kraft, Stärke und Macht«. Er biete »Prügelknaben an – Juden, Radikale, Plutokraten und sonstige Kreaturen […]. Ihr könnt sie beschimpfen und schließlich verfolgen«. Ich biete euch, sagt der faschistische Agitator, keine »Utopie, sondern einen realistischen Kampf um den Knochen im Maul des anderen Hundes; das ist unser Programm. Nicht Frieden, sondern ständiger Kampf ums Überleben. Nicht Überfluß, aber den Löwenanteil. Könnt ihr, wenn ihr realistisch seid, mehr erwarten? Um das zu erreichen, müßt ihr mir folgen. Wir wollen eine Bewegung des Schreckens organisieren. Wir werden uns mit den Mächtigen verbünden, um einen Teil ihrer Privilegien zu gewinnen. Anstatt Gefangene werden wir Polizisten sein. Und ich bin euer Führer. Ich werde für euch denken und euch sagen, was zu tun ist. In meiner Führerrolle werde ich euch euer Leben vorleben, und ich werde euer Beschützer sein. In der Hölle meiner Erbarmungslosigkeit winkt euch ein trautes Heim.«[434]

Diese 70 Jahre alte Analyse ist von erschreckender Aktualität. Sie belegt auch, dass wir menschenfeindlichen Gemütern nichts zu bieten haben, was sie interessiert. Wer sich entschieden hat, seinen Vorteil aus dem Elend anderer Menschen zu ziehen, und sogar bereit ist, dieses Elend noch zu vergrößern, für den haben wir nichts. Also auch darum nicht mit Rechten reden – aber mit jenen, die sich von ihnen angezogen fühlen, um den Nazis den Zulauf abzudrehen.

Aber es gibt glücklicherweise auch Menschen, die sich von den herrschenden Missständen weder vergiften noch niederdrücken, sondern anspornen lassen. Menschen, die ihre Gesellschaft und die eigene Lage kritisch reflektieren, so dass sie sich der Faschisierung, die in diesem Buch beschrieben wird, widersetzen können. Für sie ist es so wichtig, solidarisch mit den Opfern der Verhältnisse zu sein, dass sie ganz selbstverständlich materielle Nachteile in Kauf nehmen, wenn sie Geflüchtete vor Angriffen schützen oder Menschen aus dem Mittelmeer bergen.

Die meisten sozialen Bewegungen, an denen ich seit 1969 in der Bundesrepublik Deutschland teilgenommen habe, haben zum Teil schwere Niederlagen erlitten. Aber was wäre gewesen, wenn wir gar nicht gekämpft hätten? Dann wäre die NPD 1969 vielleicht doch in den Bundestag gekommen. Die Partei entsprang den

NSDAP-Nachfolgeparteien Deutsche Reichspartei (DRP), Sozialistische Reichspartei und ähnlichen Formationen. 1964 gegründet, war die NPD seit 1966 in die Landtage von Hessen, Bayern, Rheinland-Pfalz, Schleswig-Holstein, Niedersachsen und Bremen gewählt worden und, am erfolgreichsten, 1968 mit 9,8 Prozent in den Landtag von Baden-Württemberg. Die NPD-Mitgliederzahl stieg von 18 000 (1966) auf bis zu 50 000 (1969). Aber mit 4,3 Prozent der Stimmen verfehlte die NPD im September 1969 den Einzug in den Bundestag.

Warum? Weil in der Folge der Auschwitz-Prozesse und der außerparlamentarischen Revolte die deutsche NS-Vergangenheit zu einem großen Thema geworden war und die Öffentlichkeit wachgerüttelt hatte. Während des gesamten Bundestagswahlkampfs 1969 hatten außerdem Antifaschist*innen gegen Kundgebungen der Nazipartei protestiert und in jeder einzelnen Stadt den NPD-Parteivorsitzenden Adolf von Thadden herausgefordert. Den letzten ordentlichen konservativen Nimbus verlor die NPD, als sie am Rande ihrer Kundgebungen Journalisten blutig schlagen ließ und als ein NPD-Ordner in Kassel zwei Kritiker niederschoss.

Soziale Bewegungen in Deutschland sind sehr unterschiedlich verlaufen. Aber aus ihren Erfahrungen können wir für heute lernen. In den 1960er und 1970er Jahren trieben deutsche Bundesregierungen, egal ob CDU/CSU/FDP, CDU/CSU/SPD oder SPD/FDP, den Ausbau eines gewaltigen Atomprogramms voran, auch damit Deutschland eines Tages atomwaffenfähig werde. Wir klärten auf, machten Aktionen, besetzten Baugelände. Die Polizei ging mit martialischen Mitteln gegen uns vor, SPD- und CDU-Politiker beschimpften uns als »Terroristen«. Das führte aber nicht zur erwünschten Stigmatisierung, weil unser Widerstand sozial breit war: Verschiedene Strömungen der Linken, Liberale, Christ*innen, Wertkonservative, welche alle die zentrale Forderung mittrugen: sofortige Stilllegung aller Atomanlagen.

Es gelang uns, eine breite Gegenkultur zu entwickeln. Sie wurzelte in den Kämpfen der außerparlamentarischen Revolte der 1960er Jahre, von denen wir Jüngeren, ohne es schon zu wissen, profitierten. Diese Gegenkultur umfasste das Freundschaftshaus im Wyhler Wald, Selbstaufklärung über die Gefahren der Atomenergie durch kritische Physiker*innen, Solidaritätskonzerte, Versorgung von Besetzer*innen von AKW-Bauplätzen durch die Anwohner*innen, Künstler*innen und Wissenschaftler*innen, die unsere Argumente unterstützten und gegen Polizeiprügel protestierten, Anwälte, die uns kostenlos verteidigten, unabhängige linke Zeitungen, die ausführlich berichteten, Ärzt*innen und Sanitäter*innen, die uns versorgten, Musiker*innen, die Widerstandskunst schufen, Handwerker*innen, die uns Tipps gaben, wie wir Bauzäune umlegen konnten. Es war trotz aller notwendigen politischen Auseinandersetzungen in der Bewegung – und vielleicht auch gerade deshalb – eine stabile Widerstandskultur, was wiederum die Wurzeln für viele kommende Auseinandersetzungen pflanzte, auch für antifaschistische.

Die Kämpfe gegen die radioaktive Verseuchung von Mensch und Umwelt waren der Beginn der ökologischen Bewegung. Sie waren durch die Planung von Atomkraftwerken im schweizerischen Kaiseraugst (1971), im französischen Fessenheim (1971) und im südbadischen Wyhl (1972) ausgelöst worden. In den USA hatte der Anti-Atomkraft-Widerstand seine Wurzeln im Entsetzen angesichts der Folgen der Atombombenabwürfe in Hiroshima und Nagasaki. Um die Atomtechnologie dennoch durchzusetzen, propagierte das Atomkapital international die Mär von der möglichen Trennung der Atomenergie in eine militärische und in eine zivile Nutzung. Aber jeder Staat, der ein »ziviles« Atomprogramm hat, kann auch Atomwaffen bauen. Bundesatomminister Franz Josef Strauß (CSU) trieb ab 1955 das Atomprogramm in der Bundesrepublik voran. Der bundesdeutsche Staat finanzierte es, gleichgültig wer regierte, bis 2010 mit insgesamt 151 Milliarden Euro.[435] Es ist heute kaum mehr vorstellbar, wie riesig das bundesdeutsche Atomprogramm ursprünglich werden sollte. Die niedrigste offizielle Planzahl lag 1965 – unter einer CDU/FDP-Bundesregierung – bei 128 Atomkraftwerken bis zum Jahr 1985.

Die Kernforschungsanlage Jülich kalkulierte wenige Jahre später – im Auftrag der SPD/FDP-Bundesregierung – mit 598 Atomreaktoren bis zum Jahr 2050.[436]

In den USA breitete sich die Anti-Atom-Opposition früher in der Gesellschaft aus. Fermi I, nur 30 Kilometer entfernt von Detroit, war 1957 der erste US-Atomreaktor, gegen den es Proteste gab, und zwar aus den Kreisen der United Automobile Workers Union. Kritische Erkenntnisse von US-Wissenschaftler*innen gelangten nach Deutschland, an die Freiburger Universität und in den Widerstand der Bäuer*innen und Winzer*innen in Wyhl am Kaiserstuhl. Dort begann 1972 der Anti-AKW-Widerstand in der Bundesrepublik und verbreiterte und radikalisierte sich dann bis 1977 in den Kämpfen gegen geplante Atomanlagen in Brokdorf, Grohnde, Gorleben, im französischen Malville und in Kalkar. Die Anti-AKW-Bewegung wurde die facettenreichste, breiteste und erfolgreichste Bewegung nach 1945. Im Deutschen Herbst 1977 wurde sie in Kalkar mit bürgerkriegsähnlichen Angriffen des Staates zerschlagen. Von vielleicht 200 000 Demonstrant*innen aus dem ganzen Land schafften es nur 40 000 Menschen durch die teils rabiaten Polizeikontrollen. Aber die Niederlage war nur vorläufig. Der Protest flammte angesichts der Kämpfe gegen das Atommülllager in Gorleben und der Atomkatastrophen von Harrisburg (1979) und Tschernobyl (1986) zu neuen Höhen auf. Rund 15 Jahre lang blockierten wir die Castortransporte nach Gorleben.

Was sind die Lektionen? Die erste Anti-AKW-Bewegung (1972–1977) war autonom von Parteien, Stiftungen, Regierungen. Wir finanzierten uns aus eigener Tasche. Wir hatten anfangs eine überwältigende gesellschaftliche Mehrheit *gegen* uns. Auch die Mehrheit der Linken sah Anfang der 1970er Jahre in der Atomenergie nichts als eine Fortschrittstechnik. Der geschätzte marxistische Philosoph Ernst Bloch schwärmte: »Einige hundert Pfund Uranium und Thorium würden ausreichen, die Sahara und die Wüste Gobi verschwinden zu lassen, Sibirien und Nordkanada, Grönland und die Antarktis zur Riviera zu verwandeln«.[437] Andere erwiesen sich, im Gegensatz zu Bloch, als unbelehrbar. Ein Parteitag der DKP beschloss noch 1978, dass Atomkraft in der Hand des Volkes eine nützliche Sache sei und nur in der Hand des Kapitals gefährlich.

Und das Resultat? Eine Niederlage kann ein Sieg sein. Wir waren im September 1977 zwar erst einmal zerschlagen, hatten aber politisch und inhaltlich großen Erfolg gehabt, denn wir hatten die Einstellung der Mehrheit der Bevölkerung zur Atomenergie radikal und auf Dauer verändert. Eine überwältigende gesellschaftliche Mehrheit stand jetzt, schon zwei Jahre vor der Gründung der Grünen, gegen jedwede Nutzung der Atomenergie. Und es gibt diese Mehrheit bis heute. Eine unabhängige soziale Gegenmacht aufbauen ist der Ansatz für emanzipatorische linke Positionen.

Können wir stabile Bewegungen gegen Nazis schaffen? Ja. Wenn wir Gleichgesinnte haben, Klarheit darüber, wer diese Nazis sind, was ihre Konzepte und ihre Geschichte sind. Und wir brauchen Sturheit und ein bisschen Mut und Glück. Können wir große, hartnäckige Bewegungen gegen Nazis schaffen, wenn wir es nur wollen? Jein. Wir können sie nicht herbeizaubern oder sie uns ausdenken. Es müssen verschiedene Faktoren zusammenkommen. Die Erfahrungen antifaschistischer Gruppen im ganzen Land sind sehr unterschiedlich. Und wir haben einflussreiche Gegner – in der Gesellschaft, in der deutschen Wirtschaft und im Staat. Bei circa 25 000 gewaltbereiten Rechtsradikalen könne man nicht jeden rund um die Uhr im Blick haben, sagte Hans-Georg Maaßen, 2012–2018 Chef des Bundesamtes für Verfassungsschutz, und behauptete: »Wir haben nichts verschlafen.« Sein Nachfolger Thomas Haldenwang ist vorsichtiger: »Angesichts der Dimension der Bedrohung durch den Rechtsextremismus sind wir noch nicht in der Lage zu sagen: Wir beherrschen diese Bedrohung vollständig.« Stephan Kramer, Präsident des Thüringer Verfassungsschutzes gibt zu: »Ich habe das Gefühl, dass wir in den letzten Jahren die neue Rechte und ihren Einfluss auf das Zusammenschweißen verschiedener rechtsextremistischer Gruppierungen ein bisschen verschlafen haben.«[438]

Wie ich in diesem Buch gezeigt habe, steht der Widerstand gegen Nazis auf der Agenda der Linken, seit es die Bundesrepublik gibt. In langen Zyklen kommen antifaschistische Bewegungen auf und versinken wieder. Aber sie verschwinden nie spurlos. Ihre Erfahrungen werden in Archiven gesammelt und in Erzählungen, Artikeln und Büchern wiedergegeben. Es ist nicht schwer, sie zu finden. Ohne antifaschistische Recherche kämen soziale Bewegungen und bürgerliche Medien, von denen sich einige allzu oft der Arbeit solcher Projekte gratis bedienen, nicht weiter. Ohne eine Vielzahl von Menschen, die seit Jahrzehnten – oft auf eigene Rechnung und eigenes gesundheitliches Risiko – forschen und analysieren, sähe die politische Landschaft noch düsterer aus.

Es ist wichtig, sich bewusst zu sein, auf den Schultern welcher Antifaschist*innen, ob Analytiker*innen oder Aktivist*innen, wir stehen. Wir haben die Verantwortung, an die Antifaschist*innen vor uns zu erinnern, nicht nur damit ihre Kämpfe nicht vergessen werden, sondern auch damit wir unsere Erfolge und vor allem die Niederlagen politisch einschätzen können und nicht als persönliches Versagen missdeuten.

Sehr junge Leute, ob bei Fridays for Future oder in antifaschistischen Gruppen, glauben oft, es liege nur an Information und Aufklärung, wenn es darum geht, das Gute durchzusetzen. Aber dann prallen ihre besten Argumente mit voller Wucht auf ökonomische und staatstragende Interessen – und: Ende der Aufklärung. Wie geht es dann weiter? Wird die Erfahrung aufgearbeitet, vielleicht mit Hilfe von älteren politischen Aktivist*innen? Oder ziehen sich die Verletzten dauerhaft in private Nischen zurück?

Es hat ein Weilchen gedauert, bis ich lernte, die Angriffe von Nazis nicht persönlich zu nehmen, sondern politisch. Ich stand auf Todeslisten von Nazis und nie erfuhr ich von staatlicher Seite von der Bedrohung, immer von befreundeten Antifaschist*innen. In den 1980er Jahren legten Unbekannte nachts zweimal Feuer in dem Mehrfamilienhaus, in dem wir wohnen. Uns rettete die höchst effiziente

Frankfurter Feuerwehr. Wir fanden Kot im Briefkasten. Mit Messern zerfetzte pornografische Collagen von mir. Als ich am helllichten Tag mitten in Frankfurt von Nazis angegriffen wurde, rief ich, irgendwann in den 1980ern, den Polizeinotruf. Es handelte sich um die berüchtigte 1. Polizeiwache. Auch nach dem zweiten Notruf kamen sie nicht. Ich sah die Täter davonschlendern. Ein freundlicher Polizeibeamter einer anderen Polizeiwache riet mir später, am Notruftelefon nie mehr meinen Namen zu nennen und die 1. Polizeiwache möglichst zu meiden. Ob ich nicht wisse, dass dort viele rechte Polizisten arbeiteten? Auch in den letzten Jahren geschehen skurrile Dinge: Polizisten brachten mir private Briefe adressiert an mich nach Hause, die sie angeblich im Bahnhofsviertel auf der Straße gefunden hatten. Ein betrunkener Polizist zeigte mir in einer Kneipe seine Waffe und wusste genau, wer bei mir im Haus wohnte.

Wenn ich angeben müsste, wer mich in den rund fünf Jahrzehnten, die ich politisch aktiv bin, am meisten drangsaliert und geschlagen hat, waren es schätzungsweise zur Hälfte Polizisten und zur Hälfte Nazis. In zwei Gerichtsprozessen machte ich in den 1990ern die Erfahrung, dass sich jeweils rund ein Dutzend Polizist*innen nach Demonstrationen in Bonn und in Berlin zu Falschaussagen gegen mich verabredet hatten: Ich sollte sie beleidigt haben. Ein großer Prozess mit Polizeizeug*innen aus dem ganzen Land hätte mich ökonomisch ruiniert. Mein genialer Anwalt Jürgen Borowsky bewies die Intrigen und Falschaussagen. Alle Prozesse platzten, Einstellung auf Kosten der Staatskasse.

Die doppelte Phalanx, freilaufende Nazis und Rechtsradikale im Polizeiapparat, zwang mich zu Veränderungen in der Art, wie ich mich in bestimmten Städten bewege. Wenn ich Schutz vor Nazis brauche, wende ich mich nicht an die Polizei, ich weiß ja nicht, auf wen ich jeweils treffe. Aber während ich in Dortmund, Berlin oder Dresden bestimmte Kieze meide, weil mein Gesicht Nazis bekannt ist, weiß ich gleichzeitig, dass meine schwarzen Freund*innen 24 Stunden am Tag und sieben

Tage die Woche an *jedem* deutschen Ort damit rechnen müssen, rassistisch beleidigt oder gar körperlich angegriffen zu werden.

Seit meiner Kritik an den antisemitischen Querfronten »Mahnwachen für den Frieden« und am BDS wurde ich auch von Leuten bedroht und körperlich angegriffen, die sich für Linke halten. Eine seltsame Erfahrung. In den vielen tausenden Hassnachrichten per E-Mail, auf Facebook und bei Twitter konnte ich mir die Todesart auswählen: der gebuchte Killer, der mir »durchs Knie ins Auge« schießt. Verbrennung und Hinrichtung vor der »Weltgemeinschaft«. »Schädel spalten«. »Steinigen«. »Hängen.« »Dunkler Raum und Recht auf freien Abzug«.

Als ich nach dem G20-Gipfel im Juli 2017 in der Talkshow Maischberger die Polizeigewalt in Hamburg kritisierte, mischten sich die Attacken von Nazis, Securityleuten und Polizist*innen, die oft ihren Beruf nicht einmal verleugneten. Sie wünschten mir eine »Steinplatte auf den Kopf«, einen »Brandsatz ins Gesicht«, dass ich »Bio-Öko-Stinkefotze [...] langsam an Krebs verfaule«, mein »Kopf mittels Axt [ge]spalten« würde. Ein Steuerberater aus Grevenbroich lieferte seine Visitenkarte mit: »Im Mittelalter wurden Hexen verbrannt !« In Hassmails von »wachschutz-berlin@t-online.de« kumulierte alles:

»Hi Du rote Pissfotze, heute schon von guten alten, genagelten SS Stiefeln gefickt worden ?? Die Polizisten aus Hamburg sollten Dir den Schädel mit ihren Schlagstöcken einschlagen. Dann mit der Kettensäge die Extremitäten entfernen, die Augen mit einem Löffel herausholen, welche Du dann auffressen musst, die Trommelfelle mit einem 10er Bohrer aufbohren und dann noch Deine Dreckzunge raus schneiden. Dein stinkender, fetter, verbleibender Korso wird dann bei der GeStaPo im Keller gelagert und gefüttert, lang solltest Du dann noch leben, um viel nachdenken zu können über Dein linkes, verjudetes Leben. Mit deutschem Gruß H.Himmler [Originalschreibweise; J. D.].«

In manchen Regionen Deutschlands, nicht nur, aber vor allem im Osten, sind die Erfahrungen junger Leute, die sich gegen Nazis wehren und Geflüchtete verteidigen, besonders hart. Sie haben nicht nur diese Nazis gegen sich, sondern große Teile ihrer sozialen Umwelt und den Staat, der sie eigentlich schützen müsste. Wenn sie Pech haben, verfolgt die Justiz sie wegen Nichtigkeiten oder nichts. Während sich Rechtsradikale in der Zustimmung der gleichen Umwelt sonnen und »vom Volk« zu menschenfeindlichen Taten beauftragt fühlen, streicht die Regierung in Gestalt von Familienministerin Franziska Giffey (SPD) die Finanzierung der Dachverbände für Anti-Rechts-Projekte zum Ende des Jahres 2019.[439]

Um das Klima umzukehren, braucht es Kultur, die stützt, anfeuert, verdauen hilft und das Gefühl vermittelt, dass jemand nicht allein ist. Dabei ist die langfristige Wirkung von Solidaritätskonzerten wie »Wir sind mehr« (2018) nicht zu unterschätzen. Kein unverbindliches Popgesäusel als erweiterte PR-Maßnahme, sondern politische Unterstützung von Künstler*innen, die im Konfliktfall tatsächlich solidarisch sind.

Machen wir Fehler? Ja, gewiss. Aber keine größeren als eine Gesellschaft, in der einflussreiche Kreise der CDU Koalitionen mit der rechtsradikalen AfD einkalkulieren. Keine größeren als eine grüne Partei, die Koalitionen mit der CDU eingeht und bereitwillig deren braunen Flügel übersieht. Linke und linksliberale Menschen machen viele Fehler, aber für die herrschenden Verhältnisse, für die Wiederkehr so vieler Nazis können sie so wenig wie für die letzte oder die nächste Weltwirtschaftskrise.

Was tun? Weitermachen. Lesen, analysieren, kluge Aktionsformen erproben, sich verbindlich organisieren, damit ein Zusammenhang da ist, der eine/n trägt und ein Umfeld, das Niederlagen verarbeiten hilft, und neue Pläne schmieden. Und dann offene Sinne für Menschen haben, mit denen wir kooperieren können, ohne opportunistisch zu werden. Es geht nicht um qualitätslose Quantität, nicht um Masse ohne Klarheit. Aber um Zusammenarbeit mit anderen, uns vielleicht in Alter, Verhalten, Kleidung, Musikvorlieben, Subkultur so verschiedenen, mit denen wir aber in Grundwerten übereinstimmen. Darauf kommt es an.

Wir wissen nicht, was kommt. Aber alles, was wir über diese Gesellschaft wissen, zeigt uns, dass eine nächste ökonomische Krise einen weiteren Sprung nach rechts und ins autoritäre Lager auslösen wird. Das müsste nicht so sein, aber wir leben ja in Deutschland, dem Land mit langer obrigkeitsstaatlicher Tradition. Der Zustand der deutschen Gesellschaft ist nicht allein am parlamentarischen Erfolg der AfD zu messen. Wenn die AfD heute wie durch Zauberhand verschwände, würden wir erkennen, wie weit andere Parteien und Institutionen ihr bereits entgegengekommen sind, wie weit die gesellschaftlichen Verhältnisse sich nach rechts verschoben haben. Und das zeigt sich nicht nur an einer geradezu archaischen Diskussion gegen das Recht von Frauen, über ihre Sexualität und ihren Kinderwunsch selbst zu bestimmen.

Wir wissen nicht, was kommt. Es kann auch zu Verwerfungen kommen, die Risse in der Gesellschaft auftun, die wir nutzen können. Was wir aber in der Hand haben ist: uns gemeinsam klüger machen. Theoretisch und historisch arbeiten. Auf dieser Grundlage politische Praxis betreiben, uns für diese Zwecke organisieren – für eine Gesellschaft befreiter und sozial gleicher Menschen, die sich nach ihren Bedürfnissen und Interessen frei entfalten können.

Haltung ist kritisches Bewusstsein, Verweigerung des Mitmachens und politische Handlung. *Widerstand* ist aus politischem Bewusstsein gespeiste Handlung, die Risiken eingeht und der das Kämpfen folgt.

Also weitermachen!

Anmerkungen

1 Auf die Frage der *Zeit:* »Wie konnte es denn zu dieser herrschenden Stellung des 68er-Milieus kommen?«, in: »Man macht sich zum Knecht«, Marc Jongen interviewt von Jens Jessen und Ijoma Mangold, in: *Die Zeit* 23/2016, am 12. 6. 2016 auf: http://www.zeit.de/2016/23/marc-jongen-afd-karlsruhe-philosophie-asylpolitik/, aufgerufen am 11. 1. 2018.

2 »Ich weiß gar nicht, was völkische Tendenzen sind«, Alexander Gauland interviewt von Maria Fiedler und Frank Jansen, *Tagesspiegel* v. 26. 11. 2017, https://www.tagesspiegel.de/politik/afd-fraktionschef-gauland-ich-weiss-gar-nicht-was-voelkische-tendenzen-sind/20631896.html, aufgerufen am 3. 2. 2018; und: Marcus Engert: »AfD-Spitzenkandidat Gauland findet, Deutsche sollten stolz sein auf Leistungen in zwei Weltkriegen«, BuzzFeed-News v. 14. 9. 2017 [dort auch das Video der vollständigen Rede], https://www.buzzfeed.com/marcusengert/afd-spitzenkandidat-gauland-findet-deutsche-sollten-stolz?utm_term=.kpox9pGrAQ#.theMJ47x9w, aufgerufen am 2. 2. 2018; und: »Gauland provoziert mit Äußerung zur Nazizeit«, *Zeit online* v. 14. 9. 2017, http://www.zeit.de/politik/deutschland/2017-09/afd-alexander-gauland-nazi-zeit-neubewertung, aufgerufen am 2. 2. 2018.

3 Marc Jongen: »Migration und Thymostraining«, Rede v. 17. 2. 2017, 17. Winterakademie des Instituts für Staatspolitik, Schnellroda, auf: https://www.youtube.com/watch?v=cg_KuESI7rY; aufgerufen am 11. 1. 2018.

4 Deutsche Kolonialgebiete bis zum Ersten Weltkrieg: Namibia (Kolonialname: »Deutsch-Südwestafrika«), Kamerun und Togo (»Westafrika«), Tansania, Burundi und Ruanda (»Deutsch-Ostafrika«), Kiautschou (Nordostchina), Samoa (Pazifik) und »Deutsch-Neuguinea«, das neben dem »Kaiser-Wilhelms-Land« genannten nordöstlichen Teil von Neuguinea den Bismarck-Archipel, die nördlichen Salomonen sowie die weiteren Westpazifikgebiete Marshallinseln, Nauru, Karolinen, Palau und Nördliche Marianen umfasste.

5 Christopher Clark: *Die Schlafwandler: Wie Europa in den Ersten Weltkrieg zog,* München: Deutsche Verlags-Anstalt 2013, auf deutscher Seite: Herfried Münkler: *Der Große Krieg: Die Welt 1914 bis 1918,* Berlin: Rowohlt 2013. Statt beider Bücher empfehle ich: Fritz Fischer: *Griff nach der Weltmacht: Die Kriegszielpolitik des kaiserlichen Deutschland 1914/18,* Düsseldorf: Droste Verlag 2009 (1. Ausgabe 1961).

6 Der Pazifist Emil Julius Gumbel (1891–1966) war Mathematiker an der Universität Heidelberg, Mitglied der USPD, später der SPD. Man hat ihn frevelhafterweise im Schatten der Geschichte versinken lassen, dabei könnten Jugendliche heute viel von ihm lernen. Er versuchte über faschistische Organisationen aufzuklären. Sein Thema wurden die politischen Morde der Weimarer Republik. Die geringe Zahl der sogenannten linken Morde wurde hoch bestraft: 10 Hinrichtungen auf 22 Morde. Auf 354 rechte Morde kam keine Hinrichtung, nur eine lebenslange Strafe und insgesamt 90 Jahre Haft, das machte im Durchschnitt vier Monate Haft pro Mord. Viele, wenn nicht die meisten Morde von Völkischen und Nazis blieben ungesühnt.

Die Hintermänner und die sie tragenden politischen und geheimdienstlichen Strukturen wurden gleichfalls verschont. Ja, das erinnert an den NSU-Komplex.

7 Lesetipps zum NSU-Komplex: Juliane Karakayali/Cagri Kahveci et al.: *Den NSU-Komplex analysieren,* Marburg: transcript 2017; Dostluk Sineması (Hg.): *Von Mauerfall bis Nagelbombe,* Berlin: Amadeu Antonio Stiftung 2014; Isabella Greif/Fiona Schmidt: *Staatsanwaltschaftlicher Umgang mit rechter und rassistischer Gewalt,* Potsdam: WeltTrends 2018; Antonia von der Behrens (Hg.): *Kein Schlusswort,* Hamburg: VSA 2018; Matthias Quent: *Rassismus, Radikalisierung, Rechtsterrorismus,* Weinheim: Beltz Juventa 2016.

8 Eine leider weitgehend unterschätzte Entwicklung vom Humanismus hin zum Irrationalismus. 1997 schrieb ich: »Wer sich entpolitisiert und nur noch mit sich selbst beschäftigt, Ausbeutung und Elend mit Karma rechtfertigt, Eliten anbetet, Sozialdarwinismus, höhere Wesen, naturgesetzliche Ordnungen und den Kosmos vergöttert, bekämpft alles, was den Menschen von Ausbeutung und Fremdbestimmung befreien könnte. Niemand weiß, wie ein möglicher künftiger Faschismus aussehen könnte. Aber [es ist] schwer vorstellbar, dass eine faschistische Herrschaft auf die esoterische Vorarbeit in Gestalt von einigen Dutzend Millionen antiaufklärerisch zugerichteten Menschen verzichtet. Sie würden vermutlich ein Teil ihrer Massenbasis werden.« Jutta Ditfurth: *Entspannt in die Barbarei. Esoterik, (Öko-)Faschismus und Biozentrismus,* Hamburg: Konkret Literatur 1997, S. 7.

9 Peter Fahrenholz: »Therapeut und Brandstifter«, *Süddeutsche Zeitung online* v. 14. 3. 2011, auf: http://www.sueddeutsche.de/muenchen/landkreismuenchen/sarrazin-wirbel-um-auftritt-in-muenchen-therapeut-und-brandstifter-1.1006734-2, aufgerufen am 22. 12. 2017.

10 Es ist die vierte Zeile der ersten Strophe der Nationalhymne der DDR.

11 Thilo Schmidt: »›Deutschland, einig Vaterland‹« Deutschlandfunk Kultur v. 4. 8. 2014, auf: http://www.deutschlandfunkkultur.de/deutsche-rufe-5-8-deutschland-einig-vaterland.1001.de.html?dram:article_id=293560, aufgerufen am 6. 1. 2018.

12 Im Gegenteil, ein Jahr später bestätigte er, dass der »Weg zur Einheit unumgänglich notwendig« gewesen sei und mit »Entschlossenheit beschritten werden« musste. Hans Modrow: *Aufbruch und Ende,* 2. Auflage, Hamburg: Konkret Literatur Verlag, 1991, S. 145.

13 Ausführlicher in: Jutta Ditfurth: »Deutschlandreise«, in: dies.: *Lebe wild und gefährlich,* Köln: Kiepenheuer & Witsch 1991, S. 62–83.

14 »Leipziger Disputation 2013: religiös oder tolerant?«, Leipziger Disputation im Rahmen der Luther-Dekade der EKD, Streitgespräch zwischen Margot Käßmann und Jutta Ditfurth in der Thomaskirche, Audiomitschnitt v. 24. 6. 2013. Moderator: Thomas Bille (MDR). Veranstalter: Ev.-Luth. Kirchgemeinde St. Thomas, Stadt Leipzig, Theologische Fakultät Universität Leipzig, Evangelische Kirche Deutschland (EKD), Sächsische Landeskirche und MDR. Mitschnitt von MDR »Figaro« (1:50 Std), https://www.youtube.com/watch?v=RyfIMXoNKuU, aufgerufen am 2. 1. 2018.

15 Umfrage des Zentralinstituts für Jugendforschung, veröffentlicht am 15. 11. 1989, in: Peter Förster/Günter Roski, *DDR zwischen Wende und Wahl. Meinungsforscher analysieren den Umbruch,* Berlin 1990, S. 53.

16 Jan Schapira: »Der Staatsanwalt, der Deutschland veränderte«, *Welt online* v. 6. 5. 2014, https://www.welt.de/kultur/article127646383/Der-Staatsanwalt-der-Deutschland-veraenderte.html, aufgerufen am 3. 2. 2018.

17 »Fabio V. soll freikommen«, in: *Spiegel online* v. 17. 11. 2017, auf: http://www.spiegel.de/panorama/justiz/g20-in-hamburg-gericht-setzt-haftbefehl-gegen-fabio-v-aus-a-1178376.html, aufgerufen am 19. 11. 2017.

18 Konrad Lorenz: *Die acht Todsünden der zivilisierten Menschheit* (1973), München: Piper 2002, S. 108. Zum Weiterlesen über Konrad Lorenz: Ute Deichmann: *Biologen unter Hitler. Vertreibung, Karrieren, Forschung.* Frankfurt a. M.: Campus 1992; und: Klaus Taschwer/Benedikt Föger: *Konrad Lorenz. Biographie.* Wien: Zsolnay 2003.

19 Sammelquelle: Stephanie Lamprecht: »Staatsanwaltschaft lässt nicht locker G20-Bubi Fabio V. (18) bleibt in U-Haft«, in: Morgenpost v. 17. 11. 17, auf: https://www.mopo.de/28868504; https://www.mopo.de/hamburg/staatsanwaltschaft-laesst-nicht-locker-g20-bubi-fabio-v---18--bleibt-in-u-haft-28868504; Stefan Buchen, Philipp Hennig & Andrej Reisin: »G20: Macht man die Falschen zum Sündenbock?« in: NDR v. 22. 8. 2017 auf: http://www.ndr.de/fernsehen/sendungen/panorama3/G20-Macht-man-die-Falschen-zum-Suendenbock,gzwanzig280.html, aufgerufen am 5. 11. 2017; Per Hinrichs: »Muss Fabio V. wegen ›Erziehungsmängeln‹ ins Gefängnis?«, in: *Welt*/N24 v. 10. 8. 2017, auf: https://www.welt.de/regionales/hamburg/article167543211/Muss-Fabio-V-wegen-Erziehungsmaengeln-ins-Gefaengnis.html, aufgerufen am 29. 11. 2017.

20 Stefan Buchen: »G20-Prozess: Hartes Vorgehen gegen Fabio V., Panorama/NDR.de v. 28. 11. 2017, auf: https://www.ndr.de/fernsehen/sendungen/panorama3/G20-Prozess-Hartes-Vorgehen-gegen-Fabio-V,gzwanzig314.html.

21 Alexander Schneider: »Pegida-Schläger verurteilt«, in: *Sächsische Zeitung* v. 31. 8. 2017, auf: http://www.sz-online.de/nachrichten/pegida-schlaeger-verurteilt-3761949.html, aufgerufen am 1. 12. 2017.

22 Jutta Ditfurth: *Zeit des Zorns. Warum wir uns vom Kapitalismus befreien müssen,* erweiterte und stark überarbeitete Neuausgabe, Frankfurt a. M.: Westend Verlag 2012, S. 167–191.

23 »Olaf Scholz: ›Polizeigewalt hat es nicht gegeben‹«, 14. 7. 2017, auf: http://www.zeit.de/gesellschaft/2017-07/olaf-scholz-g20-demonstranten-polizei-verfahren-hamburg, aufgerufen am 2. 2. 2018; »Olaf Scholz: ›Polizeigewalt hat es nicht gegeben‹«, https://www.ndr.de/nachrichten/hamburg/Scholz-Polizeigewalt-hat-es-nicht-gegeben,scholz1300.html, aufgerufen am 2. 2. 2018, und viele andere mehr; Hubertus Volmer: »G20-Bilanz der Bundesregierung, An vielen Stellen ist es friedlich geblieben« in: ntv v. 10. 7. 2017, auf: https://www.n- tv.de/politik/An-vielen-Stellen-ist-es-friedlich-geblieben-article19928990.html, aufgerufen am 11. 12. 2017.

24 Bert Brecht: »O Falladah, die Du hangest!«, 1919, Musik: Hanns Eisler. Die mir liebste Fassung ist die von Ernst Busch gesungene.

25 Wilhelm Heitmeyer (Hg.): *Deutsche Zustände,* Band 1 (2002) bis Band 10 (2011), Frankfurt a. M./Berlin: edition suhrkamp 2002–2011.

26 Oliver Decker/Johannes Kiess/Elmar Brähler (Hg.): *Die enthemmte Mitte – Autoritäre und rechtsextreme Einstellung in Deutschland,* 2. Aufl., Gießen: Psychosozial Verlag 2016.

27 Andreas Zick/Beate Küpper/Wilhelm Berghan (Hg.): *Verlorene Mitte – Feindselige Zustände. Rechtsextreme Einstellungen in Deutschland 2018/19,* Bonn: Verlag J. H. W. Dietz Nachf. 2019

28 »Große Teile der bürgerlichen Mittelschicht sind dabei, sozial zu verrohen«, Jutta Ditfurth interviewt von Sarah Buron und Patrick Spät, *Telepolis* v. 24. 1. 2014, auf: https://www.heise.de/tp/features/Grosse-Teile-der-buergerlichen-Mittelschicht-sind-dabei-sozial-zu-verrohen-3363448.html, aufgerufen am 20. 2. 2018.

29 Malene Gürgen/Christian Jakob/Sabine am Orde: »300 rechte Helfer im Bundestag«, darin die Übersicht: »Die 608 Verbindungen der AfD-Fraktion, *taz.de* v. 13. 4. 2018, http://www.taz.de/Rechercheprojekt-Netzwerk-AfD/!5498386/. Siehe auch: Kai Biermann, Astrid Geisler, Johannes Radke und Tilman Steffen: »AfD-Abgeordnete beschäftigen Rechtsextreme und Verfassungsfeinde«, auf: https://www.zeit.de/politik/deutschland/2018-03/afd-bundestag-mitarbeiter-rechtsextreme-identitaere-bewegung/komplettansicht, beide aufgerufen am 16. 6. 2019.

30 Konrad Adam (Vorstand der AfD-nahen Desiderius Erasmus Stiftung): https://erasmus-stiftung.de/namensgebung/, aufgerufen am 16. 6. 2019.

31 Einige Quellen finden sich hier: »Rechtsextremismus kompakt in Stichworten und Zahlen«, zusammengestellt von Simone Rafael, in: *Belltower,* 1. 5. 2014, aktualisiert am 2. 3. 2017, http://www.belltower.news/artikel/rechtsextremismus-zahlen-7552, aufgerufen am 7. 2. 2018. Hieraus stammen auch die angegebenen Zahlen.

32 Julian Bruns/Kathrin Glösel/Natascha Strobl: *Die Identitären. Handbuch zur Jugendbewegung der Neuen Rechten in Europa,* Münster: Unrast Verlag 2014; Gudrun Hentges/Gürcan Kökgiran/Kristina Nottbohm: »Die Identitäre Bewegung Deutschland (IBD) – Bewegung oder virtuelles Phänomen?« In: Forschungsjournal Soziale Bewegungen 3/2014, auf: http://forschungsjournal.de/sites/default/files/fjsbplus/fjsb-plus_2014-3_hentges_koekgiran_nottbohm.pdf; und: Roland Sieber: »Von ›Unsterblichen‹ und ›Identitären‹ – Mediale Inszenierung und Selbstinszenierung der extrem Rechten. In: Stephan Braun/Alexander Geisler/Martin Gerster (Hg.): *Strategien der extremen Rechten: Hintergründe – Analysen – Antworten,* 2. akt. und erweit. Aufl., Wiesbaden: Springer Fachmedien 2015.

33 Vgl. z. B.: Andreas Speit: »Wie Greenpeace, nur rechts«, in: *die tageszeitung* v. 22. 1. 2016, http://www.taz.de/!5271227/, aufgerufen am 2. 3. 2018.

34 Kurt Lenk: Rechts, wo die Mitte ist, zit. nach: Volker Weiß: *Die Autoritäre Revolte – Die NEUE RECHTE und der Untergang des Abendlandes,* Stuttgart: Klett-Cotta Verlag 2017, S. 12.

35 Armin Mohler: *Die Konservative Revolution in Deutschland 1918–1932:* Ein Handbuch, 4. Aufl., Darmstadt: Wissenschaftliche Buchgesellschaft 1994.

36 Volker Weiß, *Die Autoritäre Revolte …*, a. a. O., S. 44.

37 Zit. nach: »Er hatte noch viele tiefe Gedanken«, 18. 7. 2003, https://jungefreiheit.de/kultur/2003/er-hatte-noch-viele-tiefe-gedanken/, aufgerufen am 23. 2. 2018.

38 Die folgenden Angaben nach: Armin Mohler: *Die Konservative Revolution in Deutschland 1918–1932: Ein Handbuch,* 4. Aufl., Darmstadt: Wissenschaftliche Buchgesellschaft 1994, S. 130–153 und S. 307–482.

39 Für die russophilen Tendenzen und die Diskussion über neurechte eurasische Geostrategien in Teilen der Neuen Rechten heute der Abschnitt »Der Osten« in: Armin Mohler: *Die Konservative Revolution in Deutschland 1918–1932: Ein Handbuch*, 4. Aufl., Darmstadt: Wissenschaftliche Buchgesellschaft 1994, S. 146 ff.

40 Vgl. Lothar Ehrlich, Jürgen John, Justus H. Ulbricht (Hg.): *Das Dritte Weimar. Klassik und Kultur im Nationalsozialismus,* Weimar/Wien: Böhlau Verlag 1999, S. 24.

41 George L. Mosse, *Die völkische Revolution. Über die geistigen Wurzeln des Nationalsozialismus,* Frankfurt a. M.: Anton Hain Verlag, 1991, S. 156 f.

42 Zitate aus: Monika Schwarz-Friesel, Gutachten im Prozess Elsässer versus Ditfurth, 10. 5. 2015, unveröffentlicht.

43 Ernst Bloch: *Erbschaft dieser Zeit* (1935), Frankfurt a. M.: Suhrkamp 1977, S. 188 f.

44 Vgl. Hans Sarkowicz/Alf Mentzer: *Literatur in Nazi-Deutschland. Biografisches Lexikon,* erweiterte Ausgabe, Hamburg/Wien: Europa Verlag 2002, S. 78 f.; Ernst Klee, *Das Kulturlexikon zum Dritten Reich. Wer war was vor und nach 1945,* Frankfurt a. M.: Fischer Taschenbuch Verlag 2009, S. 30.

45 Arthur Moeller van den Bruck: *Das dritte Reich* (1. Ausg. 1923), 1933, https://archive.org/details/BruckArthurMoellerVanDenDasDritteReich 1933190S.Text, aufgerufen am 12. 1. 2018, S. 27 f., S. 109 f.

46 Aus dem PR-Text des Verlags Antaios zum Buch: Sebastian Maaß: *Kämpfer um ein Drittes Reich: Arthur Moeller van den Bruck und sein Kreis,* Vorwort von Alain de Benoist, Kiel: Regin Verlag 2010, auf: https://antaios.de/buecher-anderer-verlage/regin-verlag/3133/kaempfer-um-ein-drittes-reich.-arthur-moeller-van-den-bruck-und-sein-kreis, aufgerufen am 20. 12. 2017.

47 Wer die historische und politische Seite dieses Konzepts näher betrachten möchte, könnte sich mit dem Pangermanismus in der deutschen Außenpolitik befassen: Walter von Goldendach/Hans-Rüdiger Minow: *»Deutschtum erwache«. Aus dem Innenleben des staatlichen Pangermanismus,* Berlin: Dietz Verlag 1994.

48 LEO-BW (landeskundliches Informationssystem für Baden-Württemberg), Eintrag »Otto Dix«: https://www.leo-bw.de/web/guest/detail/-/Detail/details/PERSON/kgl_biographien/118526103/Dix+Otto+Wilhelm+Heinrich, aufgerufen am 2. 2. 2018.

49 Weiterführende Literatur: Raphael Gross: *Carl Schmitt und die Juden. Eine deutsche Rechtslehre,* suhrkamp taschenbuch wissenschaft, 1. Aufl., Frankfurt a. M.: Suhrkamp Verlag 2005.

50 Armin Mohler zit. nach Karlheinz Weißmann: *Armin Mohler. Eine politische Biografie,* Schnellroda: edition Antaios 2011, S. 74, zit. nach: Volker Weiß: *Die Autoritäre Revolte …,* a. a. O., S. 46 f.

51 Armin Mohler: *Das Gespräch: Über Linke, Rechte und Langeweiler,* Schnellroda: edition Antaios 2001, zit. nach: Volker Weiß: *Die Autoritäre Revolte …,* a. a. O., S. 47.

52 Ebd.

53 Jutta Ditfurth: *Der Baron, die Juden und die Nazis. Adliger Antisemitismus,* 2. Ausg., Hamburg: Hoffmann & Campe 2015, S. 299–306.

54 Stefan Breuer: *Anatomie der Konservativen Revolution,* Darmstadt: Wissenschaftliche Buchgesellschaft 1995, S. 181.

55 Das belegt beispielsweise: Carl Friedrich von Siemens Stiftung: *Fünfundzwanzig Jahre Carl Friedrich von Siemens Stiftung. Eine Dokumentation,* zusammengestellt von Armin Mohler, München 1985. Dazu kritische Ausführungen in: Peter Kratz: »Siemens zum Beispiel … Kapitalinteressen an der ›Neuen Rechten‹«. Erweiterte Onlinefassung eines Beitrags in: Raimund Hethey/Peter Kratz (Hg.): *In bester Gesellschaft. Antifa-Recherche zwischen Konservatismus und Neo-Faschismus,* Göttingen: Verlag die Werkstatt 1991, auf: http://www.bifff-berlin.de/SiemBu.htm, aufgerufen am 2. 1. 2018.

56 Armin Mohler an Carl Schmitt, Brief v. 7. 4. 1952. Vgl. Wilfried Loth, Bernd-A. Rusinek (Hg.): *Verwandlungspolititk. NS-Eliten in der deutschen Nachkriegsgesellschaft,* Frankfurt a. M.: Campus Verlag S. 151.

57 Hierzu gibt es eine Vielzahl von Presseberichten, einer ist: »Braune Kameraden – Mit Steuergeldern auf Vortragsreise«, Panorama/ARD v. 4. 2. 1999; https://daserste.ndr.de/panorama/media/Braune-Kameraden-Mit-Steuergeldern-auf-Vortragsreise,braunekameraden2.html, aufgerufen am 6. 2. 2018.

58 Um das gesamte rechte Mediengeflecht nachzuzeichnen, das mit der »Wiedervereinigung« noch einmal explodiert ist, fehlt hier der Platz.

59 Niklaus Meienberg: »Zum Flammentod bereit«, Rezension von Martin Meyer: *Ernst Jünger,* München: Hanser Verlag 1990, in: *Der Spiegel* 24 v. 11. 6. 1990.

60 Das Kuratorium bestand u. a. aus Oberbürgermeister Walter Wallmann (CDU), Hans-Jürgen Hellwig, Stadtverordnetenvorsteher (CDU), dem Kulturdezernenten Hilmar Hoffmann (SPD), dem Universitätspräsidenten, einem Vertreter des hessischen Kultusministers und einem des deutschen Hochstiftes sowie der Schriftstellerin Gabriele Wohmann und Joachim Fest *(FAZ).*

61 Ernst Jünger: *Der Kampf als inneres Erlebnis,* Berlin: E. S. Mittler & Sohn 1922 (1. Fassung), S. 9 f. und S. 46/47a.

62 Ernst Jünger: *In Stahlgewittern,* Berlin 1924, Vorwort zur 5. Auflage, S. XIV; Ernst Jünger: *In Stahlgewittern,* 6. Auflage, Berlin 1925 (3. Fassung), S. XIV.

63 Ernst Jünger zit. nach: Marcel Reich-Ranicki: »Bei Nietzsche stehengeblieben«, in: *Die Zeit* v. 2. 3. 1973. Jünger hat die Passage in späteren Ausgaben verändert.

64 Ernst Jünger: »Zentrale Leitung?«, in: *Die Standarte* v. 14. 3. 1926, zit. nach: Ernst Jünger: *Politische Publizistik. 1919 bis 1933*, Sven Olaf Berggötz (Hg.), Stuttgart: Klett-Cotta Verlag 2001, S. 181

65 Ernst Jünger: »Über Nationalismus und Judenfrage«, in: *Süddeutsche Monatshefte*, Jg. 27. Sept. 1930, S. 842 ff.

66 »Aujourd'hui encore, je ne puis pardonner à Hitler [...] d'avoir gaspillé cet instrument magnifique qu'etait notre armée.« Ernst Jünger s'explique, in: *Le Monde* v. 22. 2. 1973.

67 Claus-Jürgen Göpfert: *Die Hoffnung war mal grün: Aufstieg einer Partei: Das Frankfurter Modell*, Frankfurt a. M.: Westend Verlag 2016, S. 146 f.

68 Ausführlicher in: Jutta Ditfurth: »›... den Stoß gegen den Juden immer viel zu flach angesetzt‹. Zur Auseinandersetzung um die Verleihung des Goethe-Preises an den Nazi-Ideologen Ernst Jünger 1982«, in: dies.: *Träumen, kämpfen, verwirklichen. Politische Texte bis 1987*, Köln: Kiepenheuer & Witsch 1988, S. 287–303; Jutta Ditfurth: »Ernst Jünger – Der veredelte Faschist«, ein Nachruf in: *Jungle World* v. 26. 2. 1998, auf: https://jungle.world/entityprint/node/36837/debug, aufgerufen am 6. 2. 2018. Und hier: Jutta Ditfurth: *Das waren die Grünen. Abschied von einer Hoffnung*, München: Econ Taschenbuch 2000, 3. Aufl. 2001, S. 104–106.

69 Kurt Lenk: *Rechts, wo die Mitte ist*, Baden-Baden: Nomos Verlag 1994, S. 259.

70 Renate Wiggershaus in: *Eva*, Wien, 1982, zit. nach: Jutta Ditfurth: *Träumen, kämpfen, verwirklichen. Politische Texte bis 1987*, Köln: Kiepenheuer & Witsch 1988, S. 300 f.

71 Gerhard Zwerenz: Ernst Goethe oder die Verjüngerung des Pflasterstrandes, in: *Pflasterstrand 1982*, zit. nach: Jutta Ditfurth: *Träumen, kämpfen, verwirklichen. Politische Texte bis 1987*, Köln: Kiepenheuer & Witsch 1988, S. 301 f.

72 Ulrike Heider: *Keine Ruhe nach dem Sturm*, Berlin: Bertz + Fischer 2018, S. 253.

73 Fabian Klaus: »Wiedergewählt: AfD-Mitglieder folgen Björn Höcke«, *Thüringer Allgemeine* v. 24. 10. 2016, auf: http://www.thueringer-allgemeine.de/web/zgt/politik/detail/-/specific/Wiedergewaehlt-AfD-Mitglieder-folgen-Bjoern-Hoecke-488239907, aufgerufen am 16. 1. 2018.

74 Björn Höcke: »Ich möchte meinem Land dienen«, Interview, *Junge Freiheit* v. 17. 10. 2014, zit. nach: Andreas Kemper: »›... *Die neurotische Phase überwinden, in der wir uns seit siebzig Jahren befinden.*‹ *Zur Differenz von Konservativismus und Faschismus am Beispiel der ›Historischen Mission‹ Björn Höckes (AfD)*«, Jena: Rosa-Luxemburg-Stiftung Thüringen 2016, S. 116.

75 Björn Höcke, Rede bei der AfD-Demonstration in Erfurt am 18. 11. 2015, zit. nach: Andreas Kemper: »›... *Die neurotische Phase überwinden* ...«, a. a. O., S. 112.

76 »Alexander Gauland: Erschreckende Zahlen – Der Bevölkerungsaustausch läuft‹«, afd.de v. 5. 4. 2017, auf: https://www.afd.de/alexander-gauland-erschreckende-zahlen-der-bevoelkerungsaustausch-laeuft/, aufgerufen am: 12. 1. 2018.

77 »Petry: Nur eine starke AfD kann Bevölkerungsaustausch verhindern«, freiezeiten.net v. 27. 2. 2017, auf: http://www.freiezeiten.net/petry-nur-eine-starke-afd-kann-bevoelkerungsaustausch-stoppen, aufgerufen am 17. 1. 2018.

78 Zit. nach: Katja Thorwarth: »Hetze gegen Walter Lübcke: ›Der Volksschädling wurde jetzt hingerichtet‹«, *Frankfurter Rundschau online* v. 18. 6. 2019, auf: https://www.fr.de/politik/hetze-gegen-walter-luebcke-volksschaedling-wurde-jetzt-hingerichtet-zr-12525784.html, aufgerufen am 18. 6. 2019.

79 Zit. nach: »Was bislang im Fall Lübcke bekannt ist«, tagesschau online v. 18. 6. 2019, https://www.tagesschau.de/inland/luebcke-131.html, aufgerufen am 18. 6. 2019.

80 Eintrag »Akif Pirinçci«, Wikipedia, https://de.wikipedia.org/wiki/Akif_Pirinçci#cite_ref-SPON_Kommentar_70-0, aufgerufen am 18. 6. 2019.

81 Markus Lanz in: »Lanz«/ZDF, 5. 9. 2017 (ab Min. 47:25), https://www.zdf.de/gesellschaft/markus-lanz/markus-lanz-vom-5-september-2017-100.html (nicht mehr online am 22. 1. 2018).

82 »Peter Cornelius: Unangepasst und unverwüstlich«, Interview, *kronen-zeitung online* 18. 10. 2017, http://www.krone.at/593243, aufgerufen am 18. 10. 2019.

83 »Mölzer: Überalterung Europas kann nur durch eigene Kinder gestoppt werden!«, auf: https://www.ots.at/presseaussendung/OTS_20061031_OTS0091/moelzer-ueberalterung-europas-kann-nur-durch-eigene-kinder-gestoppt-werden, aufgerufen am 22. 6. 2019.

84 Thor von Waldstein: *Metapolitik – Theorie – Lage – Aktion*, Kaplaken Band 46 (1. Aufl. 2015), 3. Aufl. 2017, Schnellroda: Verlag Antaios, S. 20 f. Es handelt sich hierbei offensichtlich um eine Verschriftlichung des Vortrags: Thor von Waldstein: »Metapolitik und Parteipolitik«, Festvortrag auf dem »II. Staatspolitischen Kongreß« des Instituts für Staatspolitik (IfS) am 13./14. 6. 2015 in Schnellroda. https://www.youtube.com/watch?v=iQSITNw3iDE, aufgerufen am 27. 2. 2018.

85 Angela Merkel auf dem Landesparteitag der CDU in Mecklenburg-Vorpommern, *welt.de* 26. 2. 2017, O-Ton auf: https://www.welt.de/politik/deutschland/article162407512/Das-Volk-ist-jeder-der-in-diesem-Lande-lebt.html, aufgerufen am 6. 1. 2018.

86 Michael Wildt: *Volk, Volksgemeinschaft, AfD*, Hamburg: Hamburger edition 2017, S. 116.

87 Adolf Hitler, *Mein Kampf*, Band 2, zit. nach: Christian Hartmann, Thomas Vordermayer, Othmar Plöckinger, Roman Töppel (Hg.): *Hitler, Mein*

Kampf. Eine kritische Edition, herausgegeben im Auftrag des Instituts für Zeitgeschichte München/Berlin, Band 2, München: Institut für Zeitgeschichte, S. 971 [›himmelweit auseinanderklafft‹], S. 1167 [die anderen Zitate].

88 Peter Schlobinski (Gesellschaft für deutsche Sprache e. V.): »Völkisch« ist rassistisch«, ohne Datum, nach dem 11. 9. 2016, https://gfds.de/gfds-voelkisch-ist-rassistisch/, aufgerufen am 6. 1. 2018.

89 Michael Wildt: *Volk, Volksgemeinschaft, AfD,* Hamburg: Hamburger edition 2017, S. 46. Eine Rezension, welche die Stärken des kleinen Buchs würdigt, aber auch auf die Schwächen hinweist: Yves Müller: »Unauffindbar – Die AfD sucht das ›Volk‹«, 11. 7. 2017, auf: https://www.kritisch-lesen.de/rezension/unauffindbar-die-afd-sucht-das-volk, aufgerufen am 20. 2. 2018.

90 Yves Müller: »Unauffindbar – Die AfD sucht das ›Volk‹«, 11. 7. 2017, https://www.kritisch-lesen.de/rezension/unauffindbar-die-afd-sucht-das-volk.

91 Literaturhinweis: Walter von Goldendach/Hans-Rüdiger Minow: *»Deutschtum erwache«. Aus dem Innenleben des staatlichen Pangermanismus,* Berlin: Dietz Verlag 1994.

92 Die *Zeit* bezeichnet ihn als »russischen Neofaschisten«. Thomas Korn und Andreas Umland: »Jürgen Elsässer, Kremlpropagandist«, *Zeit online* 19. 7. 2014, http://www.zeit.de/politik/deutschland/2014-07/juergen-elsaesser-russland-propaganda/komplettansicht.

93 In Onlineforen zu Tolkiens *Herr der Ringe* finden sich typische Positionen wie diese: Thalamus_Grondak: »Seine Darstellung der Mittelerdischen Völker hat keine Rassistischen Züge, auch nach heutiger Sicht nicht. Sie hat vereinheitlichende also bestenfalls Völkische Züge, aber das ist nicht das selbe wie Rassismus oder Faschismus da er kaum wertende Funktionen einnimmt. Natürlich sind die Orks ein Böses Volk, aber der Große unterschied ist eben, das dort kein Volk als Herrenrasse dargesteltl wird, sondern lediglich ein Volk als Sklavenrasse, in diesem Falle eben Sklavenrasse der Bösen. In seinem Kontext ist der Herr der Ringe also maximal Völkisch.« [Originalschreibweise] zit. am 3. 5. 2008, http://archiv.herr-der-ringe-film.de/showflat.php/Cat/0/Number/4013871/page/0/vc/1/fpart/5, aufgerufen am 2. 2. 2018. Zum Weiterlesen: Taubiola: »Tolkiens Werk und Antisemitismus«, Blog Der Rothschild-Raptiloid, Eintrag v. 30. 4. 2017, auf: https://rothschildraptiloid.wordpress.com/2017/04/30/tolkiens-werk-und-antisemitismus/ aufgerufen am 2. 2. 2018. Tolkien materialreich verteidigend: Michael Novian: *Von Ariern und Aliens: Völkische Weltanschauung in der Science-Fiction-Literatur vor dem Zweiten Weltkrieg,* Marburg: Tectum Verlag 2013.

94 Nach meiner Kenntnis hat noch niemand systematisch untersucht, welchen Beitrag diese rechtsesoterische Szene zur heutigen Neuen Rechten qualitativ wie quantitativ geleistet hat.

95 Angela Merkel auf dem Landesparteitag der CDU in Mecklenburg-Vorpommern, *welt.de* 26. 2. 2017, O-Ton auf: https://www.welt.de/politik/

deutschland/article162407512/Das-Volk-ist-jeder-der-in-diesem-Lande-lebt.html, aufgerufen am 6. 1. 2018.

96 »Wer ist ›wir‹? Wer gehört dazu? [...] Für mich ist die Antwort klar: Wir – das sind zunächst einmal die Bürgerinnen und Bürger unseres Landes. Nicht jeder, der sich für eine gewisse Zeit in unserem Land aufhält, wird Teil unseres Landes. In unserem Land gibt es darüber hinaus viele Menschen, die seit langer Zeit hier leben, ohne Staatsbürger zu sein – auch sie gehören zu unserem Land. Wenn ich aber von ›wir‹ spreche, dann meine ich zuerst und zunächst die Staatsbürgerinnen und Staatsbürger unseres Landes.« Thomas de Maizière: »Leitkultur für Deutschland – was ist das eigentlich?«, 30. April 2017, http://www.zeit.de/politik/deutschland/2017-04/thomas-demaiziere-innenminister-leitkultur/seite-2, aufgerufen am 6. 1. 2018.

97 Thomas de Maizière, a. a. O.

98 Aydan Özoğuz: »Leitkultur verkommt zum Klischee des Deutschseins«, *Tagesspiegel* v. 14. 5. 2017, auf: https://causa.tagesspiegel.de/gesellschaft/wie-nuetzlich-ist-eine-leitkultur-debatte/leitkultur-verkommt-zum-klischee-des-deutschseins.html, aufgerufen am 2. 2. 2018.

99 Alexander Gauland, in: »Heute« (ZDF) v. 28. 8. 2017, Ausschnitt der Rede auf: https://www.zdf.de/nachrichten/heute-sendungen/videos/gauland-ueber-oezoguz-100.html, aufgerufen am 12. 2. 2018. Hervorhebung im Zitat von mir.

100 Theo Sommer: »Aydan Özoğuz: Was ist deutsch?«, 5. 9. 2017, http://www.zeit.de/politik/deutschland/2017-09/aydan-oezoguz-alexander-gauland-deutsche-kultur-5vor8, aufgerufen am 6. 1. 2018.

101 Alexander Gauland interviewt von Jörn Albrecht, 15. 9. 2017, auf: http://www.radiobremen.de/bremenzwei/aktuell/bundestagswahl-spitzenkandidaten-gauland100-popup.html, aufgerufen am 22. 2. 2018.

102 »Wir wollen keinen Bürgerkrieg in Deutschland«, Frauke Petry interviewt von Beat Balzli und Matthias Kamann, in: *Welt am Sonntag,* auf *Welt.de* am 11. 9. 2016, https://www.welt.de/politik/deutschland/article158049653/Wir-wollen-keinen-Buergerkrieg-in-Deutschland.html.

103 Siehe auch: Peter Schlobinski: »›Völkisch‹ ist rassistisch« – AfD-Vorsitzende will Begriff rehabilitieren«, Pressemitteilung des Vorsitzenden der Gesellschaft für deutsche Sprache e.V. (GfdS): ohne Datum 2016, auf: https://gfds.de/gfds-voelkisch-ist-rassistisch/, aufgerufen am 12. 1. 2018.

104 »Keine Sorge, ich bin absolut gewaltfrei«. Till-Reimer-Stoldt interviewt Marcus Pretzell. In: *Die Welt* v. 20. 4. 2017, https://www.welt.de/regionales/nrw/article163864442/Keine-Sorge-ich-bin-absolut-gewaltfrei.html, aufgerufen am 20. 2. 2018.

105 André Poggenburg auf seiner Facebook-Seite am 30. 12. 2015, https://m.facebook.com/poggenburg/posts/1249762595039034 (Screenshot).

106 Landtag Sachsen-Anhalt, 10. Sitzungsperiode, 3. Februar 2017, TOP 6c: Transkript *Linksextremismus im politischen Diskurs, Antrag Fraktion AfD – Drs. 7/906.* Ich zitiere nach dem Videomitschnitt: https://www.youtube.com/watch?v=BriXQpZ6u7A.

107 Das waren Jörg Urban, Fraktions- und Parteivorsitzender der AfD Sachsen, früher Landesgeschäftsführer der Grünen Liga Sachsen und Andreas Kalbitz, Fraktions- und Parteivorsitzender der AfD Brandenburg und Mitglied im Bundesvorstand der Partei. Ihm wurden Anfang 2018 enge Kontakte in die Naziszene nachgewiesen.

108 »Heute«/ZDF v. 15. 2. 2018, auf: https://www.zdf.de/nachrichten/heute-in-deutschland/videos/poggenburg-beschimpft-tuerken-100.html, aufgerufen am 16. 2. 2018.

109 Melanie Amann: »Martin Hohmann – ›Eine Volksgemeinschaft muss wissen, wer dazu gehört‹«, *Spiegel online* v. 20. 6. 2016, auf: http://www.spiegel.de/politik/deutschland/martin-hohmann-will-mit-der-afd-zurueck-in-die-politik-a-1098348.html, aufgerufen am 6. 2. 2018.

110 [Joseph Goebbels]: *Das Tagebuch von Joseph Goebbels 1925/26,* Helmut Heiber (Hg.) Stuttgart: Deutsche Verlagsanstalt 1961, S. 58, zit. nach: Wulf D. Hund, *Wie die Deutschen weiß wurden, Kleine (Heimat)Geschichte des Rassismus,* Stuttgart: Springer Verlag 2017, S. 37.

111 Leo Löwenthal: *Falsche Propheten.* Studien zum Autoritarismus 3, suhrkamp taschenbuch wissenschaft 903, Frankfurt a. M.: Suhrkamp 1990. S. 14–159, hier insbesondere S. 152 f.

112 Björn Höcke, Rede im Ballhaus Dresden, Veranstaltungsreihe »Dresdner Gespräche« der AfD-Jugendorganisation Junge Alternative (JA), 16. 1. 2017. Transkript von Konstantin Nowotny (auf Twitter: @konstantkarma), auf: https://pastebin.com/jQujwe89. Nachgedruckt im *Tagesspiegel* v. 19. 1. 2017, http://www.tagesspiegel.de/politik/hoecke-rede-im-wortlaut-gemuetszustand-eines-total-besiegten-volkes/19273518.html, aufgerufen am 6. 1. 2018.

113 Literaturempfehlung: Sandrine Lemaire et al.: *MenschenZoos: Schaufenster der Unmenschlichkeit,* Hamburg: Les éditions du Crieur Public 2012.

114 Alle Zitate aus Äußerungen von Boris Palmer aus baden-württembergischen Medien, von seinem Twitter- und von seinem Facebook-Account.

115 Bettina Gaus: »Rassistisch, scheinheilig, Palmer«, in: die *tageszeitung* v. 26. 4. 2019, auf: https://taz.de/Kolumne-Macht/!5587501/,aufgerufen am 10. 7. 2019, aufgerufen am 10. 7. 2019. »Das ist unsäglich und rassistisch, was er [Boris Palmer] beim Flüchtlingsthema betreibt«, sagte auch der Rottenburger Oberbürgermeister Stephan Neher (CDU). Vgl. *Stuttgarter Nachrichten* v. 12. 1. 2019, auf: https://www.stuttgarter-nachrichten.de/inhalt.amtskollege-kritisiert-boris-palmer-das-ist-unsaeglich-und-rassistisch.94e6bfda-e989-4181-8b7f-512908fa1821.html, aufgerufen am 10. 7. 2019.

116 Vgl. Wulf D. Hund: *Rassismus,* Bielefeld: Transcript Verlag 2007, S. 120.

117 Wulf D. Hund: *Wie die Deutschen weiß wurden, Kleine (Heimat)Geschichte des Rassismus,* Stuttgart: Springer Verlag 2017, S. 7 f.; ›Duden‹ usw.: Wulf D. Hund: *Rassismus,* Bielefeld: Transcript Verlag 2007, S. 6.

118 Eintrag »Rassenideologie (Rassismus)« in: *Kleines politisches Wörterbuch,* Berlin: Dietz Verlag 1967, S. 537 f.

119 Das Exemplar war mit einem Stempel der »Teiloberschule Vielank Kreis Ludwigslust« versehen. Michail Fjodorowitsch Nesturch: *Menschenrassen*, aus dem Russischen übersetzt von C. H. Ludwig, (1. Aufl.) Leipzig/Jena: Urania-Verlag 1959.

120 Vgl. z. B. Volker Weiß: *Deutschlands Neue Rechte. Angriff der Eliten – Von Spengler bis Sarrazin*, Paderborn: Ferdinand Schöningh GmbH 2011.

121 Henryk M. Broder interviewt Thilo Sarrazin: »Es war ein langer und lauter Furz«, in: die *tageszeitung* v. 7. 12. 2010, http://www.taz.de/!5130905/, aufgerufen am 2. 3. 2018.

122 Hans F. K. Günther: *Adel und Rasse*, 2. erweiterte Aufl., München: J. F. Lehmanns Verlag 1927, S. 13 und 25. Zum Thema vgl. auch: Eckart Conze/ Monika Wienfort (Hg.): *Adel und Moderne*, Köln: Böhlau Verlag 2004 sowie Jutta Ditfurth: *Der Baron, die Juden und die Nazis. Adliger Antisemitismus*, Hamburg: Hoffmann und Campe 2015.

123 Wulf D. Hund: *Rassismus*, Bielefeld: Transcript Verlag 2007, S. 10.

124 a. a. O., S. 15.

125 Börries von Münchhausen: »Adel und Rasse«, in: *Deutsches Adelsblatt*, 42. Jg., Berlin 1924, S. 63 ff.

126 1939 hatte es in der Satzung des Familienverbandes von Ditfurth geheißen: »Der Verband erstrebt die Pflege der Blutsgemeinschaft [...] und will dem deutschen Volke und dem Vaterland tüchtige Männer und Frauen erziehen. Er sieht seine wesentliche Aufgabe in der erbwürdigen und deutschblütigen Reinhaltung der Familie, indem er seine Söhne und Töchter zur richtigen Gattenwahl erzieht. Ferner will er die charakterliche Entwicklung des Nachwuchses fördern: Durch Pflege der Überlieferung, Erziehung zu höchstem Pflicht- und Verantwortungsbewusstsein und rückhaltloser Betätigung in der Volksgemeinschaft, zu Ehrgefühl und zum restlosen Einsatz der eigenen Persönlichkeit bis zur Aufopferung für das Vaterland.« Mitglied konnte eine nur werden, wenn sie »arische Abkunft aus gesetzmäßiger Ehe bis mindestens 1750, makellosen Ruf und geachtete Lebensstellung« vorwies. Wer »nicht arisch heiratete«, war auszuschließen.

127 Vgl. Walter Demel: *Wie die Chinesen gelb wurden. Ein Beitrag zur Frühgeschichte der Rassentheorien*, Historische Zeitschrift, Band 255, Heft 1, S. 625–666.

128 Ebd.

129 Wulf D. Hund: »Die Farbe der ›Schwarzen‹. Über die Konstruktion von Menschenrassen«, in: *ÖkoLinX* 16, Juli–September 1994, S. 49–55.

130 Ebd.; ders.: *Rassismus*, Bielefeld: Transcript Verlag 2007; ders.: *Negative Vergesellschaftung: Dimensionen der Rassismusanalyse*, (1. Ausg. 2006) Münster: Verlag Westfälisches Dampfboot 2014; ders.: *Wie die Deutschen weiß wurden: Kleine (Heimat)Geschichte des Rassismus*, Stuttgart: J. B. Metzler 2017.

131 Carl von Linné: *Systema naturae*, Erste Ausgabe: Leiden 1735 (sieben Doppelfolioblätter); 13. Auflage: Holmiae [Stockholm] (1768) (2300 Octavseiten); Ulrich Kattmann: »Warum und mit welcher Wirkung klassifizieren

Wissenschaftler Menschen?«, in: Heidrun Kaupen-Haas/Christian Saller (Hg.): *Wissenschaftlicher Rassismus. Analysen einer Kontinuität in den Human- und Naturwissenschaften,* Frankfurt a. M.: Campus 1999, S. 65–83, hier: S. 73/74; Carl von Linné: *Systemae naturae per regna tria naturae,* 10. Aufl., Holmiae (1758).

132 Wulf D. Hund: *Negative Vergesellschaftung. Dimensionen der Rassismusanalyse,* Münster: Westfälisches Dampfboot 2006, S. 57.

133 Thomas McCarthy: *Rassismus, Imperialismus und die Idee menschlicher Entwicklung,* aus dem Englischen von Michael Müller, edition suhrkamp 2688, Berlin: Suhrkamp Verlag 2015, S. 77, Fußnote 3.

134 Immanuel Kant: »Von den verschiedenen Racen der Menschen« (1775), in: Akademieausgabe von Immanuel Kants Gesammelten Werken, Bände und Verknüpfungen zu den Inhaltsverzeichnissen, Abteilung I, Werke, Band II, Vorkritische Schriften II: 1757–1777, S. 427–444, hier: S. 432. Zit. nach diesem Transkript: Das Bonner Kant-Korpus, Institut für Kommunikationswissenschaften der Universität Bonn: https://korpora.zim.uni-duisburg-essen.de/kant/aa02/Inhalt2.html, aufgerufen am 2. 2. 2018.

135 Immanuel Kant, a. a. O., S. 441.

136 Immanuel Kant: »Vom Menschen«, in: Akademieausgabe von Immanuel Kants Gesammelten Werken, Bände und Verknüpfungen zu den Inhaltsverzeichnissen, Abteilung I: Werke, Band I: Logik. Physische Geographie, Pädagogik. Darin: Physische Geographie. Zweiter Theil. Besondere Beobachtung dessen, was der Erdboden in sich faßt. Erster Abschnitt. Vom Menschen, S. 311–320, hier S. 316. Zit. nach diesem Transkript: Das Bonner Kant-Korpus, a. a. O.

137 Wulf D. Hund, *Negative Vergesellschaftung. Dimensionen der Rassismusanalyse,* Münster: Westfälisches Dampfboot 2006, S. 119. Hervorhebungen von mir.

138 Ebd.

139 a. a. O., S. 57.

140 Georg Wilhelm Friedrich Hegel: *Vorlesungen über die Philosophie der Geschichte,* Eduard Gans (Hg.), 2. Aufl. Berlin: Duncker und Humblot 1840, S. 115, zit. nach: Wulf D. Hund: *Negative Vergesellschaftung,* a. a. O., S. 134.

141 Jutta Ditfurth: »Das Rasa-Prinzip«, Interview mit dem US-amerikanischen Neurowissenschaftler Vilaynur Subramanian Ramachandran, San Diego (Kalifornien), Dezember 2000, unveröffentlicht.

142 Hannah Arendt, *Elemente und Ursprünge totaler Herrschaft. Antisemitismus, Imperialismus, totale Herrschaft,* 20. Auflage, München/Berlin: Piper Verlag 2017, S. 425–428.

143 Zitate aus: Hannah Arendt: »Reflections on Little Rock«, Dissent 6 (Winter 1959), S. 45–56, auf: http://bethsholomsf.org/wp-content/uploads/2015/10/Reflections-on-Little-Rock.pdf, aufgerufen am 15. 5. 2018; Hannah Arendt: *The Origins of Totalitarianism,* Wilmington (MA, USA): Mariner Books 1973; Hannah Arendt: *On Violence,* Wilmington (MA, USA): Mariner Books 1970; Anne Norton: »Heart of Darkness: Africa and African

Americans in the Writings of Hannah Arendt«, in: Bonnie Honig (Hg.): *Feminist Interpretations of Hannah Arendt*, Pennsylviana State University Press 1995, S. 247–261.

144 *Allgemeine Zeitung* (Windhuk) v. 30. 10. 2003; *Süddeutsche Zeitung* v. 30. 10. 2003, zit. nach: »100 Jahre Völkermord an Herero und Nama«, Gesellschaft für bedrohte Völker, 24. 6. 2005, auf: https://www.gfbv.de/de/news/100-jahre-voelkermord-an-herero-und-nama-7/, aufgerufen am 20. 6. 2019.

145 Joseph Hanimann: »Knotenpunkt Afrika«, in: *Süddeutsche Zeitung* v. 17. 2. 2017.

146 Jürgen Rieger: *Rasse – ein Problem auch für uns!*, Hamburg: Selbstverlag 1969. Zitate: S. 20 [›sozialökonomische Stellung‹], S. 39 [›Verbrechen‹], S. 38 [›Showbusiness‹], S. 45 [›Geschichte‹].

147 Zu Jürgen Rieger auch: Jutta Ditfurth: *Feuer in die Herzen. Gegen die Entwertung des Menschen* (1992), Hamburg: Konkret Literatur 1997, S. 347, 355–361, 364.

148 Immanuel Kant: 3. Von den unmittelbaren Ursachen des Ursprungs dieser verschieden Racen, in: Von den verschiedenen Racen der Menschen, S. 427–443, hier: S. 438, in: Immanuel Kant, AA II : Vorkritische Schriften II, 1757–1777, auf: https://korpora.zim.uni-duisburg-essen.de/kant/aa02/Inhalt2.html.

149 *Theo Löbsack:* »Sind Neger wirklich dümmer?«, *Die Zeit* v. 2. 5. 1969. Eine aktualisierte Fassung v. 18. 9. 2015 findet sich auf: http://www.zeit.de/1969/18/sind-neger-wirklich-duemmer, aufgerufen am 2. 7. 2018. Noch heute trägt die Druckfassung des online gestellten *Zeit*-Beitrags den Namen: »Intelligenz ist ein Rassenmerkmal / Sind Neger wirklich dümmer?«

150 Charles Murray/Richard Herrnstein: *The Bell Curve: Intelligence and Class Structure in American Life*, New York: Freepress 1994.

151 Über die Anthroposophen habe ich hier geschrieben: 1. Jutta Ditfurth: *Entspannt in die Barbarei. Esoterik, (Öko-)Faschismus und Biozentrismus*, Hamburg: Konkret Literatur 2003, siehe dort auch das Register. 2. dies.: *Feuer in die Herzen. Gegen die Entwertung des Menschen*, Hamburg: Konkret Literatur 1997, S. 327–344.

152 Ernst Bloch: *Erbschaft dieser Zeit* (1935), Frankfurt a. M.: Suhrkamp Verlag 2016, S. 188 f.

153 Rudolf Steiner: *Aus der Akasha-Chronik*. Taschenbücher aus dem Gesamtwerk, Band 616, Dornach (Schweiz) 1990, S. 41.

154 Rudolf Steiner: *Gesamtausgabe*. Band 349: Vortrag v. 3. 3. 1923, S. 52–67.

155 Zu Gast bei Michel Friedmann, Mai 2001, Ausschnitt der Sendung (ab Min. 2:00), https://www.youtube.com/watch?v=eelAqRUPbqY, aufgerufen am 23. 1. 2018.

156 Das Buch zum *konkret*-Kongress: Wolfgang Schneider/Boris Gröndahl (Hg.): *Was tun? Über Bedingungen und Möglichkeiten linker Politik und Gesellschaftskritik*, Texte 4, Hamburg: KVV Konkret 1994. Die

Türcke-Auseinandersetzung zieht sich ab S. 210 viele Seiten durch das Buch. Einer meiner Diskussionsbeiträge befindet sich auf S. 237.

157 Video: *konkret*-Kongress »Was tun? Bedingungen und Möglichkeiten linker Politik und Gesellschaftskritik«, 11.–13. 6. 1993 in Hamburg, Ausschnitte (z. B. Min. 44:55–52:30) auf: https://www.youtube.com/watch?v=MC_96aKSFVE, aufgerufen am 26. 1. 2018.

158 Christoph Türcke, Vortragsmanuskript. Das Manuskript weicht in einigen Stellen von der später in *konkret* als Originalfassung veröffentlichten Version ab.

159 Ebd.

160 Ingrid Strobls Diskussionsbeitrag in: Wolfgang Schneider/Boris Gröndahl (Hg.): *Was tun? Über Bedingungen und Möglichkeiten linker Politik und Gesellschaftskritik,* Texte 4, Hamburg: KVV Konkret 1994, S. 412–414.

161 Bettina Hoeltjes Diskussionsbeitrag in: Wolfgang Schneider/Boris Gröndahl, a. a. O., S. 414–417.

162 Klaus Wehmeier, *Bahamas* 11/1993.

163 Justus Wertmüller, *Bahamas* 73/2016.

164 Wulf D. Hund, *Negative Vergesellschaftung. Dimensionen der Rassismusanalyse,* Münster: Westfälisches Dampfboot 2006, S. 122.

165 Ebd.

166 a. a. O., S. 120.

167 Wulf D. Hund: *Rassismus,* Bielefeld: Transcript Verlag 2007, S. 123.

168 Wulf D. Hund: *Negative Vergesellschaftung,* a. a. O., S. 123.

169 Ebd.

170 Tatsächlich war Oskar Lafontaine einer der ersten westdeutschen Politiker, welche die bürgerliche Front gegen die Abschaffung oder Änderung des Asylrechts, festgehalten in Artikel 16 des Grundgesetzes, aufweichen wollten, nachdem einer seiner Staatssekretäre im saarländischen Lebach wegen des Zuzugs von Roma-Geflüchteten aus Rumänien mit einem rassistischen Mob konfrontiert worden war. Vgl.: »Asylrecht: ›Oskar quält sich‹«, *Der Spiegel* 32/1990 v. 6. 8. 1990, S. 32–34. Er trieb die Sache voran, mit dem bekannten Erfolg. 2005 sagte er auf einer Kundgebung in Chemnitz: »Der Staat ist verpflichtet, seine Bürger und Bürgerinnen zu schützen, er ist verpflichtet, zu verhindern, dass Familienväter und Frauen arbeitslos werden, weil Fremdarbeiter zu niedrigen Löhnen ihnen die Arbeitsplätze wegnehmen.« Zit. nach: https://www.stern.de/politik/deutschland/fernsehdiskussion-lafontaine-hat-nichts-gegen--fremdarbeiter--3290534.html, aufgerufen am 20. 5. 2018.

171 Anna Brausam: »Todesopfer rechter Gewalt seit 1990«, 14. 6. 2017, auf: https://www.mut-gegen-rechte-gewalt.de/news/chronik-der-gewalt/todesopfer-rechtsextremer-und-rassistischer-gewalt-seit-1990, aufgerufen am 25. 1. 2018.

172 Sammelquelle: *Hamburger Abendblatt* v. 30. 8. 2011: https://www.abendblatt.de/ratgeber/wissen/article108093165/Sieben-Milliarden-wie-viel-Mensch-vertraegt-die-Erde.html; *Deutschlandfunk:*

»Überbevölkerung: Wie viele Menschen verträgt die Erde?«, Diskussion am 5. 7. 2014, http://www.deutschlandfunkkultur.de/ueberbevoelkerung-wie-viele-menschen-vertraegt-die-erde.970.de.html?dram:article_id=290939; NDR: https://www.ndr.de/info/Wie-viele-Menschen-vertraegt-die-Erde,audio214630.html; *Süddeutsche Zeitung* v. 31. 7. 2015, http://www.sueddeutsche.de/wissen/weltbevoelkerung-der-volle-planet-1.2588453; *Schweizer Rundfunk* v. 10. 2. 2015: https://www.srf.ch/wissen/natur-umwelt/wie-viel-mensch-vertraegt-die-erde; Die Welt v. 25. 10. 2011: https://www.welt.de/wissenschaft/article13680212/Wie-viele-Menschen-verkraftet-die-Erde.html; *Focus* v. 26. 10. 2011: https://www.focus.de/wissen/klima/klimaprognosen/tid-23939/weltbevoelkerung-wie-viele-menschen-ertraegt-die-erde_aid_676104.html; *Augsburger Allgemeine* v. 11. 7. 2014: http://www.augsburger-allgemeine.de/panorama/Wie-viele-Menschen-haelt-die-Erde-noch-aus-id30537852.html, alle aufgerufen am 17. 1. 2018.

173 Vgl. *Umwelt & Aktiv* (NPD), Dudo Erny, Vortrag v. 9. 4. 2016, http://www.umweltundaktiv.de/allgemein/die-bevoelkerungsexplosion-eine-unterschaetze-gefahr/; *Die Welt* v. 18. 9. 2014: https://www.welt.de/wissenschaft/article132395632/Bis-2100-wird-es-eine-Bevoelkerungsexplosion-geben.html, alle aufgerufen am 17. 1. 2018.

174 Zur Debatte um die Begriffe »Trikont [und Ozeanien]« und »Dritte Welt«: http://www.3www2.de/index.php?option=com_content&view=article&id=195:zur-diskussion-um-den-begriff-ldritte-weltr&catid=51:konzept&Itemid=69, aufgerufen am 23. 5. 2018.

175 Ein jahrzehntealter internationaler Begriff, der sich in Deutschland nur langsam durchsetzt. People of Colour, Person of Colour, Women of Colour, Men of Colour sind politische Selbstbezeichnungen von Menschen, die in Gesellschaften mit mehrheitlicher »weißer« Bevölkerung als »nichtweiß« wahrgenommen und diskriminiert werden.

176 Konrad Lorenz: *Die acht Todsünden der zivilisierten Menschheit,* München: Piper 1973, S. 64. Zum Weiterlesen über Konrad Lorenz: Ute Deichmann: *Biologen unter Hitler. Vertreibung, Karrieren, Forschung.* Frankfurt a. M.: Campus 1992; und: Klaus Taschwer/Benedikt Föger: *Konrad Lorenz. Biographie,* Wien: Zsolnay 2003.

177 Zit. nach: Klaus Taschwer/Benedikt Föger: *Konrad Lorenz. Biographie,* Wien: Zsolnay 2003, S. 84–85.

178 Zit. nach: Benedikt Föger/Klaus Taschwer: »Ich war immer Nationalsozialist«, in: *Freitag* Nr. 13 v. 23. 3. 2001; Konrad Lorenz: »Durch Domestikation verursachte Störungen arteigenen Verhaltens«, 1940; ders.: »Die angeborenen Formen möglicher Erfahrung«, 1940.

179 »Durch Domestikation verursachte Störungen arteigenen Verhaltens«, 1940, zit. nach: Jost Herbig: *Nahrung für die Götter. Die kulturelle Neuerschaffung der Welt durch den Menschen,* München/Wien: Carl Hanser Verlag 1988, S. 32 f.

180 Quellen zu Lorenz: Jutta Ditfurth: »Die Braungans Konrad Lorenz«, *Natur* 12/1988; Jost Herbig: *Nahrung für die Götter,* 1988; Jutta Ditfurth: *Feuer in*

die Herzen, 1992/1997; Ute Deichmann: *Biologen unter Hitler*, 1992; Klaus Taschwer/Benedikt Föger: *Konrad Lorenz. Biographie*, Wien: Zsolnay 2003.

181 Kurzbiografie Konrad Lorenz auf: https://www.mpg.de/4310517/Konrad_Lorenz, aufgerufen am 28. 6. 2018.

182 »Geschichte der Kaiser-Wilhelm-Gesellschaft im Nationalsozialismus«, https://www.mpg.de/geschichte/kwg-im-nationalsozialismus, aufgerufen am 20. 6. 2019.

183 Herbert Gruhl stimmt hier René Dubos zu, Autor von: *Der entfesselte Fortschritt. Programm für eine menschliche Welt*. Bergisch Gladbach 1970, S. 166. Zitate aus: Herbert Gruhl, *Himmelfahrt ins Nichts*, München 1992, S. 242 und 244.

184 Interview mit Jutta Ditfurth, SHf – Schaffhauser Fernsehen, anlässlich der Schaffhauser »Wirtschaftsimpulse 2011« am 16. 9. 2011: http://www.youtube.com/watch?v=7SXZ31i39Lw; Redebeitrag von Jutta Ditfurth auf dem Kongress »Wirtschaftsimpulse 2011«, in Schaffhausen (Schweiz). Thema: »Wachstum – Fluch oder Segen«: http://www.wirtschaftsimpulse.ch/archiv/wirtschaftsimpulse-2011 (dort mein Redebeitrag).

185 Friedrich Engels: *Die Lage der arbeitenden Klasse in England*, Leipzig: Otto Wigand Druck und Verlag 1845, S. 338.

186 Thomas Robert Malthus: *An Essay on the Principle of Population*, 2nd enlarged ed., London: J. Johnson 1803, S. 531.

187 Garrett Hardin: »The Feast of Malthus – Living within limits«, in: *The Social Contract*, Frühling 1998.

188 Miss Ann Thropy: »Population and AIDS«, in: *Earth First!*, May 1, 1987, S. 32.

189 *Natur*, Nr. 11, München 1988. Darüber habe ich vor 30 Jahren geschrieben: Jutta Ditfurth: »Konrad Lorenz: Die Braungans«. Stellungnahme zur Konrad-Lorenz-Debatte, in: *Natur* 12/1988.

190 Dave Foreman: »Whither Earth First!?«, in: *Earth First!*, November 1, 1987, S. 20.

191 Interview mit David Foreman, in: *Simply Living*, Australien, ohne Datum, vermutlich 1987, Vol. 2, No. 12, S. 4.

192 Zit. nach Ulrike Heider: *Die Narren der Freiheit. Anarchisten in den USA*, Berlin: Karin Kramer Verlag 1992, S. 114 f.

193 Dave Foreman: »Around the Campfire«, in: *Earth First!*, June 21, 1987, S. 2.

194 Jutta Ditfurth: *Entspannt in die Barbarei. Esoterik, (Öko-)Faschismus und Biozentrismus*, (3. unveränd. Aufl.) Hamburg: Konkret Literatur Verlag 2003. Und: Dies.: *Feuer in die Herzen. Gegen die Entwertung des Menschen*, (3. erweiterte und vollständig überarbeitete Neuausg.) Hamburg: Konkret Literatur Verlag 1997.

195 Freundeskreis Hambacher Forst: https://hambacherforst.org. Beispiel für einen Aufruf von Earth First!: https://earthfirstjournal.org/newswire/2018/05/19/germany-call-to-action-for-the-hambacher-forest/, aufgerufen am 22. 6. 2019.

196 Earth First! Journal collective: »Greens, Wars and Migration. Confronting the eco-xenophobia of Apply The Breaks, Captain Paul Watson, James Lee and the whole lot of 'em«, Statement v. 2. 9. 2010, https://earthfirstjournal.org/newswire/2010/09/02/greens-wars-and-migration/, aufgerufen am 20. 6. 2019.

197 Fatima El-Tayeb: *Schwarze Deutsche: Der Diskurs um »Rasse« und nationale Identität 1890–1933*, Frankfurt a. M.: Campus 2001, S. 158.

198 Alfred Rosenberg: *Der Mythus des 20. Jahrhunderts. Eine Wertung der seelisch-geistigen Gestaltenkämpfe unserer Zeit*, 9. Aufl., München: Hoheneichen 1943, S. 647

199 Zit. nach: Fatima El-Tayeb, a. a. O., S. 163.

200 a. a. O., S. 180.

201 »Fest steht: der Antisemitismus, enthalten im Anti-Israelismus oder Anti-Zionismus wie das Gewitter in der Wolke, ist wiederum ehrbar.« Aus: Jean Amery: »Der ehrbare Antisemitismus. Die Barrikade vereint mit dem Spießer-Stammtisch gegen den Staat der Juden«, in: *Die Zeit* v. 25. 7. 1969.

202 Monika Schwarz-Friesel/Jehuda Reinharz: *Die Sprache der Judenfeindschaft im 21. Jahrhundert*, Europäisch-Jüdische Studien – Beiträge, Band 7 (1. Aufl. 2012), Berlin: de Gruyter 2017; Monika Schwarz-Friesel (Hg.): *Gebildeter Antisemitismus: Eine Herausforderung für Politik und Zivilgesellschaft*, Interdisziplinäre Antisemitismusforschung Band 6, Baden-Baden: Nomos 2015; Monika Schwarz-Friesel: *Antisemitismus 2.0 und die Netzkultur des Hasses.* Langzeitstudie, Langfassung: https://www.linguistik.tu-berlin.de/fileadmin/fg72/Antisemitismus_2-0_Lang.pdf; Ergänzung: https://www.linguistik.tu-berlin.de/fileadmin/fg72/Ergänzung_Übersicht_Subkorpora-Siglen.pdf; Kurzfassung: https://www.linguistik.tu-berlin.de/fileadmin/fg72/Antisemitismus_2-0_kurz.pdf; alle aufgerufen am 12. 11. 2018; Andreas Zick/Beate Küpper/Daniela Krause: *Gespaltene Mitte – Feindselige Zustände.* Ralf Melzer für die Friedrich-Ebert-Stiftung (Hg.), Bonn: Dietz 2016; Wilhelm Heitmeyer (Hg.): »Gruppenbezogene Menschenfeindlichkeit (GMF) in einem entsicherten Jahrzehnt«, in: *Deutsche Zustände,* Band 10, Frankfurt a. M.: edition suhrkamp 2012; Julia Bernstein/Andreas Hövermann/Silke Jensen/Andreas Zick: *Jüdische Perspektiven auf Antisemitismus in Deutschland. Ein Studienbericht für den Expertenrat Antisemitismus.* Bielefeld 2017, auf: https://www.frankfurt-university.de/fileadmin/standard/Hochschule/Pressemitteilungen/Studie_juedische_Perspektiven_Bericht_April2017.pdf, aufgerufen am 2. 11. 2018.

203 Für Antisemitismus in Schulen besonders empfehlenswert: Julia Bernstein (Projektleitung): *»Mach mal keine Judenaktion!« Herausforderungen und Lösungsansätze in der professionellen Bildungs- und Sozialarbeit gegen Antisemitismus*, veröffentlicht am 6. 12. 2018, auf: https://www.frankfurt-university.de/fileadmin/standard/Hochschule/Pressemitteilungen/Mach_mal_keine_Judenaktion__Herausforderungen_und_Loesungsansaetze_in_der_professionellen_Bildungs-_und_Sozialarbeit_gegen_Anti.pdf, aufgerufen am 10. 12. 2018.

204 Über den Antisemitismus in der Romantik habe ich hier ausführlicher geschrieben: Jutta Ditfurth: *Der Baron, die Juden und die Nazis. Adliger Antisemitismus,* Hamburg: Hoffmann & Campe 2015, S. 33–54.

205 Martin Schulz: »Inspiring address by Pres. #Abbas« unter: @EP_PresSchulz, Tweet v. 23. 6. 2016, 03:53 [Screenshot].

206 Abbas und Schulz ab 00:00:30, Annette Groth ab 00:05:13 im Film *Auserwählt und Ausgegrenzt. Der Hass auf Juden in Europa,* ein Film von: Joachim Schroeder und Sophie Hafner (2017, 90 Min.). Die Auftraggeber, der deutsch-französische Fernsehsender arte und WDR wollten den Film zunächst nicht ausstrahlen. Nach öffentlichen Auseinandersetzungen zeigten arte und die ARD den Film am 21. Juni 2017 in einer betreuten Fassung mit unsäglichen Kommentaren und Unterbrechungen. Der fehlerhafte und manipulative »Faktencheck« des WDR machte die Sache für den Sender noch peinlicher. In die an den Film anschließende Diskussionsrunde bei Maischberger war keine/r der beiden Filmemacher*innen eingeladen.

207 Margot Käßmann, veröffentlicht von wwwEKDde am 7. 11. 2016 auf: https://www.youtube.com/watch?v=5mGvvBqA5Rk, aufgerufen am 6. 10. 2018.

208 Geschweige denn in einem deutschen »Protektorat wie Deutsch-Südwest-Afrika oder Kamerun«, worauf Wilhelm II. Theodor Herzl 1898 kurze Zeit Hoffnung machte. Theodor Herzl schrieb am 8. 10. 1898 in sein Tagebuch: »Das Protektorat! Viele werden den Kopf dazu schütteln. Aber ich glaube, es ist das einzig Richtige, es dankbar zu akzeptieren, nachdem es angeboten wurde. […] Unter dem Protektorate dieses starken, großen, sittlichen, prachtvoll verwalteten, stramm organisierten Deutschland zu stehen, kann nur die heilsamsten Wirkungen für den jüdischen Volkscharakter haben. Auch kämen wir mit einem Schlage zu vollkommen geordneten inneren und äußeren Rechtszuständen.« Theodor Herzl, Tagebucheintrag v. 8. 10. 1898, in: *Theodor Herzls Tagebücher 1895–1904,* 3 Bände, hier: Bd. 2, Berlin 1923, S. 150 f.

209 Lenin 1922, zit. nach: Leon Poliakov: *Vom Zionismus zum Antisemitismus,* (unveränd. Nachdruck der Erstausgabe von 1992) Freiburg: ça ira Verlag 2018, S. 33.

210 Thomas Haury: *Antisemitismus von links. Kommunistische Ideologie, Nationalismus und Antizionismus in der frühen DDR,* Hamburg: Hamburger Edition 2002, S. 248.

211 Zit. nach: Leon Poliakov: *Vom Zionismus zum Antisemitismus,* a. a. O., S. 35.

212 Wladimir Iljitsch Lenin: »Gesetzentwurf über die nationale Gleichberechtigung«, in: *Put Prawdy* Nr. 48 v. 28. 3. 1914. Zitiert nach: Wladimir Iljitsch Lenin: Werke, Band 20, Berlin (DDR): Dietz Verlag 1968, S. 166–168.

213 Eduard März: »Zio-Imperialismus?«, in: *Profil – sozialdemokratische Zeitschrift für Politik, Wirtschaft und Kultur,* 49/1970.

214 Wladimir Iljitsch Lenin: Auf Schallplatten aufgenommene Reden (gesprochen Ende März 1919), 8. Über die Pogromhetze gegen die Juden. In: W. I. Lenin: *Werke,* Band 29, Berlin (DDR): Dietz Verlag 1965, S. 239–240.

215 Eduard März, a. a. O.

216 Siehe auch: Jutta Ditfurth: *Der Baron, die Juden und die Nazis,* a. a. O., S. 195–198.

217 Vgl. auch: Ökologische Linke: »Unsere antinationale, antiautoritäre, emanzipatorische Position zu Israel«, Positionspapier des Bundessprecher*innenrates, 19. 6. 2017, S. 5–7; Jutta Ditfurth: *Zeit des Zorns. Warum wir uns vom Kapitalismus befreien müssen,* Frankfurt a. M.: Westend 2012; Jutta Ditfurth: *Worum es geht.* Flugschrift, Berlin: Rotbuch 2012.

218 Karl Marx/Friedrich Engels: *Das Kapital,* Band III, in: *Werke* (MEW) Band 25, 5. Abschnitt, 16. Aufl. (unveränd. Nachdruck der 1. Aufl. 1964), Berlin: Dietz Verlag 2008, S. 370.

219 Karl Marx/Friedrich Engels: *Das Kapital,* Band III, a. a. O., S. 389.

220 Karl Marx/Friedrich Engels: *Das Kapital,* Band III, a. a. O., S. 395.

221 Karl Marx/Friedrich Engels: *Das Kapital,* Band III, a. a. O., S. 396.

222 Hans-Peter Büttner: »Antisemitismus als Denkform«, Vortrag am 4. 6. 2014 im Bildungszentrum Konstanz, ungekürzte, erweiterte Fassung des Redemanuskripts, in: *Kritiknetz – Zeitschrift für Kritische Theorie der Gesellschaft,* veröffentlicht 2014, http://www.kritiknetz.de/images/stories/texte/Buettner_ Antisemitismus.pdf, aufgerufen am 20. 11. 2018, S. 4 und 5.

223 Vgl. Moishe Postone: »Antisemitismus und Nationalsozialismus«, in: ders.: *Deutschland, die Linke und der Holocaust,* initiative kritische geschichtspolitik (Hg.), Freiburg: ça ira-Verlag 2005, S. 178–192.

224 Hannah Ahlheim: *»Deutsche, kauft nicht bei Juden!« Antisemitismus und politischer Boykott in Deutschland 1924 bis 1935,* Göttingen: Wallstein 2011, S. 80 f.

225 Vgl. z. B. Thomas Haury: *Antisemitismus von links. Kommunistische Ideologie, Nationalismus und Antizionismus in der frühen DDR,* Hamburg: Hamburger Edition 2002, S. 263.

226 Ralf Hoffrogge: »Der Sommer des Nationalbolschewismus? Die Stellung der KPD-Linken zum Ruhrkampf und ihre Kritik am ›Schlageter-Kurs‹ von 1923«, in: *Sozial.Geschichte Online* 20 (2017), S. 99–146, hier S. 126 (https://sozialgeschichteonline.wordpress.com).

227 »Hängt die Judenkapitalisten. Ruth Fischer als Antisemitin«, in: *Vorwärts* v. 22. 8. 1923. – Weder die KPD noch Ruth Fischer bestritten das Zitat.

228 Vgl. z. B. Martin Kloke: »Über das Verhältnis der westdeutschen Linken zu Israel«, siehe: Martin Kloke: *Israel und die deutsche Linke. Zur Geschichte eines schwierigen Verhältnisses,* Frankfurt a. M.: Haag + Herchen 1990, S. 27 ff.

229 Thomas Haury: *Antisemitismus von links. Kommunistische Ideologie, Nationalismus und Antizionismus in der frühen DDR,* Hamburg: Hamburger Edition 2002. Siehe auch: Olaf Kistenmacher: *Arbeit und »jüdisches Kapital«. Antisemitische Aussagen in der KPD-Tageszeitung Die Rote Fahne während der Weimarer Republik,* Bremen: edition lumière 2016.

230 Thomas Haury: *Antisemitismus von links,* a. a. O., S. 273.

231 Ebd. S. 260 f.

232 Magnus Brechtken: »*Madagaskar für die Juden«. Antisemitische Idee und politische Praxis 1885–1945*, München: Oldenbourg 1998, S. 210.

233 Klaus Gensicke: *Der Mufti von Jerusalem und die Nationalsozialisten: Eine politische Biographie Amin el-Husseinis*, Darmstadt: Wissenschaftliche Buchgesellschaft 2011, S. 21.

234 Zit. nach: Klaus Gensicke: *Der Mufti von Jerusalem …*, a. a. O., S. 30.

235 Literatur zum Komplex Großmufti von Jerusalem und NS-Faschismus: Klaus Gensicke: *Der Mufti von Jerusalem und die Nationalsozialisten: Eine politische Biographie Amin el-Husseinis*, Darmstadt: Wissenschaftliche Buchgesellschaft 2011; Klaus Michael Mallmann/Martin Cüppers: *Halbmond und Hakenkreuz: Das »Dritte Reich«, die Araber und Palästina*, Darmstadt: Wissenschaftliche Buchgesellschaft 2010; Tilman Tarach: Der ewige Sündenbock: *Israel, Heiliger Krieg und die »Protokolle der Weisen von Zion« – Über die Scheinheiligkeit des traditionellen Bildes vom Nahostkonflikt*, 5., aktualisierte und überarbeitete Auflage, Freiburg/Berlin: Edition Telok 2016; Matthias Küntzel: *Djihad und Judenhaß. Über den neuen antijüdischen Krieg*, Freiburg: ça-ira-Verlag; 2. Auflage (1. April 2003).

236 Jeffrey Herf (Hg.): »Hitlers Dschihad. Nationalsozialistische Rundfunkpropaganda für Nordafrika und den Nahen Osten«, in: *Vierteljahreshefte für Zeitgeschichte*, Heft 2, München: Oldenbourg 2010, S. 259–286.

237 Zit. nach: Klaus Gensicke: *Der Mufti von Jerusalem …*, a. a. O., S. 161.

238 *Prawda* v. 17. 5. 1947, zit. nach Leon Poliakov: *Vom Zionismus zum Antisemitismus*, (unveränd. Nachdruck der Erstausgabe von 1992) Freiburg: ça ira Verlag 2018, S. 7–20, hier S. 55.

239 Martin Kloke: *Israel und die deutsche Linke. Zur Geschichte eines schwierigen Verhältnisses*, Frankfurt a. M.: Haag + Herchen 1990.

240 *Frankfurter Allgemeine Zeitung* v. 7. 6. 1967; *Die Zeit* v. 9. 6. 1967; *Der Spiegel* v. 12. 6. 1967.

241 Lothar Menne: »Gezielte Scham«, *konkret* Nr. 14 v. 30. 6. 1969.

242 Ulrike Meinhof: »Drei Freunde Israels«, in: *konkret* Nr 7/1967; dies.: Vorwort in: Isaac Deutscher: *Der israelisch-arabische Konflikt*. Voltaire Flugschriften Nr. 21, Frankfurt a. M.: Edition Voltaire, August 1968 (1. Aufl.), S. 3–5; Rote Armee Fraktion (RAF) [Autorin Ulrike Meinhof]: »Den antiimperialistischen Kampf führen! Die Rote Armee aufbauen! Die Aktion des Schwarzen September in München. Zur Strategie des antiimperialistischen Kampfes«, Selbstverlag 1967. Zu den Gefängnisbedingungen, unter denen Meinhof den Text schrieb, siehe: Jutta Ditfurth: *Ulrike Meinhof. Die Biografie*, Berlin: Ullstein Taschenbuch 2009, S. 350–383.

243 Daniel Cohn-Bendit: *Der große Basar*. Ein Gespäch mit Michel Lévy, Jean-Marc Salmon, Maren Sell, München: Trikont 1975, S. 11–15.

244 Zit. nach: Mathias Geis: »Immun gegen Mitleiden«, in: *die tageszeitung* v. 11. 10. 1993. Hervorhebung von mir; J. D.

245 »Cohn-Bendit: »Goražde ein zweites Warschauer Ghetto«, *Frankfurter Allgemeine Zeitung* v. 21. 4. 1994.

246 32 Jahre später leugnete der deutsche Außenminister Fischer seine Teilnahme an jener PLO-Konferenz, bis Fotos und Zeug*innen ihn überführten. Er hatte zuvor ohne Not behauptet, seit seinem 16. Lebensjahr stramm an der Seite Israels gestanden zu haben. Medienberichte: »Die Affäre Joschka Fischer«, in: Report aus München/Bayerischer Rundfunk v. 12. 3. 2001, auf: https://www.br.de/mediathek/video/film-vom-1232001-die-affaere-joschka-fischer-av:5a3c52c68f247a0018b7637d, aufgerufen am 15. 1. 2019; Jürgen Hogrefe/Gunther Latsch/Jürgen Leinemann/Georg Mascolo/Dietmar Pieper/Wilfried Voigt: »Wahrheit auf Raten«, in: *Der Spiegel,* Heft 8 v. 19. 2. 2001, auf: http://magazin.spiegel.de/EpubDelivery/spiegel/pdf/18535311, aufgerufen am 15. 1. 2019.
Das war noch nicht das Ende von Fischers Plädoyer für antiemanzipatorische »Revolutionen«, noch 1978 schwärmte er für die religiösen Massenerhebungen unter dem Ayatollah Khomeini. Fischer: Es »tritt mehr und mehr wieder etwas wesentliches in unserem Leben in den Vordergrund, das auch in der persischen Revolution eine elementare Bedeutung besitzt. Ich meine Religion und das Heilige.« Fischer schilderte seine »geistige Verunsicherung durch die persische Revolution«, die »ins Herz des westlichen Fortschrittsglaubens« treffe. Der Terror der Mullahs gegen die demokratische Opposition und gegen emanzipierte Frauen interessierte ihn offensichtlich nicht. Zitate aus: Joschka Fischer: »Durchs wilde Kurdistan«, in: *Pflasterstrand* 47 v. 10. 2. 1979; vgl. Jutta Ditfurth: *Das waren die Grünen,* München: Econ Verlag 2000, S. 97 f. Fischers Israel-»Räson« wuchs erst mit dem Plan, Bundesminister in einer rot-grünen Regierung zu werden.

247 Jürgen Hogrefe/Gunther Latsch/Jürgen Leinemann/Georg Mascolo/Dietmar Pieper/Wilfried Voigt: »Wahrheit auf Raten«, in: *Der Spiegel,* Heft 8 v. 19. 2. 2001, https://magazin.spiegel.de/EpubDelivery/spiegel/pdf/18535311, aufgerufen am 22. 6. 2019.

248 Ausführlicher im Kapitel »In Stahlgewittern«, in: Jutta Ditfurth: *Krieg, Atom, Armut. Was sie reden, was sie tun: Die Grünen,* Berlin: Rotbuch Verlag 2011, S. 135–182. Zu Fischers Auschwitz-Kosovo-Vergleich siehe auch: Christian Schneider: »Gefühlte Wirklichkeit«, in: *die tageszeitung* v. 21. 12. 2007.

249 Herbert Marcuse: »Für eine gemeinsame Front«, in: *DISkussion* Nr. 23, 10/1967, S. 3.

250 Ernst Bloch/Iring Fetscher/Rolf Rendtorff u. a.: *Frieden im Nahen Osten. Zum arabisch-israelischen Konflikt,* Frankfurt a. M.: EVA 1967, S. 16 ff.

251 Wolfgang Abendroth an B. Simonsohn, Brief v. 6. 6. 1967; zit. nach Martin Kloke: *Israel und die deutsche Linke. Zur Geschichte eines schwierigen Verhältnisses,* Frankfurt a. M.: Haag + Herchen 1990, S. 71.

252 Bundesvorstand des Sozialistischen Deutschen Studentenbundes (SDS): Die XXII. ordentliche Delegiertenkonferenz des SDS. Resolutionen und Beschlüsse 1967, S. 48–54.

253 Heinz Bude, interviewt am 3sat-Stand auf der Buchmesse Leipzig, 15. 3. 2018 (Min. 03:03–03:33), auf: http://www.3sat.de/mediathek/?mode=play&obj=72231, aufgerufen am 21. 5. 2018.

254 Literaturhinweis: Thomas Haury: *Antisemitismus von links. Kommunistische Ideologie, Nationalismus und Antizionismus in der frühen DDR*, Hamburg: Hamburger Edition 2002.

255 Eine wertvolle Forschungsarbeit hierzu ist Olaf Kistenmacher: *Arbeit und »jüdisches Kapital«. Antisemitische Aussagen in der KPD-Tageszeitung Die Rote Fahne während der Weimarer Republik*, Bremen: edition lumière 2016.

256 Zum Umgang der SPD mit der NS-Vergangenheit ihrer Mitglieder und Wähler*innen vgl.: Kristina Meyer: *Die SPD und die NS-Vergangenheit 1945–1990*, Göttingen: Wallstein 2015.

257 Gottfried Oy/Christoph Schneider: *Die Schärfe der Konkretion, Reinhard Strecker, 1968 und der Nationalsozialismus in der bundesdeutschen Historiografie*, 2. Auflage, Scheßlitz: Verlag Westfälisches Dampfboot, 2014, S. 114.

258 Zit. nach Jutta Ditfurth: *Ulrike Meinhof*, a. a. O., S. 183.

259 Thomas Maul, Facebook-Eintrag v. 9. 5. 2018.

260 (1) Werner Georg Haverbeck, 1909–1999, Nationalsozialistischer Deutscher Studentenbund/NSDStB, SA, NSDAP, Kampfbund für deutsche Kultur/KfdK, SS, Auswärtiges Amt, Wehrmacht; nach 1945: Anthroposoph, 1960er: Kuratorium der Ostermarschbewegung, zeitweilig SPD-nah, Propagandist der »Auschwitz-Lüge«;
(2) Herbert Mochalski, 1910–1992, SA-Obertruppführer, NSDAP; 1952 Mitorganisator der »Essener Friedenskarawane«;
(3) Renate Riemeck, 1920–2003, Nationalsozialistischer Deutscher Studentenbund/NSDStB, Anthroposophin, Historikerin, Mitarbeiterin von SS-Obersturmbannführer Prof. Johann von Leers am Lehrstuhl für »Deutsche Rechts-, Wirtschafts- und politische Geschichte auf rassischer Grundlage« der Universität Jena; 1950/1960er: zentraler Arbeitsausschuss der »Aktionsgemeinschaft gegen atomare Aufrüstung«, Internationale der Kriegsdienstgegner (IDK), Kampagne »Kampf dem Atomtod«, Deutsche Friedensunion (DFU);
(4) Franz Alt, 1938, Antisemit, war jahrelang Propagandist der Kinderheime der rechtsradikalen Bruderschaft Salem, CDU, ÖDP, Anhänger des antisemitischen Wirtschaftstheoretikers Silvio Gesell, Lebensschützer, rechter »Ökologe« und Esoteriker. Franz Alt ist Gründungsmitglied und Mitglied sowie ehemaliger Sprecher des Kuratoriums des Instituts Solidarische Moderne (https://www.solidarische-moderne.de/de/article/8.gruendungsmitglieder.html) und Mitglied im Kuratorium der ÖDP-nahen Stiftung für Ökologie und Demokratie (http://www.stiftung-oekologie-u-demokratie.de/w/kuratorium-2/).
Über (1) Haverbeck und (4) Alt in: Jutta Ditfurth: *Feuer in die Herzen* (alle Ausgaben 1992/1994/1997); über (2) Mochalski und (3) Riemeck in: Jutta Ditfurth: *Ulrike Meinhof. Die Biografie* (alle Ausgaben seit 2007).

261 Jutta Ditfurth: *Entspannt in die Barbarei*, 4. Auflage (1. Auflage 1996), Hamburg: Konkret Literatur 2011, S. 16 f., 32 f., 50, 98. Dies.: *Feuer in die Herzen. Gegen die Entwertung des Menschen* (1. Auflage 1992), Hamburg: Konkret Literatur Verlag 1997, S. 313–327. Vgl. auch: Micha Brumlik: *Der Anti-Alt. Wider die furchtbare Friedfertigkeit*, Frankfurt a. M.: Eichborn 1991. Darin

bezeichnet Brumlik Franz Alts Buch *Jesus – der erste neue Mann* (1989) als »ersten antisemitischen Bestseller seit 1945«.

262 Diether Dehm, Vorwort, in: Thomas Friz/Erich Schmeckenbecher: *Zupfgeigenhansel – Kein schöner Land in dieser Zeit*, Dortmund: Verlag Pläne 1984, S. 7–9.

263 Theodor W. Adorno: »Meinung Wahn Gesellschaft«, in: ders.: *Eingriffe. Neun kritische Modelle*. Frankfurt a. M.: Suhrkamp 1963, S. 147–172; S. 165.

264 Diether Dehms Rede beim Ostermarsch in Kassel, April 2009: https://www.youtube.com/watch?v=GAZ8CU9m_JI, aufgerufen am 29. 7. 2018.

265 Es handelte sich um die Lesereise in Thüringen im Februar 2014 und ich wollte meine Rechercheergebnisse zu Karl-Heinz Hoffmann aktualisieren, siehe Jutta Ditfurth: *Der Baron, die Juden und die Nazis. Adliger Antisemitismus*, Hamburg: Hoffmann & Campe 2015, S. 311–313. »Compact präsentiert: Streitgespräch Daniele Ganser versus Karl-Heinz Hoffmann zum Oktoberfestattentat« v. 8. 2. 2014, auf: http://juergenelsaesser.wordpress.com/2014/02/08/compact-prasentiert-streitgesprach-daniele-ganser-vs-karl-heinz-hoffmann-zum-oktoberfestattentat/, letztmalig aufgerufen am 28. 1. 2019.
Zum völkischen Antisemiten Jürgen Elsässer:
1.) Hans-Peter Büttner: »Antisemitismus und Finanzkapital. Zur Kritik des völkischen Denkens des ehemaligen Linken Jürgen Elsässer«, in: *Kritiknetz – Zeitschrift für Kritische Theorie der Gesellschaft* v. 12. 3. 2009, auf: http://www.kritiknetz.de/images/stories/texte/HAPE_Antisemitismus_und_Finanzkapital.pdf, aufgerufen am 10. 7. 2019.
2.) Stefan Niggemeier: »Compact Magazin: Die völkische Offensive zur Eroberung der Meinungsherrschaft« (2016); https://uebermedien.de/9540/die-voelkische-offensive-zur-eroberung-der-meinungsherrschaft/.
3.) Matthias Kamann/Annelie Naumann: »AfD lädt völkische Strategen in den Bundestag ein«, in: *Die Welt* v. 4. 7. 2018, auf: https://www.welt.de/politik/deutschland/article178697524/AfD-laedt-voelkischen-Strategen-in-den-Bundestag-ein.html, aufgerufen am 10. 7. 2019.
4.) Andrea Röpke: »Völkischer Nachwuchs«, in: *Kontext: Wochenzeitung* Ausgabe 357 v. 31. 1. 2018, auf: https://www.kontextwochenzeitung.de/politik/357/voelkischer-nachwuchs-4878.html, aufgerufen am 10. 7. 2019.

266 Der damalige stellvertretende NPD-Vorsitzende Holger Apfel: »Mit den Forderungen, die er in seinem Gründungsaufruf vertritt, hat er [Elsässer; J. D.] sich NPD-Positionen nicht angenähert, nein, er vertritt NPD-Positionen.« NPD Oberlausitz-Zittau: http://www.npd-loebau-zittau.de/?p=1628, aufgerufen am 10. 9. 2014 [heute nicht mehr aufrufbar].

267 http://juergenelsaesser.wordpress.com/2009/06/15/gluckwunsch-ahmadinedschad/, aufgerufen am 20. 5. 2014.

268 *Compact*-Chefredakteur Jürgen Elsässer und IZ-Herausgeber Abu Bakr Rieger im gemeinsamen Gespräch, *Islamische Zeitung online* v. 3. 2. 2011: //www.islamische-zeitung.de/iz3.cgi?id=14287, aufgerufen am 24. 7. 2014.

269 http://juergenelsaesser.wordpress.com/2013/02/20/adoptionsrecht-fur-schwule-nein-danke/, aufgerufen am 21. 5. 2014

270 Zum Antisemitismus-Prozess Elsässer ./. Ditfurth: Das Urteil des Landgerichts München I vom 10. 12. 2014 (AZ 250 141 97/14), http://www.jutta-ditfurth.de/dl/dl.pdfa?download=Elsaesser-gegen-Ditfurth-I-Instanz-20141210.pdf.

271 Das Bundesverfassungsgericht lehnte die Befassung ab, der Europäische Gerichtshof für Menschenrechte verweigerte sogar die Annahme meiner alle Bedingungen erfüllenden Beschwerde und verbot explizit jede Nachfrage nach den Gründen.

272 Literatur und Informationen zum Prozess: Jonas Fedders: »Antisemitismus heute – Die Auseinandersetzung zwischen Jürgen Elsässer und Jutta Ditfurth«, in: *Forum Recht* 01/2017; Wikipedia-Seite: »Elsässer-Ditfurth-Prozess«, https://de.wikipedia.org/wiki/Elsässer-Ditfurth-Prozess, aufgerufen am 12. 11. 2018; Kevin Culina/Jonas Fedders: *Im Feindbild vereint. Zur Relevanz des Antisemitismus in der Querfront-Zeitschrift Compact,* Münster: edition assemblage 2016; meine Stellungnahmen »Darf man in Deutschland Antisemiten noch Antisemiten nennen?« zum Prozess: News Nr. 52 v. 21. 12. 2016; News Nr. 48 v. 10. 11. 2015; News Nr. 44 v. 14. 5. 2015; News Nr. 41 v. 19. 2. 2015; alle auf: http://www.jutta-ditfurth.de/allgemein/News.htm.

273 Der RBB-Hörer schickte den Jebsen-Brief an Henryk Broders Blog »Achse des Guten«, dort veröffentlicht 6. 11. 2011, auf: https://www.achgut.com/artikel/ich_weis_wer_den_holocaust_als_pr_erfunden_hat/, aufgerufen am 17. 1. 2019.

274 Ken Jebsen: »Zionistischer Rassismus«, Video-Vortrag, April 2012, ursprünglich auf »Ken FM Internet TV«, jetzt vollständig auf: https://www.youtube.com/watch?v=FpCS6KwZ63E [aufgerufen am 4. 3. 2015]. Ken Jebsen nahm das Video von seiner Website, aber Unbekannte luden seine Rede am 28. 5. 2013 als Audiodatei auf YouTube hoch. Zum Zeitpunkt der sogenannten Mahnwachen für den Frieden konnte also jeder wissen, um wen es sich bei Ken Jebsen handelt: https://www.youtube.com/watch?v=FpCS6KwZ63E. Die Rede ließ sich auch im Januar 2019 noch dort finden. Kommentierte Auszüge: dame.von.welt: »KenFM: ›Rassistischer Zionismus‹«, Community, Freitag.de v. 21. 4. 2014, https://www.freitag.de/autoren/dame-von-welt/kenfm-rassistischer-zionismus, aufgerufen am 16. 1. 2019.

275 Andrea Meier interviewt Jutta Ditfurth: »Die neurechten Montagsdemos«, Kulturzeit/3sat v. 16. 4. 2014, auf: http://www.3sat.de/mediathek/?mode=play&obj=43135, aufgerufen am 17. 1. 2019; Gerd Scobel im Gespräch mit Jutta Ditfurth: »Das Jahr der Montagsdemos: Pegida, Hogesa, Montagsdemos – sie alle eint die Wut auf den Staat und die Medien«, in: Kulturzeit/3sat v. 16. 12. 2014, auf: http://www.3sat.de/mediathek/?mode=play&obj=48407, aufgerufen am 17. 1. 2019.

276 Florian Kirner lässt sich heute von neurechten Querfrontmedien wie KenFM, Ŋuoviso und *Rubikon* interviewen. Das Bürgerbündnis gegen Rechtsextremismus Weimar (BgR) lehnte deshalb im August 2018 eine Zusammenarbeit mit ihm ab: »Mit dem Schritt in dieses Milieu aus Esoterikern, Verschwörungstheoretikern und teils sogar extrem rechten

Personen hat Prinz Chaos den Schritt in eine Szene gewagt, mit der es keine Zusammenarbeit« gebe. Weimarer Bündnis gegen Rechtsextremismus, Pressemitteilung v. 31. 8. 2018, https://www.bgr-weimar.de/cms/presse/pressemitteilungen.html, aufgerufen am 17. 1. 2019. 2018 unterstützte Kirner die nationale Sammlungsbewegung Aufstehen um Sahra Wagenknecht.

277 Studie des Zentrums Technik und Gesellschaft der Technischen Universität Berlin, Bereich Soziale Bewegungen, Technik, Konflikt in Kooperation mit dem Verein für Protest- und Bewegungsforschung e. V.: *Occupy Frieden. Eine Befragung von Teilnehmer/innen der »Montagsmahnwachen für den Frieden«*. Forschungsbericht. Autor/innen: Priska Daphi, Dieter Rucht, Wolfgang Stuppert, Simon Teune und Peter Ullrich, Berlin, 16. 6. 2014, auf: https://protestinstitut.eu/wp-content/uploads/2015/03/occupy-frieden_ipb-working-paper_web.pdf /, aufgerufen am 28. 1. 2019.

278 Jürgen Elsässer: »Jutta Ditfurth, die Schreckschraube der Antifa«, auf: http://juergenelsaesser.wordpress.com/2014/04/12/jutta-ditfurth-die-schreckschraube-der-antifa/#more-6389, aufgerufen am 20. 1. 2019.

279 Jürgen Elsässer und der Waffenhändler Mario Rönsch bei der Mahnwache am 26. 5. 2014 in Erfurt: https://www.youtube.com/watch?v=8uXKETEolsg, aufgerufen am 20. 1. 2018, und auf: https://www.youtube.com/watch?v=mTbwkr913xI, aufgerufen am 20. 1. 2018.

280 Jüdisches Forum für Demokratie und gegen Antisemitismus e. V., Blogbeitrag im Dezember 2018 [ohne genaues Datum], auf: https://jfda.de/blog/2018/12/18/urteil-im-migrantenschreck-prozess-haftstrafe-fuer-rechtsextremen-waffenhaendler/, aufgerufen am 13. 1. 2019.

281 So z. B. Antifa Essen Z: »Bericht zur anti-israelischen Demonstration am 18. 07. 2014 in Essen«, v. 19. 7. 2014, auf: http://wordpress.antifa-essen.de/2014/07/bericht-zur-anti-israelischen-demonstration-am-18-07-2014-in-essen/, aufgerufen am 24. 11. 2018.

282 Vgl. Bericht der Antifa Essen Z: »Bericht zur anti-israelischen Demonstration am 18. 07. 2014 in Essen«, v. 19. 7. 2014 auf: http://wordpress.antifa-essen.de/2014/07/bericht-zur-anti-israelischen-demonstration-am-18-07-2014-in-essen/, aufgerufen am 24. 11. 2018.

283 »Antisemitische Ausschreitungen nach Linksjugend-Demo am 18. 07. 2014 in Essen«, veröffentlicht am 20. 7. 2014 von Antisem Essen auf: https://www.youtube.com/watch?v=5zoukXdlOvE, aufgerufen am 1. 1. 2019.

284 Zit. nach: Matthias Meisner: »Linke umgibt sich mit Antisemiten« in: *Der Tagesspiegel*, online, 19. 7. 2014 [update], auf: https://www.tagesspiegel.de/politik/demonstration-gegen-gaza-krieg-in-essen-linke-umgibt-sich-mit-antisemiten/10223820.html, aufgerufen am 24. 11. 2018. »Antisemitische Ausschreitungen nach Linksjugend-Demo am 18. 07. 2014 in Essen«, veröffentlicht am 20. 7. 2014 von Antisem Essen auf: https://www.youtube.com/watch?v=5zoukXdlOvE, aufgerufen am 1. 1. 2019; Antifa Essen Z: »Bericht zur anti-israelischen Demonstration am 18. 07. 2014 in Essen« v. 19. 7. 2014, auf: http://wordpress.antifa-essen.de/2014/07/bericht-zur-anti-israelischen-demonstration-am-18-07-2014-in-essen/, aufgerufen am 24. 11. 2018.

285 Felix Benneckenstein/Mo Hernandez: »Als sie uns für Juden hielten«, Gaza-Demo am 26. 7. 2014 in München, veröffentlicht am 30. 7. 2014 auf: https://www.youtube.com/watch?v=wMro3nQuQDA, aufgerufen am 1. 1. 2019 [Nazi-Aufruf für die Gaza-Demo: Min. 1:25, MLPD-Angriff ab Min. 1:44].

286 Hanning Voigts: »Gaza-Demo eskaliert in Frankfurt«, *Frankfurter Rundschau online* v. 12. 7. 2014, auf:http://www.fr.de/frankfurt/protest-gegen-israel-gaza-demo-eskaliert-in-frankfurt-a-582131, aufgerufen am 1. 1. 2019.

287 Am 15. 12. 2014. Deniz Yücel: »Ich geh ooch ma zum Döner«, *taz online* v. 16. 12. 2014, auf http://www.taz.de/!5026039/, aufgerufen am 17. 1. 2019.

288 Ferdinand Otto: »Protestbündnis ruft zum Marsch gegen Gauck auf«, *Spiegel online* v. 11. 12. 2014, auf: http://www.spiegel.de/politik/deutschland/friedenswinter-demo-buendnis-protestiert-gegen-joachim-gauck-a-1007685-druck.html, aufgerufen am 17. 1. 2019.

289 Unter vielen Beispielen etwa die Rede von Eugen Drewermann am 12. 8. 2006 in Paderborn, auf: http://archiv.friedenskooperative.de/themen/nahost50.htm, aufgerufen am 17. 1. 2019.

290 Beispielquellen für diesen Absatz: Martin Kaul: »Die Friedensbewegung will sich verjüngen: Gute Nacht, Freunde«, in: *die tageszeitung* v. 25. 11. 2014, http://www.taz.de/!5027766/, aufgerufen am 17. 1. 2019; Christian Jakob: »Der Frieden der Wirrköpfe«, *die tageszeitung* v. 14. 12. 2014, auf: http://www.taz.de/!5026169/, aufgerufen am 17. 1. 2019.

291 Film von der Mahnwache am 26. 5. 2014 in Bautzen (ab Min. 1:02:30 bzw. 20:15:34), https://www.youtube.com/watch?v=hrZ7Vgje81g, aufgerufen am 17. 1. 2019.

292 2014: Lars Mährholz, 2016: Reiner Braun, 2018: Eugen Drewermann und Rainer Rothfuß, 2019 bekommt ihn Willy Wimmer.

293 Willy Wimmer: »Seit dem gegen Deutschland und Österreich-Ungarn 1914 geführten Vernichtungskrieg und der Vollendung dieser Politik 1919 in Versailles, ist die Welt aus den Fugen. […] Der Weg in den Ersten Weltkrieg war davon bestimmt, dass internationale und nationale jüdische Interessen auf der Seite des kaiserlichen Deutschland standen und erst die britisch-französische Zusage für eine ›Heimstatt Palästina‹ den Kriegseintritt der Vereinigten Staaten auf der Seite der westlichen Kriegsgegner der sogenannten ›Mittelmächte‹ Österreich-Ungarn und Deutschland bewirken konnte. Versailles 1919 stand in einem ekelerregenden Gegensatz […]« usw. usf. Aus: Willy Wimmer: »2019, einhundert Jahre nach Versailles: die ›Hunnen‹ in Washington« v. 31. 12. 2018, auf: https://de.sputniknews.com/kommentare/20181231323457672-trump-macht-umsturzplaene/, aufgerufen am 17. 1. 2019.

294 Im Westend Verlag erschien 2016 auch Mathias Bröckers manipulative Verharmlosung von Ken Jebsens antisemitischen Wahnvorstellungen *(Der Fall Ken Jebsen)*. Einen Versuch der rationalen Widerlegung unserer Argumente gab es darin es nicht. Ein Buch voller Selbstmitleid und Selbstviktimisierung: Seine Kritiker*innen packen »die Flak« aus und schießen »aus dem Hinterhalt Leute«, also ihn, ab. Sie seien schuld, dass er sich vollends für die Seite der antizionistischen Antisemit*innen entschieden habe.

295 Zu Occupy: Jutta Ditfurth: *Worum es geht. Flugschrift,* Berlin: Rotbuch 2012; dies.: *Zeit des Zorns. Warum wir uns vom Kapitalismus befreien müssen,* erweiterte und stark überarbeitete Neuausgabe, Frankfurt a. M.: Westend Verlag 2012.

296 Vgl. das Kapitel über Silvio Gesell in: Jutta Ditfurth: *Entspannt in die Barbarei. Esoterik, (Öko-)Faschismus und Biozentrismus.* Hamburg: Konkret Literatur Verlag (3. unveränderte Auflage) 2011.

297 Paragraf 11 der UN-Resolution 194 von 1948 lautet: »[...] beschließt, dass denjenigen Flüchtlingen, die zu ihren Wohnstätten zurückkehren und *in Frieden mit ihren Nachbarn leben wollen,* dies zum frühestmöglichen Zeitpunkt gestattet werden soll und dass für das Eigentum derjenigen, die sich entscheiden, nicht zurückzukehren, sowie für den Verlust oder die Beschädigung von Eigentum, auf der Grundlage internationalen Rechts oder nach Billigkeit von den verantwortlichen Regierungen und Behörden Entschädigung gezahlt werden soll«. [Hervorhebung J. D.] Alle Mitglieder der Arabischen Liga, Ägypten, Irak, Libanon, Saudi-Arabien, Syrien und Jemen stimmten gegen die Resolution, Israel dafür. Der UN-Sicherheitsrat bestätigte die Resolution nicht. Da die arabischen Staaten sich weigerten, Israel anzuerkennen, lehnte der damalige Ministerpräsident Israels, David Ben-Gurion, die Wiederansiedlung der Flüchtlinge ab. Dazu kommt – und alles zusammen macht die Forderung des BDS fragwürdig –, dass die Resolution 194 konsequenterweise auch das Rückkehrrecht bzw. eine Entschädigung der aus arabischen und muslimischen Staaten geflohenen und vertriebenen rund 850 000 Jüdinnen und Juden und – in der Logik des BDS – ihrer Nachfahr*innen regeln müsste. Von der Vererbbarkeit eines Rückkehrrechts ist in der Resolution 194 nirgends die Rede.

298 Die Abschaffung des Arabischen als zweiter Amtssprache (seit der Gründung Israels 1948) im Jahr 2018 war eine der vielen törichten Entscheidungen der rechtskonservativen Regierung Netanjahu, die man etwas besser versteht, wenn man die Aggressivität und den Geschichtsrevisionismus arabischer Verbände *in* Israel zur Kenntnis nimmt, etwa: The National Committee for the Heads of the Arab Local Authorities in Israel: »The Future Vision of the Palestinian Arabs in Israel« (2006). Hier wird, im Sound arabischer Feinde Israels sowie des BDS, zur Beseitigung eines jüdischen Staates Israel aufgerufen: https://www.adalah.org/uploads/oldfiles/newsletter/eng/dec06/tasawor-mostaqbali.pdf, aufgerufen am 14. 7. 2019.

299 Dazu kamen 14 Millionen »Reichsdeutsche«, die aus den Ostprovinzen des Reiches und »Volksdeutsche«, die aus den deutschen Siedlungsgebieten in Ost-, Ostmittel- und Südosteuropa geflohen bzw. vertrieben worden waren (der größte Anteil blieb in der sowjetischen Besatzungszone). Und auch in der nichteuropäischen Welt hatten Imperialismus und Krieg Wanderungs- und Fluchtbewegungen ausgelöst, die geregelt werden mussten (Griechenland/Türkei, Indien/Pakistan usw. usf.). Vgl. Jochen Oltmer: »Zwangswanderungen nach dem Zweiten Weltkrieg«, Bundeszentrale für politische Bildung (bpb) v. 15. 3. 2005, auf: http://www.bpb.de/gesellschaft/migration/dossier-migration-ALT/56359/nach-dem-2-weltkrieg, aufgerufen am 5. 2. 2019.

300 Benny Morris: *The Birth of the Palestinian Refugee Problem 1947–1949*, Cambridge: Cambridge University Press 1989, sowie ders: *The Birth of the Palestinian Refugee Problem Revisited*, Cambridge: Cambridge University Press 2004.

301 Etwa gleichzeitig flohen 850 000 Jüdinnen und Juden aus den arabischen und muslimischen Staaten des Nahen und Mittleren Ostens und Nordafrikas, wo sie seit vielen hundert Jahren gelebt hatten. Sie mussten alles zurücklassen. Die meisten nahm Israel auf.

302 UNRWA = United Nations Relief and Works Agency for Palestine Refugees in the Near East (Hilfswerk der Vereinten Nationen für Palästina-Flüchtlinge im Nahen Osten).

303 Amos Oz: »The right of return is a euphemism for the liquidation of Israel. Even for a dove like myself this is out of the question.« Zit. nach: Roger Cohen: »Zero Dark Zero«, in: *New York Times* v. 28. 2. 2013, auf: https://www.nytimes.com/2013/03/01/opinion/global/zero-dark-zero.html?_r=0, aufgerufen am 29. 1. 2019.

304 UNHCR = Office of the United Nations High Commissioner for Refugees (Hoher Flüchtlingskommissar der Vereinten Nationen).

305 Mitglieder der Arabischen Liga 1945: Ägypten, Nordjemen, Jordanien, Libanon, Saudi-Arabien, Syrien. Komplette Liste: https://de.wikipedia.org/wiki/Arabische_Liga#Mitgliedstaaten.

306 »But Al-Watan Arabic daily reported that the naturalization law would not be applicable to Palestinians living in the Kingdom as the Arab League has instructed that Palestinians living in Arab countries should not be given citizenship to avoid dissolution of their identity and protect their right to return to their homeland.« P. K. Abdul Ghafour: »A Million Expatriates to Benefit From New Citizenship Law«, *Arab News* v. 21. 10. 2004, auf: http://www.arabnews.com/node/256886, aufgerufen am 12. 1. 2019.

307 Abstimmung: 72 Ja-, 35 Nein-Stimmen, 32 Enthaltungen. Dafür: die arabischen Länder, die sogenannte Dritte Welt, Sowjetunion, DDR, RGW-Staaten. Dagegen: USA, Bundesrepublik Deutschland, Österreich.
Text der Resolution Nr. 3379 von 1975: https://documents-dds-ny.un.org/doc/RESOLUTION/GEN/NR0/000/92/IMG/NR000092.pdf?OpenElement.
Karte der abstimmenden Länder: https://de.wikipedia.org/wiki/Resolution_3379_der_UN-Generalversammlung#/media/File:UNGA_3379_Map.png.
Abstimmungsverhalten der einzelnen Länder: http://unbisnet.un.org:8080/ipac20/ipac.jsp?session=108V0691N26Y9.82&menu=search&aspect=power&npp=50&ipp=20&profile=voting&ri=&index=.VM&term=A/RES/3379(XXX).

308 1973 hatte die UN-Generalversammlung eine »unheilige Allianz zwischen südafrikanischem Rassismus und Zionismus« verurteilt (Resolution 3151). Auf der Weltfrauenkonferenz 1975 (angeblich das »größte Bewusstseinsbildungsereignis der Geschichte«) beschloss frau einerseits, dass nationale Befreiung und Selbstbestimmung die Grundlage für Frieden sind, andererseits aber ein selbstbestimmter jüdischer Nationalstaat damit nicht gemeint sein könne und der »Zionismus« für die Freiheit anderer weichen müsse.

Die Resolution 77 von 1975 der Organisation für Afrikanische Einheit (OAU) – heute Afrikanische Union – sagte, dass »das rassistische Regime im besetzten Palästina und die rassistischen Regime in Simbabwe und Südafrika einen gemeinsamen imperialistischen Ursprung haben, ein Ganzes bilden und dieselbe rassistische Struktur haben«, eine Politik, welche die Menschenwürde unterdrücke. Auf der Außenministerkonferenz der blockfreien Staaten 1975 in Lima warb die Arabische Liga für den Ausschluss Israels aus den Vereinten Nationen, wo die Palästinensische Befreiungsfront PLO, die Bewegung ohne Staat, seit einem Jahr einen »Beobachterstatus« besaß. Auch hier wurde der »Zionismus« als Bedrohung des Weltfriedens verurteilt.

309 Resolution 3379 im Wortlaut: https://documents-dds-ny.un.org/doc/RESOLUTION/GEN/NR0/000/92/IMG/NR000092.pdf?OpenElement, aufgerufen am 17. 1. 2019. Hierin auch das Zitat aus der Resolution 3151 von 1973 (S. 84). Das Abstimmungsverhalten der einzelnen Länder findet sich hier: http://unbisnet.un.org:8080/ipac20/ipac.jsp?session=108V0691N26Y9.82&menu=search&aspect=power&npp=50&ipp=20&profile=voting&ri=&index=.VM&term=A/RES/3379%28XXX%29.

310 Vgl. Nkululeko Nkosi: »Wir fordern das Wort ›Apartheid‹ zurück! Warum die Gleichsetzung von Israel mit dem rassistischen Südafrika falsch ist«, iz3w Heft 359/2017, auf: https://www.iz3w.org/zeitschrift/ausgaben/359_rechtspopulismus/apartheid, aufgerufen am 17. 1. 2019.

311 Wortlaut des Beschlusses 46/86 von 1991: http://www.un.org/en/ga/search/view_doc.asp?symbol=A/RES/46/86
Abstimmungsverhältnis: 111: Ja-, 25 Nein-Stimmen, 13 Enthaltung. Abstimmungsverhalten einzelner Länder: https://mfa.gov.il/mfa/foreignpolicy/mfadocuments/yearbook8/pages/260%20general%20assembly%20resolution%2046-86-%20revocation.aspx. Karte der Länder und ihres Abstimmungsverhaltens: https://en.wikipedia.org/wiki/United_Nations_General_Assembly_Resolution_3379#/media/File:UNGA_4686_Map.png.

312 Prinz Bandar sagte auch: »Since 1948, every time we've had something on the table we say no. When we say yes, it's not on the table any more. Then we have to deal with something less. Isn't it about time we say yes? […] If we lose this opportunity, it's not going to be a tragedy, it is going to be crime.« Elsa Walsh: »The Prince«, in: *The New Yorker* 24. 3. 2003, S. 48.

313 Später rechtfertigte Arafat diese Intifada II mit dem *späteren* Besuch Ariel Sharons auf dem Tempelberg.

314 Vgl. http://www.icare.to/list%20of%20accredited%20NGO%20representatives%20at%20the%202001%20WCAR.pdf. Das Simon Wiesenthal Center in Los Angeles nennt eine wesentlich höhere Zahl von Delegierten: »The main platform to demonize the Jewish State and the U.S. was the NGO Forum, held in Kingsmead Stadium in Durban. Attended by 8,000 representatives from as many as 3,900 NGOs, the Forum boasted a majority contingent of U.S. NGOs, generously funded by the Rockefeller Foundation, the MacArthur Foundation, the Charles Stewart Mott Foundation, and the Ford Foundation.«, auf: http://unitedjerusalem.com/

uploads/WIESENTHAL_BDS_REPORT_313.PDF, aufgerufen am 17. 1. 2019.

315 Harold Brackmann: »Boycott Divestment Sanctions (BDS) against Israel: An antisemitic anti-peace poison pill«, Report März 2013, Simon Wiesenthal Center (Los Angeles), http://unitedjerusalem.com/uploads/WIESENTHAL_BDS_REPORT_313.PDF; NGO Forum at Durban Conference 2001, 7. 9. 2001, https://www.ngo-monitor.org/reports/ngo_forum_at_durban_conference_/, alle aufgerufen am 31. 1. 2019.

316 Vgl. Christiane Eifert: »Antisemit und Autokönig. Henry Fords Autobiographie und ihre deutsche Rezeption in den 1920er-Jahren«, in: *Zeithistorische Forschungen,* Heft 2, 2009, S. 209–229, auf: http://www.zeithistorische-forschungen.de/2-2009/id=4457, aufgerufen am 1. 2. 2019.

317 Der US-amerikanische investigative Journalist Edwin Black recherchierte den antiisraelischen Fluss des Geldes der Ford Foundation. Nachzulesen in der vierteiligen Serie »Funding Hate« (2003) und nachfolgenden Artikeln, verlinkt auf: http://www.featuregroup.com/fgarchive/jta.org/, aufgerufen am 12. 2. 2019.

318 World Conference against Racism: NGO Forum Declaration, Durban, 3. 9. 2001, im Wortlaut: https://www.i-p-o.org/racism-ngo-decl.htm, aufgerufen am 30. 1. 2019.

319 Yona Schiffmiller: »The Rockefeller Empire, the New Israel Fund, and campus anti-Semitismus«, in: *Jewish News Syndicate* v. 25. 11. 2016, auf: https://www.jns.org/the-rockefeller-bds-empire-the-new-israel-fund-and-campus-anti-semitism/; »Rockefeller Brothers Fund«, NGO Monitor v. 5. 12. 2018. https://www.ngo-monitor.org/funder/rockefeller_brothers_fund/, als Beleg für die Finanzierung von Jewish Voice for Peace durch den Rockefeller Brothers Fund (RBF) siehe auch: https://www.rbf.org/grantees/jewish-voice-peace-inc, alle aufgerufen am 17. 1. 2019.

320 Edwin Black folgte dem Geld und recherchierte Fälle von durch internationale »Hilfsprogramme« geschürten Konflikten in Israel und den palästinensischen Gebieten: *Financing the Flames: How Tax-Exempt and Public Money Fuel a Culture of Confrontation and Terror in Israel,* Washington DC: Dialog Press 2013.

321 F.O.R. Palestine: »Über uns«, auf: http://for-palestine.org/de/uber-uns-4/, aufgerufen am 18. 2. 2019.

322 Flugblatt Ökologische Linke: »Antizionistischer Antisemitismus. Warum wir aus dem Revolutionären 1. Mai-Bündnis (Berlin) ausgetreten sind«, Flugblatt v. 1. 5. 2016, 20160501FlyerAntizionAntisem.pdf. Die Angriffe auf Aktivist*innen der Ökologischen Linken wurden von einem arte/wdr-Team gefilmt, das Material blieb unveröffentlicht.

323 Diese zweite Szene wurde gefilmt und veröffentlicht. JFDA – Jüdisches Forum für Demokratie und gegen Antisemitismus: »Antisemitischer Angriff auf der Revolutionären 1. Mai Demo in Berlin« (Min. 01:54), https://www.facebook.com/juedischesforum/videos/1209262649113713/?v=1209262649113713, aufgerufen am 21. 6. 2019.

324 JFDA – Jüdisches Forum für Demokratie und gegen Antisemitismus, https://www.facebook.com/watch/?v=2147782775261691, aufgerufen am 22. 6. 2019.

325 Alexander Fröhlich: »Maos Schläger aus Berlin-Neukölln lösen sich auf«, *Der Tagesspiegel* v. 11. 6. 2019, https://www.tagesspiegel.de/berlin/der-jugendwiderstand-ist-am-ende-maos-schlaeger-aus-berlin-neukoelln-loesen-sich-auf/24440442.html, aufgerufen am 22. 6. 2019.

326 Jan Karon: »Der Palästina-Propagandaabend, bei dem viele schreien, aber die wenigsten reden wollen«, *Vice* v. 13. 8. 2018, auf: https://www.vice.com/de/article/gynb5q/manal-tamimi-berlin-der-palastina-propagandaabend-bei-dem-viele-schreien, aufgerufen am 18. 1. 2019.

327 Edwin Black: »Nabi Saleh and the Choreography of Protest«, in: ders.: *Financing the Flames: How Tax-Exempt and Public Money Fuel a Culture of Confrontation and Terror in Israel,* Washington, D. C.: Dialog Press 2013, S. 104–131.

328 Petra Marquardt-Bigman: »Ahed Tamimi and Her Family Aren't the Palestinian Saints You Want Them to Be«, *Haaretz* v. 5. 1. 2018, auf: https://www.haaretz.com/opinion/.premium-the-reality-behind-the-tamimi-family-s-resistance-1.5630465; Petra Marquardt-Bigman: »How a Family Became a Propaganda Machine«, *The Tower,* Ausg. 32, Nov. 2015, auf: http://www.thetower.org/article/how-a-family-became-a-propaganda-machine/; Yair Rosenberg: »Why is Amnesty International Sponsoring a U. S. Tour for a Palestinian Promoter of the Blood Libel?«, *Tablet Magazin online,* 16. 10. 2015, auf: https://www.tabletmag.com/scroll/194278/why-is-amnesty-international-sponsoring-a-u-s-tour-for-a-palestinian-promoter-of-the-blood-libel, alle aufgerufen am 12. 2. 2019.

329 Vgl. »US Presbyterian Church Votes Unanimously to Support BDS«, *Palestine Chronicle* v. 28. 6. 2018, auf: http://www.palestinechronicle.com/us-presbyterian-church-votes-unanimously-to-support-bds/; und: »US church with 1.5m members votes unanimously to support BDS«, Middle East Monitor (MEMO), 27. 6. 2018, auf: https://www.middleeastmonitor.com/20180627-us-church-with-1-5m-members-votes-unanimously-to-support-bds/; beide aufgerufen am 22. 6. 2019.

330 »UCC votes for divestment, boycott of companies that profit from occupation of Palestinian territories«, 30. 6. 2015, auf: https://www.ucc.org/news_general_synod_israel_palestine_resolution_06302015, aufgerufen am 22. 6. 2019. Offensichtlich wurde das Kapital dieser Kirche aber keineswegs abgezogen, vgl. https://www.algemeiner.com/2019/01/03/bds-charade-united-church-of-christs-divestment-from-israel/, aufgerufen am 22. 6. 2019.

331 Steven Sellers Lapham: »Ten U.S. Churches Now Sanction Israel – To Some Degree, and with Caveats«, *Washington Report on Middle East Affairs,* März/April 2019, auf: https://www.wrmea.org/2019-march-april/ten-us-churches-now-sanction-israel-to-some-degree-and-with-caveats.html, aufgerufen am 22. 6. 2019.

332 »US Episcopal Church Adopts Boycott of Israel«, *The Palestine Chronicle* v. 18. 7. 2018, auf: http://www.palestinechronicle.com/us-episcopal-church-adopts-boycott-of-israel/, aufgerufen am 22. 6. 2019.

333 »Evangelical Lutheran Church Sides with BDS Narrative, Calls to Cease U.S. Aid to Israel«, auf: https://kehilanews.allisrael.com/evangelical-lutheran-church-sides-with-bds-narrative-calls-to-cease-u-s-aid-to-israel/, aufgerufen am 22. 6. 2019.

334 Miriam Shaviv: »Jewish lobbying with Church of England ›backfires‹«, *Times of Israel* v. 10. 7. 2012, https://www.timesofisrael.com/jewish-lobbying-with-the-church-of-england-backfired/, aufgerufen am 22. 6. 2019.

335 Was und wen der Rockefeller Brothers Fund (RBF) finanziert, ist seiner website zu entnehmen: https://www.rbf.org/grantees/us-middle-east-project, aufgerufen am 21. 1. 2019.

336 Vgl. auch: Ziva Dahl: »The Rockefeller Brothers Fund is Bankrolling Israel's Destruction, in: *the algemeiner* v. 28. 3. 2016, auf: https://www.algemeiner.com/2016/03/28/the-rockefeller-brothers-fund-is-bankrolling-israels-destruction/, aufgerufen am 21. 1. 2019.

337 Asaf Romirowsky/Alexander Joffe »How the quakers became Champions of BDS«, *tabletmag* v. 10. 11. 2017, auf: https://www.tabletmag.com/scroll/249319/how-the-quakers-became-champions-of-bds, aufgerufen am 21. 1. 2019.

338 Judith Butler: »No, it's not anti-Semitic«, in: *London Review of Books* Vol. 25 No. 16 v. 21. 8. 2003, S. 19–21, auf: https://www.lrb.co.uk/v25/n16/judith-butler/no-its-not-anti-semitic; Edward Alexander: »›No, It's Not Antisemitic‹: Judith Butler vs. Lawrence Summers«, in: *questia – Judaism: A Quarterly Journal of Jewish Life and Thought,* Vol. 53, No. 1–2, Frühling 2004, auf: https://www.questia.com/magazine/1G1-126076039/no-it-s-not-antisemitic-judith-butler-vs-lawrence, alle aufgerufen am 31. 1. 2019.

339 Da sie es gern bestreitet und umdeutet, hier der Originalwortlaut: »Yes, understanding Hamas, Hezbollah as social movements that are progressive, that are on the left, that are part of a global left is extremely important. That does not stop us from being critical of certain dimensions of both movements. It doesn't stop those of us who are interested in non-violent politics from raising the question of whether there are other options besides violence. So again, a critical, important engagement. I mean, I certainly think it should be entered into the conversation on the Left. I similarly think boycotts and divestment procedures are, again, an essential component of any resistance movement.« Veröffentlicht 27. 10. 2016 (ab Min. 05:57); https://www.youtube.com/watch?v=amJNIcSNPco. Siehe auch: *Radical Archives* v. 28. 3. 2010, auf: https://radicalarchives.org/2010/03/28/jbutler-on-hamas-hezbollah-israel-lobby/, alle aufgerufen am 21. 1. 2019.

340 Judith Butler: »Remarks to Brooklyn College on BDS«, in: *The Nation* v. 7. 2. 2003, auf: https://www.thenation.com/article/judith-butlers-remarks-brooklyn-college-bds/, aufgerufen am 1. 2. 2019. Lesenswerte Kritik an Judith Butler: Marco Ebert: »Die ›Identifikation mit dem Leiden‹ – Zur Apologie der Gewalt in Judith Butlers Agitation nach dem 11. September 2001«, in: Vojin Sasa Vukadinovic (Hg.): *Freiheit ist keine Metapher.*

Antisemitismus, Migration, Rassismus, Religionskritik. Berlin: Querverlag 2018, S. 170–213; und: Franziska Haug: »Antisemitismus – Ein Nebenwiderspruch in queerfeministischen Diskursen?«, in: Theorie, Kritik & Aktion Berlin (TKA) / Autonome Neuköllner Antifa (ANA) / Andere Zustände ermöglichen (*aze) / Deutschland demobilisieren (demob): *(K)eine Diskussion! Antisemitismus in der Radikalen Linken,* Berlin Januar 2018, S. 46–57.

341 Hier der Aufruf und die (angeblich) unterstützenden Organisationen: http://bds-kampagne.de/wp-content/uploads/2005/07/050709_Internationaler-Aufruf-der-palästinensischen-Zivilgesellschaft-zu-BDS.pdf, aufgerufen am 17. 1. 2019.

342 Der israelische Historiker Prof. Benny Morris sagt über Prof. Ilan Pappé, dass man dessen Büchern nicht trauen könnte, sie seien »auf Lügen« aufgebaut, seine Quellen seien »fragwürdig« oder falsch«, er »verdrehe« die Dinge und einiges »erfände« er. [1] Morris: »Ilan Pappé ist einer der schlampigsten Historiker der Welt, mindestens aber einer der unehrlichsten.« [2] Pappé verdrehe die historischen Fakten nach ihrem politischen Nutzen. Seiner politischen Meinung ließe er die absolute Freiheit, die Fakten zu kontrollieren. Für Pappé gebe es keine Fakten und keine Wahrheit. Pappés Bücher seien in einem Ausmaß und in einer Qualität mit Fehlern überschwemmt, wie es in seriöser Geschichtsschreibung ansonsten nicht zu finden sei. Er, Morris, hingegen glaube, »immer noch, dass es so etwas gibt wie historische Wahrheit«. [3]
[1] Benny Morris, Vortrag am 6. 6. 2009 in Norwegen. https://www.youtube.com/watch?v=7jGhC5vMY6s; [2] Benny Morris: »The Liar as Hero«, *The New Republic* v. 17. 3. 2011 (Heft April 7, 2011), auf: https://newrepublic.com/article/85344/ilan-pappe-sloppy-dishonest-historian; [3] Dalia Shehori: »One Man's History Is Another Man's Lie«, *Haaretz* v. 3. 3. 2004, auf: https://www.haaretz.com/1.4829292, alle aufgerufen am 17. 1. 2019.
Pappé lehnt sich stark an seinen Mentor Edward Said an. Edward Said (1935–2003) ist eine der Ikonen des BDS. Er wuchs in Kairo als Sohn eines reichen christlichen US-Amerikaners und einer libanesischen Quäkerin in einem englisch sprechenden Haushalt auf. Die Eltern reisten für die Geburt ihres Sohnes 1935 nach Jerusalem, dann zurück nach Kairo. Ab 1950 lebte der damals 15-jährige Edward Said in den USA, studierte, wurde Hochschulprofessor und setzte sich für das Recht auf Rückkehr aller palästinensischen Flüchtlinge ein. Zeitweilig deklarierte er sich selbst als Flüchtling, weil seiner Familie, die in mehreren Ländern des Nahen Ostens Immobilien besaß, im Rahmen der israelischen Staatsgründung 1948 eine Immobilie in Jerusalem enteignet worden war.

343 »At best, Ilan Pappé must be one of the world's sloppiest historians; at worst, one of the most dishonest. In truth, he probably merits a place somewhere between the two.« Benny Morris: »The Liar as Hero«, 17. 3. 2011, auf: https://newrepublic.com/article/85344/ilan-pappe-sloppy-dishonest-historian, aufgerufen am 23. 1. 2019.

344 Benny Morris über Ilan Pappés Buch *The ethnic cleansing of Palestine:* »One big lie, its sources are suspect, incorrect, distorted, invented in part. [...] You cannot rely on one sentence in that book or any book.« Diskussion,

unbekannter Ort, Norwegen, 6. 6. 2009, auf: https://www.youtube.com/watch?v=7jGhC5vMY6s, aufgerufen am 21. 1. 2019.

345 Im Original-Wortlaut: Ruba Salih: »Well, the Palestinians launched the BDS«. Ilan Pappé: »Yes, … not really but yes. For historical record, yes«. Ruba Salih: »It's important«. Ilan Pappé: »It's not true but it's important«. Ilan Pappé (University of Exeter) am 25. 5. 2016 in einer Diskussion an der University of Westminster, mit Ruba Salih (SOAS London) und Gideon Levy *(Haaretz)*. Die Veranstaltung war organisiert von »One Democratic State in Palestine«. Ausschnitt auf: https://www.youtube.com/watch?v=IjPJSvTezSo, aufgerufen am 17. 1. 2019.

346 Zit. nach: Redaktion Audiatur: »Wie neu ist die Neue Hamas-Charta?«, *audiatur online* v. 2. 5. 2017, auf: https://www.audiatur-online.ch/2017/05/02/wie-neu-ist-die-neue-hamas-charta/#markerref-29667-4, aufgerufen am 17. 1. 2019.

347 Die vollständige Charta der Hamas von 2017, »Hamas in 2017: The document in full«, auf: https://www.middleeasteye.net/news/hamas-charter-1637794876, aufgerufen am 17. 1. 2019. Vgl. auch: Ulrich Schmid: »Strategisch motivierte ›Vernichtung light‹«, in: *Neue Zürcher Zeitung* v. 2. 5. 2017, https://www.nzz.ch/international/die-hamas-mit-revidierter-charta-strategisch-motivierte-vernichtung-light-ld.1289783, aufgerufen am 22. 6. 2019.

348 Hamas-Charta, Artikel 16 (2017).

349 Omar Barghouti: *Boykott – Desinvestment – Sanktionen: Die weltweite Kampagne gegen Israels Apartheid und die völkerrechtswidrige Besatzung*, Karlsruhe: Neuer ISP Verlag 2012, S. 192.

350 Originaltext: »Good riddance! The two-state solution for the Palestinian-Israeli conflict is finally dead. But someone has to issue an official death certificate before the rotting corpse is given a proper burial and we can all move on and explore the more just, moral and therefore enduring alternative for peaceful coexistence between Jews and Arabs in Mandate Palestine: the one-state solution […]. This phase has all the emblematic properties of what may be considered the final chapter of the Zionist project.«
Omar Barghouti: »The Essential Obstacle to a Just Peace in Palestine«, in: *CounterPunch* v. 13./14. 12. 2003, auf: http://counterpunch.org/barghouti12132003.html, aufgerufen am 12. 6. 2017.

351 Omar Barghouti in einem Interview am 27. 6. 2010: »If the refugees were to return, you would not have a two-state solution, you'd have a Palestine next to a Palestine.« Zit. nach: Roger Cohen: Zero Dark Zero«, in: *New York Times* v. 28. 2. 2013, auf: https://www.nytimes.com/2013/03/01/opinion/global/zero-dark-zero.html?_r=0. BDS-Zitate mit Quellenangabe: https://www.jewishvirtuallibrary.org/bds-in-their-own-words, aufgerufen am 30. 1. 2018; Ausschnitt auf Min. 04:54: »Boycott Divestment Sanction Israel«, veröffentlicht am 27. 7. 2010, auf: https://www.youtube.com/watch?v=tnpilMYsRoI, alle aufgerufen am 13. 1. 2019.

352 »Faith based«, BDS-Movement-net v. 27. 4. 2008; https://web.archive.org/web/20160105152738/http://bdsmovement.net/2008/faith-based-125, aufgerufen am 15. 2. 2019.

353 So der neueste Bericht des Unabhängigen Expertenkreises Antisemitismus für den Bundestag von 2017, Bundestagsdrucksache 18/11970 v. 7. 4. 2017, https://dip21.bundestag.de/dip21/btd/18/119/1811970.pdf, S. 198.

354 Bericht des Unabhängigen Expertenkreises Antisemitismus für den Bundestag, Bundestagsdrucksache 18/11970 v. 7. 4. 2017, https://dip21.bundestag.de/dip21/btd/18/119/1811970.pdf, S. 198 f.

355 https://eappi.org/en/our-model/our-model#standing-with-locals, aufgerufen am 13. 1. 2019.

356 Mehr über EAPPI: »Ecumenical Accompaniment Programme in Palestine and Israel (EAPPI)«, NGO-Monitor v. 16. 1. 2019, auf: http://www.ngo-monitor.org/ngos/ecumenical_accompaniment_programme_in_palestine_and_israel_eappi_/. Und: »EAPPI: The World Council of Churches' Training Camp for Anti-Israel Advocacy«, NGO-Monitor v. 14. 1. 2019, auf: https://www.ngo-monitor.org/reports/eappi-the-world-council-of-churches-training-camp-for-anti-israel-advocacy/, beide aufgerufen am 14. 2. 2019.

357 https://eappi.org/en/where-we-work/internationally/germany, aufgerufen am 14. 2. 2019.

358 »Central Conference of American Rabbis (CCAR), Erklärung über das Kairos Document (2009), angenommen durch das Board of Trustees im April 15, 2010«, zit. nach: S. Meißner: »A Rebuttal to the Kairos Document – Erklärung zum Kairos Document (2009)«. Gesellschaft für Christlich-Jüdische Zusammenarbeit-Pfalz, in: http://www.christen-und- juden.de/html/kairos_rebuttal.htm, aufgerufen am 12. 2. 2019; zit. nach: Sebastian Mohr: »Zur Aktualität der Israel-Boykottkampagnen in den deutschen Kirchen«, *Compass online*, Extra Nr. 265, Nov. 2017, zuerst erschienen in *Kirche und Israel* 1/2017. Auf: https://www.compass-infodienst.de/Sebastian-Mohr-Israel-Boykottkampagnen-in-den-deutschen-Kirchen.16270.0.html, aufgerufen am 23. 1. 2019.

359 Vgl. Ulrich Duchrow: »Kairos Palästina 2017. 50 Jahre israelische Besatzung – Wir dürfen nicht schweigen. Appell von Christinnen und Christen für einen Frieden durch Gerechtigkeit in Palästina und Israel«, Kairos Europa e.V., 18. 10. 2016, in: http://kairoseuropa.de/wp-content/uploads/2016/10/KPS-Appell-final.pdf, aufgerufen am 23. 1. 2019.

360 Ulrich Duchrow: »Unterdrückung über Ausbeutung hinaus – das Beispiel Israel/Palästina in theologischer Perspektive«, in: Alexander Dietz/Stefan Gillich (Hg.): *Armut und Ausgrenzung überwinden. Impulse aus Theologie, Kirche und Diakonie*, Festschrift für Dr. Wolfgang Gern, Leipzig: Evangelische Verlagsanstalt 2016, 104–139, hier 116 f.

361 Duchrow, ebd. S. 110 f.

362 Duchrow, ebd. S. 130 f.

363 Duchrow, ebd. S. 115.

364 Duchrow, ebd. S. 188. Hermann Lührs erkennt hier die »… judeophobe Phantasie von einer jüdischen Macht, die weltweit manipulierend die Fäden zu ziehen sucht.« Siehe Hermann Lührs: »Legitime Kritik oder Antisemitismus? Ein Aufsatz zu Israel und Palästina in einem Sammelband der Evangelischen Verlagsanstalt erfordert Widerspruch«, in: *Zeitschrift für*

Evangelische Ethik, 62. Jg. Heft 1 Januar bis März 2018, Gütersloh: Gütersloher Verlagshaus (Random House) 2018, S. 58–64, hier S. 62.

365 Ulrich Duchrow: »Palästina/Israel als Beispiel von kolonialistischem Kapitalismus in theologischer Perspektive«, in: Ulrich Duchrow/Hans G. Ulrich (Hg.): *Religionen für Gerechtigkeit in Palästina-Israel. Jenseits von Luthers Feindbildern*, Reihe: Die Reformation radikalisieren – Radicalizing Reformation Bd. 7, Berlin: LIT Verlag 2017, S. 166.

366 Karl Marx: »Der achtzehnte Brumaire des Louis Bonaparte« (1851/52), in: Karl Marx/Friedrich Engels: *Werke*, Band 8, Berlin (DDR): Dietz Verlag 1972, S. 115–123, hier S. 115.

367 Ulrich Duchrow: »Palästina/Israel als Beispiel von kolonialistischem Kapitalismus in theologischer Perspektive«, a. a. O., S. 191.

368 Duchrow, ebd., S. 192.

369 Duchrow, ebd., S. 196.

370 Duchrow, ebd., S. 197.

371 Duchrow, ebd., S. 197.

372 Duchrow, ebd., S. 198.

373 Jahresbericht 2017 der Rosa-Luxemburg-Stiftung, auf: https://www.rosalux.de/fileadmin/rls_uploads/pdfs/sonst_publikationen/Jahresbericht_2017_de.pdf, S. 51, aufgerufen am 12. 2. 2019.

374 »Die Rosa-Luxemburg-Stiftung auf dem Kirchentag«, auf: https://www.rosalux.de/news/id/8331/die-rosa-luxemburg-stiftung-auf-dem-kirchentag/, aufgerufen am 12. 2. 2019; Jahresbericht 2017 der Rosa-Luxemburg-Stiftung, auf: https://www.rosalux.de/fileadmin/rls_uploads/pdfs/sonst_publikationen/Jahresbericht_2017_de.pdf, S. 71, aufgerufen am 12. 2. 2019.

375 2018: https://www.rosalux.de/stiftung/projektfoerderung/projekte/projekt/info/7295/kairos-europa-jahrestagung-2018/, 2017: https://www.rosalux.de/stiftung/projektfoerderung/projekte/projekt/info/7186/kapitalismus-krisen-kirche/, beide aufgerufen am 12. 2. 2019.

376 »Festschrift für Ulrich Duchrow zum 80. Geburtstag« […]. »Eine Veröffentlichung der Rosa-Luxemburg-Stiftung«, http://ulrich-duchrow.de/festschrift-fuer-ulrich-duchrow-zum-80-geburtstag/, aufgerufen am 12. 2. 2019.

377 Jahresbericht 2017 der Rosa-Luxemburg-Stiftung, auf: https://www.rosalux.de/fileadmin/rls_uploads/pdfs/sonst_publikationen/Jahresbericht_2017_de.pdf, S. 71, aufgerufen am 12. 2. 2019.

378 Vgl. Flyer der Rosa-Luxemburg-Stiftung: https://www.rosalux.de/fileadmin/rls_uploads/pdfs/Veranstaltungen/2019/Folder_Kirchentag_2019.pdf, aufgerufen am 20. 6. 2019.

379 Meine Twitter-Einträge vom 22. 5. 2019, https://twitter.com/jutta_ditfurth/status/1131181167938609160, und vom 24. 5. 2019, https://twitter.com/jutta_ditfurth/status/1131928526867828736, beide aufgerufen am 20. 6. 2019.

380 Vgl. *Ruhrbarone*, https://www.ruhrbarone.de/kirchentag-bezichtigt-ruhrbarone-der-luege-und-rudert-dann-zurueck/169935#more-169935; https://www.ruhrbarone.de/kirchentag-dortmund-veranstaltung-mit-bds-

anhaengern-duchrow-und-esack-abgesagt/169985, beide aufgerufen am 20. 6. 2019.

381 https://www.evangelisch.de/inhalte/156796/20-06-2019/veranstaltung-auf-kirchentag-mit-vertretern-der-bds-bewegung-abgesagt, aufgerufen am 20. 6. 2019.

382 Vgl. Andreas Zumach: »Aktuelle globale Konfliktlinien und die Verantwortung Deutschlands«, Vortrag am 8. 3. 2018, Würzburg, auf: https://www.youtube.com/watch?v=bYhNIFyHSQM; vgl. Andreas Zumach, Rede bei der Tagung des KAIROS Palästina-Solidaritätsnetzes: »50 Jahre israelische Besatzung – Wir dürfen nicht schweigen«. Evangelisches Gemeindezentrum Berlin-Marzahn-Nord, 27. 5. 2017, (ab Min. 08:46) auf: https://www.youtube.com/watch?v=lk30kh8a8Ic, beide aufgerufen am 16. 2. 2019.

383 Michael Meyen bei KenFM, interviewt von Ken Jebsen, dort veröffentlicht am 14. 6. 2018, auf: https://www.youtube.com/watch?v=Jh1zauoranE, aufgerufen am 16. 2. 2019.

384 Olivier Würgler: »Das Ganser-Phänomen«, *WOZ* (Schweiz) v. 19. 1. 2017, auf: https://www.woz.ch/-768a; Andreas Maurer: »Verschwörungsstar verliert Lehrauftrag: Auch Uni St. Gallen lässt Daniele Ganser fallen«, in: *Aargauer Zeitung* v. 9. 4. 2018, auf: https://www.basellandschaftlichezeitung.ch/schweiz/verschwoerungsstar-verliert-lehrauftrag-auch-uni-st-gallen-laesst-daniele-ganser-fallen-132406642#, alle aufgerufen am 19. 1. 2019.

385 Andreas Maurer: »Die Ganser-Verschwörung«, in: *Die Schweiz am Wochenende* v. 14. 2. 2015, auf: https://www.schweizamwochenende.ch/basel/die-ganser-verschwoerung-131036785, aufgerufen am 19. 1. 2019.

386 »Attentat auf ‹Charlie Hebdo› ist meiner Meinung nach ungeklärt«, Daniel Aenishänslin interviewt Daniele Ganser, *Basellandschaftliche Zeitung* v. 2. 2. 2015, auf: https://www.basellandschaftlichezeitung.ch/basel/baselbiet/attentat-auf-charlie-hebdo-ist-meiner-meinung-nach-ungeklaert-128789007, aufgerufen am 19. 1. 2019.

387 Vgl. Daniele Ganser, Vortrag im Kino Babylon, Berlin, am 28. 11. 2017, veröffentlicht bei Ken FM am 19. 1. 2018, auf: https://www.youtube.com/watch?v=abibQYrh5ME&t=1h17m28s, aufgerufen am 19. 1. 2019.

388 Kevin Barrett: »Dead Babies«, Eintrag v. 14. 1. 2009 auf: https://kevinbarrett.heresycentral.is/2009/01/dead-babies/, aufgerufen am 21. 1. 2019.

389 Elias Davidssohn interviewt von Ken Jebsen, KenFM 20. 5. 2018, auf: https://www.youtube.com/watch?v=2_FVDyTXKtw&t=16m45s, aufgerufen am 21. 1. 2019.

390 Er war lange angekündigt und sagte dann ab. Daniele Ganser: »Es herrscht ein Informationskrieg. Ich kann zu dieser Veranstaltung leider nicht kommen.« Zit. nach: *Aargauer Zeitung* v. 1. 4. 2017, auf: https://www.aargauerzeitung.ch/schweiz/daniele-ganser-sagt-afd-auftritt-ab-es-herrscht-ein-informationskrieg-ich-kann-leider-nicht-kommen-131179614, aufgerufen am 21. 1. 2019.

391 Daniele Ganser, Rede bei »Stopp Air Base Ramstein« am 8. 9. 2017 in der Versöhnungskirche Kaiserslautern (Min. 38:19), auf: https://www.youtube.com/watch?v=ETpif7Cfjio, aufgerufen am 21. 1. 2019.

392 Weder in seiner Rede am 13. 12. 2014 bei der Kundgebung »Friedenswinter« in Berlin (https://www.youtube.com/watch?v=yn1hQhWEReE) noch bei seiner Rede beim Bündnis »Stopp Ramstein« am 8. 9. 2014 in der Versöhnungskirche Kaiserslautern (https://www.youtube.com/watch?v=ETpif7Cfjio), beide aufgerufen am 21. 1. 2019.

393 Zit. nach: Uwe Birnstein/Klaus-Peter Lehmann: *Phänomen Drewermann. Politik und Religion einer Kultfigur,* Frankfurt a. M.: Eichborn 1994, S. 91 f.

394 Eugen Drewermann: *Die Spirale der Angst,* Freiburg: Herder 1991, S. 86. Zit. nach: Heiner U. Ritzmann: »Diagnose: Verjudung, Therapie: Vernichtung. Zur Wiedergeburt der Totenkopftheologie im Schrifttum Eugen Drewermanns«, in: Initiative Sozialistisches Forum (Hg.): *Kritik & Krise. Materialien gegen Politik und Ökonomie,* Band 6: *Nationalsozialistischer Staat – postfaschistische Demokratie,* Freiburg: ça ira 1993, S. 61–65, am 14. 11. 2008 veröffentlicht auf: https://www.kritiknetz.de/antisemitismus/210-diagnoseverjudungtherapievernichtungzurwiedergeburtdertotenkopftheologieimschrifttumeugendrewermanns, aufgerufen am 19. 1. 2019.

395 Eugen Drewermann: *Die Spirale der Angst,* Freiburg: Herder 1991, S. 185.

396 Eugen Drewermann: *Das Markusevangelium,* Olten: Walter-Verlag 1992.

397 Eugen Drewermann: *Die Spirale der Angst,* a. a. O., S. 197–198.

398 Eugen Drewermann: *Der tödliche Fortschritt – Von der Zerstörung der Erde und des Menschen im Erbe des Christentums,* Regensburg: Friedrich Pustet 1990, S. 101.

399 Eugen Drewermann: *Der tödliche Fortschritt …,* a. a. O., S. 391.

400 Eugen Drewermann, Rede am 13. 12. 2014 bei der Kundgebung »Friedenswinter« in Berlin.

401 Eugen Drewermann: *Die Spirale der Angst,* a. a. O., S. 8–9.

402 Sollte die Menschheit dagegen den marxistischen Weg beschreiten, drohe ihr schlimmstmögliche biologische Deformation: Am »Modell des Marxismus« lasse sich nämlich am besten der »Typ« des Menschen ablesen, der »geistig eine Menschenrasse« sein würde, »die aus der Selektion des Schlechtesten am heutigen Menschen hervorgeht«. Eugen Drewermann: *Die Spirale der Angst,* a. a. O., S. 62.

403 Oskar Lafontaine, Rede bei der Abschlusskundgebung am 9. 9. 2017 (Min. 4:07), https://filmdenken.de/oskar-lafontaine-ueber-die-unsichtbare-regierung-der-welt/, aufgerufen am 21. 1. 2019.

404 Unterstützer*innen des BDS (Stand Juni 2017): George Rashmawi (BDS Bonn), Majida Al Masri (Koordinatorin der BDS-Kampagne in Palästina), Matthias Jochheim (IPPNW, BDS-Unterstützer), Jamal Juma'a (Stop the Wall, Ramallah; BDS-Aktivist), Gisela Siebourg (Koordinatorin der Free-Gaza-Flottille, BDS Bonn), Iris Hefets (Vorsitzende Jüdische Stimme für einen gerechten Frieden, BDS-Unterstützerin), Rüdeger Baron (BDS), Norman Paech (Ex-Bundestagsabgeordneter der Linkspartei, Gaza-Flottille 2010, wissenschaftlicher Beirat von attac, BDS-Unterstützer), Martin Breidert (Schriftführer des BIB / Bündnis zur Beendigung der israelischen Besatzung e. V., Kairos Palästina Netzwerk, BDS Bonn), Ilan Pappé

(Historiker Universität Exeter/GB), Claus Walischewski (Amnesty International, BDS Bremen), Karin Gerster (Politologin, BDS-Unterstützerin). Der Referent Moshe Zuckermann war der Einzige, der den BDS (noch) nicht offen unterstützte.

405 Unedited Radio Transmission Between Gaza Flotilla and Israeli Navy on 31. Mai 2010, auf: https://www.youtube.com/watch?v=9dE2StbDL_Q, aufgerufen am 12. 1. 2019. Es ist unklar, wer das veröffentlicht hat.

406 David Collier am 7. 3. 2018, auf: http://david-collier.com/exclusive-corbyn-antisemitism/, aufgerufen am 17. 2. 2019.

407 Kenneth O'Keefe über die 9/11-Verschwörung beim Cafe Palestine Freiburg: »Die gewollten Entgleisungen des Café Palestine«, https://www.youtube.com/watch?v=63D4PEZCFIY; 2017: Kenneth O'Keefe Unveils The Truth About Adolf Hitler, auf: https://www.youtube.com/watch?v=oWxRsBpiW5g; alle aufgerufen am 15. 2. 2019.

408 Unterzeichner*innenliste und Redebeitrag auf: »Keine Waffenlieferungen nach Israel!« Kundgebung in Berlin, 9. 11. 2010, auf: http://bds-kampagne.de/2010/11/09/keine-waffenlieferungen-nach-israel/.

409 Gilad Atzmon: »Judaismus – Zionismus – ›gelobtes Land‹«, Veranstaltung des Café Palestine Freiburg im Jos Fritz Café, 13. 3. 2011, (ab Min. 03:56) auf: https://www.youtube.com/watch?v=63D4PEZCFIY, aufgerufen am 20. 2. 2019.

410 Darunter Aachen, Augsburg, Bad Hersfeld, Berlin, Bonn, Bremen, Dortmund, Düsseldorf, Duisburg, Esslingen, Frankfurt a. M., Freiburg, Göttingen, Hamburg, Hannover, Heidelberg, Herford, Kaiserslautern, Kassel, Koblenz, Köln, München, Nürnberg, Oldenburg, Osnabrück, Pfullingen, Siegen, Stuttgart, Trier, Tübingen, Wiesbaden.

411 »LG München I: Knobloch gewinnt Rechtsstreit um Antisemitismusvorwurf«, auf: https://rsw.beck.de/aktuell/meldung/lg-muenchen-i-knobloch-gewinnt-rechtsstreit-um-antisemitismusvorwurf, aufgerufen am 22. 6. 2019.

412 Frederik Schindler: »Nahostkonferenz in der Kritik«, in: *die tageszeitung* v. 21. 9. 2018, auf: https://www.taz.de/Archiv-Suche/!5537397&s=Bad%2BBoll/, aufgerufen am 17. 2. 2019.

413 »Die MLPD hat seit ihrem Bestehen die Verdienste Stalins verteidigt und zugleich vor allem aus seinen beiden Hauptfehlern Lehren für einen neuen Anlauf im Kampf für den echten Sozialismus gezogen.« Stalin habe »nach dem frühen Tod Lenins die Sowjetunion entschlossen auf dem sozialistischen Weg weitergeführt. Dabei wurde jedoch der notwendige ideologische Kampf gegen die kleinbürgerliche Denkweise vernachlässigt und auf die Mobilisierung der Massen gegen die kleinbürgerlich entarteten Vertreter der Bürokratie verzichtet.« Zit. nach: MLPD: »Klassiker des Marxismus-Leninismus: Josef Stalin«, https://www.mlpd.de/klassiker-des-marxismus-leninismus/josef-stalin, aufgerufen am 19. 1. 2019.

414 Vgl. Benjamin Ortmeyers Kritik, auf: http://www.antifa-frankfurt.org/innerlinke_Diskussion/ank-austritt-ortmeyer.html, aufgerufen am 19. 1. 2019.

415 »Linker Opportunismus«, Moshe Zuckermann interviewt von Susann Witt-Stahl, *Rubikon* v. 17. 5. 2018, auf: https://www.rubikon.news/artikel/linker-opportunismus, aufgerufen am 18. 2. 2019.

416 Sebastian Hammelehle: »Regisseur Lanzmann ›schockiert‹ über Krawalle bei Israel-Film«, *Spiegel online* v. 19. 11. 2009, auf: http://www.spiegel.de/kultur/gesellschaft/antisemitismus-in-hamburg-regisseur-lanzmann-schockiert-ueber-krawalle-bei-israel-film-a-661980.html, aufgerufen am 17. 12. 2019. Analyse der Ereignisse: Bündnis gegen Hamburger Unzumutbarkeiten: »Willkommen in der Provinz. Ein kurzer Bericht darüber, warum es in Hamburg nicht gelingen will, antisemitische Schläger unmöglich zu machen – erst recht nicht linke«, auf: http://b-g-h-u.blogspot.com. Als PDF: http://studienbibliothek.org/texte/BGHU_Bericht.pdf.

417 Im Wörterbuch von 1967 hatte es noch einen Eintrag »Antisemitismus« gegeben, 1973 unter »Rassenideologie« nur den Vermerk, dass der Antisemitismus vor allem in der BRD wieder vorkomme.

418 Patrik Köbele, Vorsitzender der DKP, interviewt von Markus Bernhardt in der *Jungen Welt* v. 11. 8. 2018.

419 »Rechtsruck: ›Ich sehe eine Parallele zur damaligen Zeit‹«, Claudia Gigler interviewt Esther Bejarano, in: *Kleine Zeitung* (Österreich) v. 25. 4. 2017, auf: http://www.kleinezeitung.at/politik/aussenpolitik/5206249/Zeitzeugin_Rechtsruck_Ich-sehe-eine-Parallele-zur-damaligen-Zeit, aufgerufen am 4. 11. 2018.

420 Pressemitteilung des DKP-Parteivorstands, 26. Oktober 2016, auf: http://news.dkp.suhail.uberspace.de/2016/10/dkp-waehlt-landeslisten/, aufgerufen am 4. 11. 2018; sowie Olaf Matthes: »Sieben DKP-Landeslisten gewählt«, *UZ – Unsere Zeit* v. 28. 10. 2016, auf: https://www.unsere-zeit.de/de/4843/innenpolitik/3882/Sieben-DKP-Landeslisten-gewählt.htm, aufgerufen am 4. 11. 2018; Michael Götze, Bezirksvorsitzender DKP-Hamburg: »DKP in Aktion. Erklärung von Esther Bejarano« sowie Esther Bejarano: »Erklärung zur Frage der Kandidatur auf der Liste der DKP-Hamburg zu den Bundestagswahlen«, beide am 29. 5. 2017 im Online-Nachrichtenportal der DKP, auf: http://news.dkp.suhail.uberspace.de/2017/05/erklaerung-von-esther-bejarano/, aufgerufen am 4. 11. 2018.

421 »Was sind die Antideutschen?«, mit: Rolf Becker, Esther Bejarano, Moshe Zuckermann, Weltnetz TV v. 15. 7. 2017 (Min. 46:09), auf: https://weltnetz.tv/video/1273-was-sind-die-antideutschen, aufgerufen am 6. 11. 2018.

422 Siehe z. B. den Fall Christoph Glanz, GEW Oldenburg: Stefan Frank: »Oldenburger Urteil: Bloß Propagandaerfolg für Boykottbewegung BDS«, Mena-Watch v. 29. 9. 2018, auf: https://www.mena-watch.com/mena-analysen-beitraege/oldenburger-urteil-bloss-propagandaerfolg-fuer-boykottbewegung-bds/, aufgerufen am 12. 1. 2019. Dort verlinkt sind auch die Texte von Christoph Glanz.

423 Zu Hamdans BDS-Unterstützung: https://bibjetzt.files.wordpress.com/2017/07/fuad_hamdan_an-stadtrat.pdf. Zur lea-Studienreise: https://www.kopi-online.de/wordpress/?p=4304, und: https://www.israelnetz.com/nachrichten/2015/06/01/kommentar-mit-der-gew-israel-hassen/, alle aufgerufen am

18. 1. 2019. Zu Melzer: Abraham Melzer: »Antisemitismus-Vorwurf und Israel-Kritik«, Seminar am 18. 9. 2018, auf: https://bgakasselblog.wordpress.com/tag/fuad-hamdan/. Zwischen 2008 und 2013 hatte ich mehrere politische Seminare bei lea. Seit meiner Kritik an den Mahnwachen und dann am BDS wurde ich nicht mehr eingeladen. Wesentliche lea-Macher unterstützen inzwischen aktiv den BDS.

424 Jasbir K. Puar: *Terrorist Assemblages – Homonationalism in Queer Times*, London: Duke University Press 2007, 216 ff., vgl. auch: Selina Kylowa: »Rosarote KomplizInnenschaft«, *Phase 2*, Heft 47, 2013, auf: https://phase-zwei.org/hefte/artikel/rosarote-komplizinnenschaft-487/; Vojin Saša Vukadinović: »Die professionelle Antizionistin«, *Jungle World* v. 31. 5. 2018, auf: https://jungle.world/artikel/2018/22/die-professionelle-antizionistin, beide aufgerufen am 12. 2. 2019.

425 Quellen für diesen Absatz: Jutta Ditfurth: *Durch unsichtbare Mauern. Wie wird so eine links?*, Berlin: Rotbuch 2011, S. 190–192; Sylvie Laurent: »Malcolm X in Palästina«, in *Le Monde diplomatique*, Beilage zur *taz* vom 8. 2. 2019, Martin Luther King zu Israel und Antisemitismus: Ausschnitte aus Reden, https://www.youtube.com/watch?v=tWfwckkiWn8; Britta Waldschmidt-Nelson: *Gegenspieler: Martin Luther King – Malcolm X*, Frankfurt a. M.: Fischer Taschenbuch 2000. Zu Farrakhan: »Jüdische Blutsauger«, siehe: Juliane Wetzel: »Farrakhan, Louis«, in: Wolfgang Benz (Hg.): *Handbuch des Antisemitismus*, Bd. 2: Personen, Berlin: De Gruyter Saur 2009, S. 221; »Outlaw state«: *Time Magazine*, v. 2. 7. 1984; Jüdische Weltmacht und »satanische Juden«, siehe: Louis Farrakhan In His Own Words. Rede in der Maryam Moschee, Chicago, 29. 12. 2008, auf: https://www.adl.org/education/resources/reports/nation-of-islam-farrakhan-in-his-own-words, alles aufgerufen am 18. 2. 2019.

426 Franziska Haug: »Antisemitismus – Ein Nebenwiderspruch in queerfeministischen Diskursen?«, in: Theorie, Kritik & Aktion Berlin (TKA) / Autonome Neuköllner Antifa (ANA) / Andere Zustände ermöglichen (*aze) / Deutschland demobilisieren (demob): *(K)eine Diskussion! Antisemitismus in der Radikalen Linken*, Berlin Januar 2018, S. 48, Fußnote 48. PDF: https://keinediskussion.noblogs.org/files/2018/01/K_eine-Diskussion-web.pdf.

427 »When I see them I see us«, https://www.washingtonpost.com/video/world/when-i-see-them-i-see-us/2015/10/15/c8f8aa40-72c2-11e5-ba14-318f8e87a2fc_video.html?utm_term=.dd5bfb3881bc, aufgerufen am 18. 2. 2019.

428 Angela Davis, Transkript ihrer Rede am 13. 12. 2013 an der SOAS School of Law, London, Electronic Intifada v. 17. 1. 2014, auf: https://electronicintifada.net/blogs/nora-barrows-friedman/angela-davis-support-bds-and-palestine-will-be-free, aufgerufen am 21. 1. 2019.

429 Ali Abunimah: »Angela Davis is latest Black target of Israel Lobby«, Electronic Intifada v. 7. 1. 2019, auf: https://electronicintifada.net/blogs/ali-abunimah/angela-davis-latest-black-target-israel-lobby, aufgerufen am 21. 1. 2019.

430 Rolf Rendtorff, Beitrag auf der Kundgebung »Für einen dauerhaften Frieden im Nahen Osten und für das Lebensrecht des Staates Israel«, Frankfurter Universität, 27. 6. 1967, in: *Frieden im Nahen Osten*, Frankfurt a. M.: Europäische Verlagsanstalt 1967, S. 29.

431 Ernst Bloch, Beitrag auf der Kundgebung »Für einen dauerhaften Frieden im Nahen Osten und für das Lebensrecht des Staates Israel«, Frankfurter Universität, a. a. O., S. 16.

432 Vgl. Sinus Markt- und Sozialforschung GmbH, https://www.sinus-institut.de/sinus-loesungen/sinus-milieus-deutschland/.

433 Aus: Leo Löwenthal: »Falsche Propheten. Studien zur faschistischen Agitation«, in: ders: *Untergang der Dämonologien. Studien über Judentum, Antisemitismus und faschistischen Geist*, Leipzig: Reclam 1990, S. 144–184, hier S. 181 f.

434 »Was der Agitator meint«, aus: Leo Löwenthal: »Falsche Propheten«, a. a. O., S. 183 f.

435 Berechnung von Greenpeace, zit. nach: Manfred Ronzheimer: »Eine unendliche Geschichte«, in: *die tageszeitung* v. 9. 6. 2019, auf: https://taz.de/Der-Atomkonflikt/!5598552/.

436 Mehr Informationen und Quellen in: Jutta Ditfurth: *Krieg, Atom, Armut. Was sie reden, was sie tun: Die Grünen*, Berlin: Rotbuch Verlag 2011, S. 40–107.

437 Ernst Bloch: *Das Prinzip Hoffnung*. Bd. 2, Frankfurt a. M.: Suhrkamp Verlag 1977, S. 779.

438 Maaßen, Haldewang und Kramer zit. nach: »Ex-Verfassungsschutzchef Maaßen – ›Wir haben nichts verschlafen‹«, zit. nach: »Berlin direkt«/ ZDF v. 23. 6. 2019, https://www.zdf.de/nachrichten/heute/ex-verfassungsschutzchef-maassen-wir-haben-nichts-verschlafen-100.html; *welt online* v. 24. 6. 2019, https://www.welt.de/politik/deutschland/article195739885/Hans-Georg-Maassen-zum-Fall-Luebcke-Wir-haben-nichts-verschlafen.html, und beide aufgerufen am 23. 6. 2019.

439 Konrad Litschko: »Nur noch bis zum Jahresende«, in: *die tageszeitung* v. 21. 5. 2019, auf: https://taz.de/Foerderung-von-Anti-Rechts-Projekten/!5593665/, aufgerufen am 5. 7. 2019.

Danksagung

Ich bedanke mich herzlich bei denjenigen, die mich bei der Arbeit an diesem Buch auf die eine oder andere Weise unterstützt haben, durch Hilfe, Hinweise, Informationen und Kritik.

Besonderen Dank schulde ich meinem Literaturagenten Günter Berg, der meinen Verleger Wolf-Rüdiger Osburg von diesem Buch überzeugen konnte, und diesem danke ich herzlich, dass er es verlegt. Meinem Lektor Clemens Brunn danke ich für die so angenehme Zusammenarbeit.

Dieses Buch widme ich Manfred Zieran und allen Menschen, die gegen rechts kämpfen.

Kurzbibliografie

Die tägliche legale Verseuchung unserer Flüsse und wie wir uns dagegen wehren können. Ein Handbuch mit Aktionsteil (hg. mit R. Glaser), Hamburg: Rasch & Röhring 1987.

Träumen, kämpfen, verwirklichen. Politische Texte bis 1987 (Mitarbeit: Manfred Zieran), Köln: Kiepenheuer & Witsch 1988.

Lebe wild und gefährlich. Radikalökologische Perspektiven, Köln: Kiepenheuer & Witsch 1991.

Was ich denke. Anders oder Gleich. Über die Entwertung des Menschen, München: Goldmann 1995.

Blavatzkys Kinder. Krimi, Bergisch Gladbach: Bastei Lübbe 1995.

Feuer in die Herzen. Gegen die Entwertung des Menschen, 3. erweiterte und vollständig überarbeitete Neuausgabe (1. Ausgabe: Hamburg: Carlsen 1992; 2. Ausgabe: Düsseldorf: Econ 1994), Hamburg: Konkret Literatur 1997.

Entspannt in die Barbarei. Esoterik, (Öko-)Faschismus und Biozentrismus, 4. unveränd. Auflage (1. Aufl. 1997), Hamburg: Konkret Literatur 2011.

Das waren die Grünen. Abschied von einer Hoffnung (1. Ausgabe: 2000), München: Econ Taschenbuch 2001.

Ulrike Meinhof. Die Biografie, 5. Auflage (1. Ausgabe: Berlin: Ullstein 2007), Berlin: Ullstein Taschenbuch Verlag 2019. Bisher auch in Schweden, Norwegen, den Niederlanden, der Türkei und in Griechenland erschienen.

Die Himmelsstürmerin. 3. Ausgabe (1. Ausgabe: München: Marion von Schröder 1998; 2. Ausgabe: München: Ullstein Taschenbuch 2000), Roman, Berlin: Rotbuch 2010.

Durch unsichtbare Mauern. Wie wird so eine links? Autobiografie 1951–1974 (1. Ausgabe: Köln: Kiepenheuer & Witsch 2002), Berlin: Rotbuch 2011.

Krieg, Atom, Armut. Was sie reden, was sie tun: Die Grünen, Berlin: Rotbuch 2011.

Worum es geht. Flugschrift, Berlin: Rotbuch 2012.

Zeit des Zorns. Warum wir uns vom Kapitalismus befreien müssen, erweiterte und stark überarbeitete Neuausgabe (1. Ausgabe: München: Droemer 2009), Frankfurt a. M.: Westend Verlag 2012.

Der Baron, die Juden und die Nazis. Adliger Antisemitismus (1. Ausgabe: 2013), Hamburg: Hoffmann & Campe 2015.

Rudi und Ulrike. Die Geschichte einer politischen Freundschaft, erweiterte und überarbeitete Neuausgabe (1. Ausgabe: München: Droemer 2008), Hamburg: konkret Texte 72 2018.

Haltung und Widerstand. Eine epische Schlacht um Werte und Weltbilder, Hamburg: Osburg Verlag 2019.